中国工程院院士传记丛书
老科学家学术成长资料采集工程

种质资源总是情
董玉琛 传

谭光万 郑殿升 刘 旭 ◎ 著

| 1950年 | 1959年 | 1999年 | 2003年 | 2011年 |
| 毕业于河北农业大学农学院 | 获苏联哈尔科夫农学院副博士学位 | 当选为中国工程院院士 | 获国家科技进步奖一等奖 | 逝世于北京 |

老科学家学术成长资料采集工程
中国工程院院士传记 丛书

种质资源总是情

董玉琛 传

谭光万 郑殿升 刘 旭 ◎著

中国科学技术出版社
上海交通大学出版社

图书在版编目（CIP）数据

种质资源总是情：董玉琛传／谭光万，郑殿升，刘旭著．—北京：中国科学技术出版社，2017.4
（老科学家学术成长资料采集工程丛书；中国工程院院士传记丛书）
ISBN 978-7-5046-7451-7

I.①种⋯ Ⅱ.①谭⋯ ②郑⋯ ③刘⋯ Ⅲ.①董玉琛－传记 Ⅳ.① K826.3

中国版本图书馆 CIP 数据核字（2017）第 067681 号

责任编辑	余　君
责任校对	杨京华
责任印制	张建农
版式设计	中文天地

出　　版	中国科学技术出版社　上海交通大学出版社
发　　行	科学普及出版社发行部
地　　址	北京市海淀区中关村南大街 16 号
邮　　编	100081
发行电话	010-62173865
传　　真	010-62179148
网　　址	http://www.cspbooks.com.cn

开　　本	787mm×1092mm　1/16
字　　数	237 千字
印　　张	15.5
彩　　插	2
版　　次	2017 年 4 月第 1 版
印　　次	2017 年 4 月第 1 次印刷
印　　刷	北京华联印刷有限公司
书　　号	ISBN 978-7-5046-7451-7／K・216
定　　价	56.00 元

（凡购买本社图书，如有缺页、倒页、脱页者，本社发行部负责调换）

老科学家学术成长资料采集工程领导小组专家委员会

主　任：杜祥琬

委　员：（以姓氏拼音为序）

巴德年　陈佳洱　胡启恒　李振声

齐　让　王礼恒　王春法

老科学家学术成长资料采集工程丛书组织机构

特邀顾问（以姓氏拼音为序）

樊洪业　方　新　谢克昌

编委会

主　编：王春法　张　藜

编　委：（以姓氏拼音为序）

艾素珍　崔宇红　定宜庄　董庆九　郭　哲

韩建民　何素兴　胡化凯　胡宗刚　刘晓勘

罗　晖　吕瑞花　秦德继　王　挺　王扬宗

熊卫民　姚　力　张大庆　张　剑　周德进

编委会办公室

主　任：孟令耘　张利洁

副主任：许　慧　刘佩英

成　员：（以姓氏拼音为序）

董亚峥　冯　勤　高文静　韩　颖　李　梅

刘如溪　罗兴波　沈林苣　田　田　王传超

余　君　张海新　张佳静

董玉琛学术成长资料采集小组

采集组成员

组　　　长：刘　旭
副　组　长：万建民、张保明
组　　　员：（按姓氏笔画排序）
　　　　　　王雯玥　孔秀英　李　平　李立会　李秀全
　　　　　　杨克理　杨建仓　张学勇　郑殿升　胡　源
　　　　　　贾继增　景蕊莲　谭光万

编写组成员

主要编写人员：谭光万
参加编写人员：（按姓氏笔画排序）
　　　　　　　王雯玥　李立会　李胜琳　李舒凡　杨建仓
　　　　　　　张学勇　郑殿升　贾继增　景蕊莲
编　　　审：郑殿升　刘　旭

老科学家学术成长资料采集工程简介

　　老科学家学术成长资料采集工程（以下简称"采集工程"）是根据国务院领导同志的指示精神，由国家科教领导小组于2010年正式启动，中国科协牵头，联合中组部、教育部、科技部、工信部、财政部、文化部、国资委、解放军总政治部、中国科学院、中国工程院、国家自然科学基金委员会等11部委共同实施的一项抢救性工程，旨在通过实物采集、口述访谈、录音录像等方法，把反映老科学家学术成长历程的关键事件、重要节点、师承关系等各方面的资料保存下来，为深入研究科技人才成长规律，宣传优秀科技人物提供第一手资料和原始素材。

　　采集工程是一项开创性工作。为确保采集工作规范科学，启动之初即成立了由中国科协主要领导任组长、12个部委分管领导任成员的领导小组，负责采集工程的宏观指导和重要政策措施制定，同时成立领导小组专家委员会负责采集原则确定、采集名单审定和学术咨询，委托科学史学者承担学术指导与组织工作，建立专门的馆藏基地确保采集资料的永久性收藏和提供使用，并研究制定了《采集工作流程》、《采集工作规范》等一系列基础文件，作为采集人员的工作指南。截止2016年6月，已启动400多位老科学家的学术成长资料采集工作，获得手稿、书信等实物原件资料73968件，数字化资料178326件，视频资料4037小时，音频资料4963小时，具有重要的史料价值。

采集工程的成果目前主要有三种体现形式,一是建设"中国科学家博物馆网络版",提供学术研究和弘扬科学精神、宣传科学家之用;二是编辑制作科学家专题资料片系列,以视频形式播出;三是研究撰写客观反映老科学家学术成长经历的研究报告,以学术传记的形式,与中国科学院、中国工程院联合出版。随着采集工程的不断拓展和深入,将有更多形式的采集成果问世,为社会公众了解老科学家的感人事迹,探索科技人才成长规律,研究中国科技事业的发展历程提供客观翔实的史料支撑。

总序一

中国科学技术协会主席　韩启德

老科学家是共和国建设的重要参与者，也是新中国科技发展历史的亲历者和见证者，他们的学术成长历程生动反映了近现代中国科技事业与科技教育的进展，本身就是新中国科技发展历史的重要组成部分。针对近年来老科学家相继辞世、学术成长资料大量散失的突出问题，中国科协于2009年向国务院提出抢救老科学家学术成长资料的建议，受到国务院领导同志的高度重视和充分肯定，并明确责成中国科协牵头，联合相关部门共同组织实施。根据国务院批复的《老科学家学术成长资料采集工程实施方案》，中国科协联合中组部、教育部、科技部、工业和信息化部、财政部、文化部、国资委、解放军总政治部、中国科学院、中国工程院、国家自然科学基金委员会等11部委共同组成领导小组，从2010年开始组织实施老科学家学术成长资料采集工程。

老科学家学术成长资料采集是一项系统工程，通过文献与口述资料的搜集和整理、录音录像、实物采集等形式，把反映老科学家求学历程、师承关系、科研活动、学术成就等学术成长中关键节点和重要事件的口述资料、实物资料和音像资料完整系统地保存下来，对于充实新中国科技发展的历史文献，理清我国科技界学术传承脉络，探索我国科技发展规律和科技人才成长规律，弘扬我国科技工作者求真务实、无私奉献的精神，在全社会营造爱科学、学科学、用科学的良好氛围，是一件很有意义的事情。采集工程把重点放在年龄在 80 岁以上、学术成长经历丰富的两院院士，以及虽然不是两院院士、但在我国科技事业发展中作出突出贡献的老科技工作者，充分体现了党和国家对老科学家的关心和爱护。

自 2010 年启动实施以来，采集工程以对历史负责、对国家负责、对科技事业负责的精神，开展了一系列工作，获得大量反映老科学家学术成长历程的文字资料、实物资料和音视频资料，其中有一些资料具有很高的史料价值和学术价值，弥足珍贵。

以传记丛书的形式把采集工程的成果展现给社会公众，是采集工程的目标之一，也是社会各界的共同期待。在我看来，这些传记丛书大都是在充分挖掘档案和书信等各种文献资料、与口述访谈相互印证校核、严密考证的基础之上形成的，内中还有许多很有价值的照片、手稿影印件等珍贵图片，基本做到了图文并茂，语言生动，既体现了历史的鲜活，又立体化地刻画了人物，较好地实现了真实性、专业性、可读性的有机统一。通过这套传记丛书，学者能够获得更加丰富扎实的文献依据，公众能够更加系统深入地了解老一辈科学家的成就、贡献、经历和品格，青少年可以更真实地了解科学家、了解科技活动，进而充分激发对科学家职业的浓厚兴趣。

借此机会，向所有接受采集的老科学家及其亲属朋友，向参与采集工程的工作人员和单位，表示衷心感谢。真诚希望这套丛书能够得到学术界的认可和读者的喜爱，希望采集工程能够得到更广泛的关注和支持。我期待并相信，随着时间的流逝，采集工程的成果将以更加丰富多样的形式呈现给社会公众，采集工程的意义也将越来越彰显于天下。

是为序。

总序二

中国科学院院长　白春礼

　　由国家科教领导小组直接启动，中国科学技术协会和中国科学院等12个部门和单位共同组织实施的老科学家学术成长资料采集工程，是国务院交办的一项重要任务，也是中国科技界的一件大事。值此采集工程传记丛书出版之际，我向采集工程的顺利实施表示热烈祝贺，向参与采集工程的老科学家和工作人员表示衷心感谢！

　　按照国务院批准实施的《老科学家学术成长资料采集工程实施方案》，开展这一工作的主要目的就是要通过录音录像、实物采集等多种方式，把反映老科学家学术成长历史的重要资料保存下来，丰富新中国科技发展的历史资料，推动形成新中国的学术传统，激发科技工作者的创新热情和创造活力，在全社会营造爱科学、学科学、用科学的良好氛围。通过实施采集工程，系统搜集、整理反映这些老科学家学术成长历程的关键事件、重要节点、学术传承关系等的各类文献、实物和音视频资料，并结合不同时期的社会发展和国际相关学科领域的发展背景加以梳理和研究，不仅有利于深入了解新中国科学发展的进程特别是老科学家所在学科的发展脉络，而且有利于发现老科学家成长成才中的关键人物、关键事件、关键因素，探索和把握高层次人才培养规律和创新人才成长规律，更有利于理清我国科技界学术传承脉络，深入了解我国科学传统的形成过程，在全社会范围内宣传弘扬老科学家的科学思想、卓越贡献和高尚品质，推动社会主义科学文化和创新文化建设。从这个意义上说，采集工程不仅是一项文化工程，更是一项严肃认真的学术建设工作。

中国科学院是科技事业的国家队，也是凝聚和团结广大院士的大家庭。早在1955年，中国科学院选举产生了第一批学部委员，1993年国务院决定中国科学院学部委员改称中国科学院院士。半个多世纪以来，从学部委员到院士，经历了一个艰难的制度化进程，在我国科学事业发展史上书写了浓墨重彩的一笔。在目前已接受采集的老科学家中，有很大一部分即是上个世纪80、90年代当选的中国科学院学部委员、院士，其中既有学科领域的奠基人和开拓者，也有作出过重大科学成就的著名科学家，更有毕生在专门学科领域默默耕耘的一流学者。作为声誉卓著的学术带头人，他们以发展科技、服务国家、造福人民为己任，求真务实、开拓创新，为我国经济建设、社会发展、科技进步和国家安全作出了重要贡献；作为杰出的科学教育家，他们着力培养、大力提携青年人才，在弘扬科学精神、倡树科学理念方面书写了可歌可泣的光辉篇章。他们的学术成就和成长经历既是新中国科技发展的一个缩影，也是国家和社会的宝贵财富。通过采集工程为老科学家树碑立传，不仅对老科学家们的成就和贡献是一份肯定和安慰，也使我们多年的夙愿得偿！

鲁迅说过，"跨过那站着的前人"。过去的辉煌历史是老一辈科学家铸就的，新的历史篇章需要我们来谱写。衷心希望广大科技工作者能够通过"采集工程"的这套老科学家传记丛书和院士丛书等类似著作，深入具体地了解和学习老一辈科学家学术成长历程中的感人事迹和优秀品质；继承和弘扬老一辈科学家求真务实、勇于创新的科学精神，不畏艰险、勇攀高峰的探索精神，团结协作、淡泊名利的团队精神，报效祖国、服务社会的奉献精神，在推动科技发展和创新型国家建设的广阔道路上取得更辉煌的成绩。

总序三

中国工程院院长 周 济

由中国科协联合相关部门共同组织实施的老科学家学术成长资料采集工程，是一项经国务院批准开展的弘扬老一辈科技专家崇高精神、加强科学道德建设的重要工作，也是我国科技界的共同责任。中国工程院作为采集工程领导小组的成员单位，能够直接参与此项工作，深感责任重大、意义非凡。

在新的历史时期，科学技术作为第一生产力，已经日益成为经济社会发展的主要驱动力。科技工作者作为先进生产力的开拓者和先进文化的传播者，在推动科学技术进步和科技事业发展方面发挥着关键的决定的作用。

新中国成立以来，特别是改革开放30多年来，我们国家的工程科技取得了伟大的历史性成就，为祖国的现代化事业作出了巨大的历史性贡献。两弹一星、三峡工程、高速铁路、载人航天、杂交水稻、载人深潜、超级计算机……一项项重大工程为社会主义事业的蓬勃发展和祖国富强书写了浓墨重彩的篇章。

这些伟大的重大工程成就，凝聚和倾注了以钱学森、朱光亚、周光召、侯祥麟、袁隆平等为代表的一代又一代科技专家们的心血和智慧。他们克服重重困难，攻克无数技术难关，潜心开展科技研究，致力推动创新发展，为实现我国工程科技水平大幅提升和国家综合实力显著增强作出了杰出贡献。他们热爱祖国，忠于人民，自觉把个人事业融入到国家建设大局之中，为实现国家富强而不断奋斗；他们求真务实，勇于创新，用科技为中华民族的伟大复兴铸就了辉煌；他们治学严谨，鞠躬尽瘁，具有崇高的科学精神和科学道德，是我们后代学习的楷模。科学家们的一生是一本珍贵的教科书，他们坚定的理想信念和淡泊名利的崇高品格是中华民族自强不息精神的宝贵财富，永远值得后人铭记和敬仰。

通过实施采集工程，把反映老科学家学术成长经历的重要文字资料、实物资料和音像资料保存下来，把他们卓越的技术成就和可贵的精神品质记录下来，并编辑出版他们的学术传记，对于进一步宣传他们为我国科技发展和民族进步作出的不朽功勋，引导青年科技工作者学习继承他们的可贵精神和优秀品质，不断攀登世界科技高峰，推动在全社会弘扬科学精神，营造爱科学、讲科学、学科学、用科学的良好氛围，无疑有着十分重要的意义。

中国工程院是我国工程科技界的最高荣誉性、咨询性学术机构，集中了一大批成就卓著、德高望重的老科技专家。以各种形式把他们的学术成长经历留存下来，为后人提供启迪，为社会提供借鉴，为共和国的科技发展留下一份珍贵资料。这是我们的愿望和责任，也是科技界和全社会的共同期待。

周济

董玉琛（1926—2011）

2013年8月13日中国农业科学院家属楼访谈胡含院士合影
（左起王雯玥、李秀全、胡含、谭光万）

2014年5月5日在中国农业科学院家属楼访谈庄巧生院士
（左一谭光万、左二庄巧生院士）

2014年6月8日在中国农业科学院作物科学研究所访谈李振声院士
（左一谭光万、左二钱曼懋、左三李振声、左四杨建仓）

序

《种质资源总是情——董玉琛传》属于"老科学家学术成长资料采集工程丛书",本书是通过董玉琛学术成长资料采集小组的辛勤采集工作,并精心编写而成的。

董玉琛院士是我的导师,她是成果丰硕的作物种质资源学家,也是一位慈母般的好老师。正是在董老师的指引下,我迈入了作物种质资源的殿堂,并逐渐成长为一名作物种质资源学者。在学术上,她是我的导师;在工作上,是我的领导;在生活上,则如同我的母亲。董玉琛院士的学术传记即将出版,我想从她对中国作物种质资源学科的贡献和对我学术成长的影响两方面来怀念董老师,并以此为序。

董玉琛院士是我国作物种质资源学科的奠基人之一。在我国作物种质资源学科的不同发展阶段,她坚持不懈,从一而终地奉献智慧和才能,推动了我国作物种质资源学科的形成和发展。

中华人民共和国成立初期,我国作物种质资源学科仅处于萌芽阶段,将作物种质资源称为"原始材料"。当时苏联和美国的作物种质资源研究开展得较好。尤其是苏联,在著名植物学家瓦维洛夫的领导下,系统地开展了一系列研究,作物种质资源学科已形成,并处于国际领先地位。1959年,董玉琛在苏联哈尔科夫农学院(今乌克兰哈尔科夫国立农业大学)完成博士学位答辩后，自费赴瓦维洛夫创建的全苏植物栽培学研究所（今瓦维洛夫全俄植物栽培科学研究所），系统地学习了作物种质资源的收集、保存、利用和研究的方法。从苏联归国后，她提出将"原始材料"改成"品种资源"，并推动作物种质资源研究机构——中国农业科学院作物育种栽培研究所品种资源研究室的建立，并组织协调全国作物品种资源的研究工作，为中国作物种质资源学科的创建打下坚实基础。正在我国作物种质资源学科创建时期，"文化大革命"开始，作物种质资源研究遭受严重挫折。就在那种社会条件下，她仍搜集和笔录有关文献资料，并做了一些可行的科研，为将来学科恢复蓄力。

　　阳光总在风雨后，1978年"科学的春天"到来，作物种质资源学科得到恢复，她积极推动作物种质资源研究机构的恢复重建，参与全国作物种质资源工作体系和国家作物种质资源保存体系的创建，为作物种质资源学科的持续发展和研究的深入奠定了坚实的基础。在中国作物种质资源学科大发展阶段，她不畏艰险，亲自带队进行了云南麦类品种资源、新疆小麦种质资源和中国北方小麦野生近缘植物种质资源的考察和收集；主持制定了全国作物种质资源繁种和入库的技术路线，完成了30余万份作物种质资源的编目、繁种和入库。在作物种质资源的研究上，取得一系列世界性的重大突破。她带领研究组的同事和研究生发现了能够使小麦属间杂种染色体自然加倍的种质，并利用这些种质在世界上首次合成了钩刺山羊草-波斯小麦和普通小麦-东方山羊草两种双二倍体。在世界上首次成功实现了小麦与冰草属、新麦草属和旱麦草属的杂交，并形成了一套远缘杂交的技术路线。她带领研究团队首次制定了我国农作物种质资源技术规范，构建了我国普通小麦核心种质和微核心种质，明确了我国小麦遗传多样性的中心。在董玉琛院士主持（或参与）的研究项目中，共获得近十个国家、省部级的科技进步奖励，其中有一项获国家科技进步一等奖（集体），二项获得国家科技进步二等奖。主编出版专著七部，发表论文一百余篇。

　　我有幸迈入作物种质资源研究的殿堂，获得一些成就，并被选为中国工程院院士，都是深受董老师的影响。我在读硕士研究生时，导师是戴松恩院士，由于戴先生身体原因，便由董老师指导我，并选择了关于新疆小麦与波兰小麦、硬粒小麦和普通小麦杂交课题，主要研究新疆小麦和其它小麦杂交 F1 染色体配对的情况。在我的论文初稿中，我并没有从中发现规律。只是把染色体配对的情况写出来了。董老师看完后就说"你看看，在配对方面，最好的是新疆小麦和波兰小麦，说明它们亲缘关系比较近"。经过董老师的提醒，我重新梳理了实验数据，果然发现了新疆小麦和波兰小麦无论形态性状，还是染色体配对情况都很近，由此我在论文中提出了新疆小麦在系统发育中可能有波兰小麦参与的观点。这也是我硕士论文的一个主要发现。董老师善于从现象中细心分析而发现规律，这一品质对我触动很大。我意识到这需要渊博的知识做基础，所以促使我更加广泛地阅读专业书籍，更加深刻地去理解专业知识。我觉得这是董老师在我硕士研究生尚未毕业时，对我最大的影响。这对我以后科研业务能力的提升具有奠基性的作用。

1984 年，我硕士毕业后，在董老师的建议下，到了作物品种资源研究所报到。从此，我跟随董老师开展小麦及其近缘植物的研究工作。后来，我在作物品种资源研究所做行政管理工作，董老师又特别嘱咐我"管理工作可以做，但是科研工作才是我们的本底，如果离开了科研工作，你管理工作也做不好，一定要抓住科研工作。"1994 年我在董老师的指导下开始攻读博士学位。董老师为了让我专心科研，推荐我去美国大学开展合作研究。1996—1997 年，我暂时从行政事务中脱离出来，专心在美国开展实验和研究。由此，我在科研业务上前进了很大的一步，无论从科研视野和方法、还是理论的提升上，都前进了很大的一步。这是董老师在我学业中期，对我的指导和帮助，对我以后的科研非常关键。

董老师具有敏锐的学术洞察力，对学科前沿和发展方向把握得非常准确。2001 年，我在中国农业科学院担任副院长，科研业务更多了，我便向董老师请教，以后作物种质资源的科研应该如何开展。董老师说："我在五六年前曾提出要对起源于中国的作物进行系统地研究，你能不能承担这个工作？我助你一臂之力。"我很感动，便向农业部申请项目，在董老师的帮助下，组织全国专家，编辑了《中国作物及其野生近缘植物》丛书（共 11 卷）。这一套书是在中国农作物种质资源的本底基础上写成的，详细分析了中国所有作物的历史、在分类上的地位，以及系统发育和生产上的作用。这是世界上首次出版的一套最完整的中国农作物本底种质资源丛书。董老师在世时，已经出版了6卷，很遗憾她没有看到整套丛书的全部出版。这是董老师给我们留下的宝贵财富。

在董老师的支持和作物种质资源队伍的托举下，我于2009年当选为中国工程院院士。此时，董老师又一次为我指点未来。对我主要讲述了她对作物种质资源学科和国家粮食安全的关注与设想，希望我能接过重任，与大家一起推进全国种质资源事业的健康快速发展，并为国家粮食安全做出战略性建议。这次为我在一段时间的科研定位及战略构想奠定了坚实基础。

董玉琛院士2011年逝世，但是她为作物种质资源学科留下了宝贵的科研财富和精神财富。她严谨治学、淡泊名利的学术品质深深地影响了我。她不畏艰险的开拓精神激励着我，将中国作物种质资源学科继续发展壮大，在我国农业和农村经济发展中做出应有的贡献。我希望通过这部传记，来铭记和传承董老师的学术风范，激励更多学者在科研领域奋发图强，勇攀高峰，为我们祖国的富强做出更大的贡献。

刘　旭

中国工程院院士

目 录

老科学家学术成长资料采集工程简介

总序一 ·································· 韩启德

总序二 ·································· 白春礼

总序三 ·································· 周　济

序 ····································· 刘　旭

导　言 ·································· 1

| 第一章 | 生于高阳　在重视文教的氛围中成长 ·············· 15

　　高阳董氏，女子上学好家风 ························ 15
　　战乱辗转，考入志成女中 ························· 18
　　"北师大"附中的文静学生 ························ 23

| 第二章 | 投身革命　由医转农 ······ 25

　　考入"北京大学"医学院　追求进步 ······ 25
　　转入北京大学农学院　加入中国共产党 ······ 26
　　不畏艰险　奔赴张家口解放区 ······ 29
　　考入河北省立农学院　系统学习农业科学 ······ 32

| 第三章 | 工作伊始　决心报效祖国 ······ 44

　　在华北农业科学研究所参加工作 ······ 44
　　随"中央农业部农业技术考察团"考察 ······ 47
　　参加"米丘林农业植物选种及良种繁育讲习班" ······ 50

| 第四章 | 留学苏联　确立学术研究方向 ······ 56

　　留学哈尔科夫农学院　师从著名小麦育种专家 ······ 56
　　莫斯科查资料写论文　巧遇毛泽东演讲 ······ 62
　　不负所领导希望　自费进修作物种质资源学 ······ 64
　　如愿以偿　从事小麦种质资源研究 ······ 68

| 第五章 | 不畏艰难　情系小麦资源 ······ 78

　　坚持收录资料　关注小麦品种资源工作 ······ 78
　　始终不忘小麦品种资源的繁种与保存 ······ 81
　　组织编制《全国小麦品种资源目录》 ······ 84

| 第六章 | 致力亲为　创建作物种质资源学科及工作体系 ······ 86

　　推动成立品种资源研究所 ······ 87
　　参与创建中国作物种质资源学科 ······ 91
　　借鉴先进经验，改进我国作物品种资源工作 ······ 98
　　推动和主持建成国家作物种质资源保存体系 ······ 102

呕心沥血，制定作物种质资源工作体系 …………………… 109
组织编制作物种质资源的技术规程 …………………… 112

第七章 | 千辛万苦　带队考察小麦种质资源 …………………… 114

云南麦类品种资源考察与搜集 …………………… 115
新疆小麦种质资源考察收集 …………………… 122
中国北方小麦野生近缘植物考察 …………………… 126

第八章 | 情系小麦　普通及稀有种的研究 …………………… 132

我国普通小麦的遗传多样性分析 …………………… 133
我国普通小麦核心种质的建立与研究 …………………… 134
我国普通小麦重要基因的发掘 …………………… 136
我国小麦稀有种的研究与分析 …………………… 138
染色体自然加倍种质的发现与利用 …………………… 140

第九章 | 敢为人先　小麦野生近缘植物研究与利用 …………………… 143

小麦野生近缘植物资源收集与评价 …………………… 143
首次获得普通小麦与冰草属间杂种及其衍生后代 …………………… 145
首次将普通小麦与新麦草属间杂交成功 …………………… 148
首次将小麦与旱麦草属间杂交成功 …………………… 149
成功实现小麦与赖草属间的杂交 …………………… 151
普通小麦与偃麦草属杂种后代的研究 …………………… 152
小麦族植物遗传演化研究 …………………… 153

第十章 | 潜心育人　桃李满天下 …………………… 155

治学严谨　以身作则树典范 …………………… 155
淡泊名利　关心爱护学生 …………………… 158
因材施教　培养学科人才 …………………… 163

结　语 ·· 169

附录一　董玉琛年表 ································ 184

附录二　董玉琛主要论著目录 ··················· 204

参考文献 ··· 214

后　记 ·· 221

图片目录

图 1-1　志成中学校门（1947 年）··20
图 1-2　志成中学女部校门（1947 年）······································20
图 1-3　志成中学校园沙盘（1947 年）······································21
图 1-4　志成中学图书馆（1947 年）··21
图 1-5　志成中学1940—1941年度第一学期后补新班学生一览表 ········22
图 1-6　志成中学初中毕业生（女生）名册（1940—1941 年）············22
图 1-7　董玉琛在"北京师范大学"附属女子中学的毕业照（1944 年）····24
图 2-1　董玉琛在"北京大学"医学院班级同学合影··························26
图 2-2　林铁（1904—1989）··31
图 2-3　刘仁（1909—1973）··31
图 2-4　河北省立农学院学生名册（1947 年）······························33
图 2-5　河北省立农学院校门（1951 年）···································33
图 2-6　河北省立农学院图书馆（1950 年）································34
图 2-7　河北省立农学院会议室及各课办公室（1950 年）··················34
图 2-8　河北省立农学院教职员姓名通信录一览（1950 年）················35
图 2-9　孙醒东教授（1897—1969）···35
图 2-10　彭克明教授（1905—1990）··35
图 2-11　毕桓武教授（1913—2014）··36
图 2-12　1950年河北省立农学院化学实验室（1950 年）···················39
图 2-13　河北省立农学院植物实验室及昆虫实验室（1950 年）············40
图 2-14　董玉琛和同学在保定话剧团前合影（1948 年）··················41
图 2-15　董玉琛大学毕业证书正面（1950 年）····························42
图 2-16　董玉琛大学毕业证书背面（1950 年）····························42
图 2-17　董玉琛学士学位服照（1950 年）··································43
图 3-1　伊万诺夫（А. П. Иванов）（1957 年）····························47

图3-2	董玉琛与赵芳、曾学琦合影（1952年）	51
图3-3	董玉琛与"米丘林农业植物选种及良种繁育讲习班"部分助教在华北农业科学研究所前合影（1952年）	52
图3-4	董玉琛与胡含合影（1958年）	55
图4-1	董玉琛在北京俄文专修学校的成绩表（1954年）	57
图4-2	北京俄文专修学校49班全班同学合影（1954年）	58
图4-3	董玉琛留苏期间在教研室学习（1954年）	61
图4-4	董玉琛留苏期间与同学谭蕴芝在教研室学习（1954年）	61
图4-5	董玉琛留苏期间的实验记录	63
图4-6	董玉琛与胡含结婚纪念照（1958年）	66
图4-7	董玉琛在苏联学习期间留影	67
图4-8	董玉琛、胡含在苏联留学期间与同学合影	67
图4-9	董玉琛手稿：麦类品种资源调查提纲（1965年2月16日）	73
图4-10	董玉琛，刘俊秀，西北北部（河北坝上、内蒙古西部、山西雁北）麦类品种资源初步调查汇报手稿（1965年2月16日）	73
图4-11	董玉琛重回张掖万家墩村（2003年）	76
图5-1	董玉琛的手稿和笔记（1970年）	80
图5-2	董玉琛的手稿和笔记（1976年）	80
图5-3	作物所春麦原始材料保种圃无叶锈留种手稿（1971年）	82
图5-4	中国农业科学院原麦类资源库内部照片	83
图5-5	董玉琛翻译《世界小麦》的手稿（1976年）	84
图5-6	《全国小麦品种资源目录》	85
图5-7	《主要栽培植物的世界起源中心》	85
图6-1	作物品种资源研究所第一届领导班子成员合影	90
图6-2	山西品种资源会议代表合影	96
图6-3	《作物品种资源》创刊号，1982年第1期封面	97
图6-4	董玉琛参加国家作物种质库奠基典礼（1984年）	106
图6-5	董玉琛在国家作物种质库施工现场（1985年）	106
图6-6	国家作物种质库	108
图6-7	国家作物种质库内储存的作物种质资源	108
图6-8	作物种质资源工作体系	111

图 6-9　《农作物种质资源技术规范丛书》……………………………112
图 6-10　董玉琛获 2009 年国家科技进步奖二等奖证书……………113
图 7-1　董玉琛获 1982 年农牧渔业部科技改进一等奖证书复印件………122
图 7-2　董玉琛赴美参加小麦族学术讨论会汇报手稿（1985 年）………126
图 10-1　董玉琛写给 Cauderon 的信件手稿（1986 年）……………161

导 言

传主简介

董玉琛（1926—2011），著名作物种质资源学家，我国作物种质资源学科奠基人之一，中国农业科学院作物科学研究所研究员，中国工程院院士。河北高阳县人，1926年6月11日，出生于河北省保定市高阳县邢家南镇季朗村。1939年3月，进入北京志成女子中学上初中。1941年9月，初中毕业后考入"北京师范大学"[①] 附属女中读高中。1944年9月，考入"北京大学"[②] 医学院药学系。1945年9月，应革命需要，转入北京大学农学院农艺系学习。1945年12月12日，加入中国共产党。1946年6月，不畏艰险奔赴晋察冀边区（张家口）城工部学习。9月，根据组织安排，回到北京家中，由于没有参加期末考试，不能再回北京大学读书。1946年11月，经组织安排，考入河北农业大学农学院，继续学习并开展革命工作。1949年3月，担任河北农业大学中国共产党第一个党支部支部书记。1950年6月30日，从河北农业大学毕业，同年8月1日，进入华北农业科学研究所

---

① 1937年7月29日，北平陷落，北平教育界陆续南迁。北平师范大学迁往西安，并入西北联合大学至1946年6月。北京大学迁往昆明，并入西南联合大学，至1945年8月。在此期间，日伪治下的伪校本文加引号以示区分。后同。

② 同①。

（1957年改制为中国农业科学院）工作。1954年8月，因工作突出，被选派赴苏联哈尔科夫农学院（今乌克兰哈尔科夫国立农业大学）留学。1959年1月，完成论文答辩，获农学副博士学位。毕业后受工作单位委派，赴瓦维洛夫全俄植物栽培科学研究所自费进修3个月。1959年5月，回到中国农业科学院。此后，董玉琛一直在中国农业科学院从事研究工作，历任中国农业科学院作物品种资源研究所副所长、所长，中国农学会遗传资源学会理事长，中国作物学会常务理事、荣誉理事长，中国生物多样性保护委员会委员，国家生物物种资源保护专家委员会委员等。1999年，当选为中国工程院院士。

董玉琛在我国作物种质资源领域辛勤工作60余年，是我国作物种质资源学科的主要奠基人之一。董玉琛以作物种质资源研究为事业，参加推动成立了我国作物种质资源研究的第一个专门研究机构——作物品种资源研究所，并参与创建我国作物种质资源学科，主持建设我国作物种质资源保存体系，改进和完善我国作物种质资源的工作体系，编制了作物种质资源的技术规程，为我国作物种质资源学科及工作体系的建立和发展做出了重要贡献。董玉琛在小麦种质资源保护与利用研究上取得了一系列重要的学术成就。她带领课题组成员发现能使属间杂种染色体自然加倍的小麦种质，在世界上首次成功实现小麦与冰草属、小麦与新麦草属以及小麦与旱麦草属的远缘杂交，率先构建了中国小麦核心种质，并明确了中国小麦遗传多样性中心在河南西部和四川盆地。

董玉琛不畏劳苦和艰险，年过半百还多次带队进行了我国小麦种质资源的野外考察。1979—1980年，她先后3次带队赴云南西南和西北地区的18个县考察收集麦类种质资源。1982—1983年，她又带队3次去新疆开展小麦野生近缘植物考察收集。1986—1990年，她带领考察队连续5年，行程3万多公里，历经北方12省（市、自治区）的92个县（市、旗），对我国北方小麦野生近缘植物进行了考察收集。通过这些考察，收集了一大批小麦种质资源，获得了一些重要的发现，为进一步开展小麦种质资源的研究奠定了基础。

董玉琛著述颇丰，发表论文一百余篇，参与编写了《中国小麦栽培学》、

《中国小麦品种志》、《全国小麦品种资源目录》；与同事合作翻译了《小麦的现代品种及其系谱》、《主要栽培植物的世界起源中心》和《世界小麦》三部俄文著作；主编《中国小麦遗传资源》、《国家重点保护农业野生植物要略》、《中国作物及其野生近缘植物》（共11卷）等著作。董玉琛主持或参与的多项课题获得国家或省部级奖励。1980年，董玉琛参与编纂的《全国小麦品种资源目录》获得农牧渔业部科技改进一等奖；1982年，"'云南小麦'考察与研究"获得农牧渔业部科技改进一等奖；1992年，"小麦属间杂种染色体自然加倍种质的发现和利用"获国家科技进步二等奖，"新疆杂草型黑麦种质资源收集与研究"获新疆维吾尔自治区政府科技进步三等奖；1993年，"小麦远缘杂交中外源染色体的分子标记鉴定"获农业部科技进步二等奖，"我国北方小麦野生近缘植物遗传资源的考察收集和研究"，获农业部科技进步二等奖；1998年，"小麦多枝赖草属间杂交创造优异种质的途径及技术体系"获河北省科技进步一等奖；2003年，"中国农作物种质资源收集、保存、评价与利用"获国家科技进步一等奖；2008年，"中国农作物及其野生近缘植物多样性研究"获农业部中华农业科技奖一等奖；2009年，"中国农作物种质资源本底多样性和技术指标体系及应用"获国家科技进步二等奖。

采集过程

"董玉琛院士学术成长资料采集"由董玉琛院士生前工作单位中国农业科学院作物科学研究所承担。中国农业科学院非常重视该项目，组成了由原中国农业科学院副院长刘旭院士为组长，作物科学研究所所长万建民、书记张保明任副组长的项目组，负责组织采集工程的实施。项目日常行政事务由作物科学研究所人事处处长杨建仓具体负责，为采集活动提供了行政保障。项目组成员中有熟悉董玉琛院士生前的工作和生活情况的同事、学生和家属，其中大部分人员曾参与编写《华美人生——董玉琛》、《董玉琛论文选集》，为开展采集工程奠定了基础。董玉琛院士的女儿胡源，长期在中国农业科学院国家作物种质库工作，为收集董玉琛院士的手稿、照片等资料提供了很大的帮助，并且无偿向采集小组捐献了大量董玉琛院士珍贵的笔记、书信和证书等资料。董玉琛院士的丈夫胡含先生，也是列入采集工程的老科学家，对采集工程非常支持。董玉琛院士家属的支持和帮助是采集工程得以圆满完成的重要保障。在项目负责人的总体设计和协调下，项目成员分工明确，严格按照《采集工程采集工作流程》和《采集工程采集工作规范》有关规定，协同开展资料采集工作。

访谈

由于董玉琛院士已经去世，访谈工作只能以间接访谈的形式开展。从2013年7月开始，项目组成员多次开会讨论访谈对象，最终确定了包括董玉琛院士的家属、同事、同学、朋友、学生在内的被访谈人员，并且根据访谈对象建立由联系员、访谈员、记录员、摄影员构成的访谈小组。在每次访谈前，访谈小组制定访谈提纲，并将提纲提前送达被访谈人，在被访谈人做好准备后再开展访谈。为保障访谈质量，访谈小组对重点的被访谈人，至少进行2次访谈，第1次进行音频采集，第2次进行视频采集。截至2014年12月，项目组成员共计访谈40人，58次，采集音频37小时，视频11.5小时。通过访谈，我们获得了一些关于董玉琛学术成长的重要信息。我们多次对董玉琛丈夫胡含先生进行访谈，才首次了解到他和董玉琛是相识在"米丘林农业植物选种及良种繁育讲习班"，发掘到董玉琛在留学苏联时期做小麦越冬性实验中遇到挫折后坚持做完的事迹，明确了董玉琛在苏联留学毕业后，是由于收到原工作单位中国农业科学院作物育种栽培研究所领导的来信，要求她就近学习苏联的作物种质资源工作，她自费去全苏植物栽培学研究所（今瓦维洛夫全俄植物栽培科学研究所）进修。这些在后来发现的董玉琛留苏回忆手稿和《院士自述》中都得到证实。胡含先生的回忆为我们了解和发掘董玉琛留苏期间的学习情况及对其学术生涯的影响提供了重要的信息和线索。我们重点访谈了董玉琛的高中和大学同学、入党介绍人何钊（原名顾静姝）女士。何钊女士为我们讲述了董玉琛在北京师范大学女附中的学习情况，以及她们一起考入北京大学药学系，从药学系转入农学系，一起奔赴解放区的经历，让我们了解到董玉琛鲜为人知的革命事迹。董玉琛完整的四年大学是在河北农业大学度过的，我们很幸运地访谈到了年已百岁的董玉琛大学老师毕桓武教授，他为我们讲述了董玉琛在河北农业大学的事迹。访谈小组分别赴河北保定和江苏南京访谈了董玉琛的表弟刘炳林和表姐林野，对董玉琛的童年及成长的家庭环境有更详细的了解。为了全面了解董玉琛在培养学生方面的特点和典型事迹，我们对董玉琛院士的大部分学生进行了音视频的采访，并采用了邮件访谈的方式，访谈了现居国外的学生。

资料采集

从董玉琛办公室采集的资料。从 2013 年 7 月开始，采集小组从董玉琛生前所用的办公室中采集了诸多重要的资料。其中包括论文手稿、工作笔记、照片、著作、书信、奖杯等。我们按照《老科学家学术成长资料分类及档案档号编制细则》《老科学家学术成长资料整理及著录规则》等文件要求，对所采集的资料进行了初步的分类和整理。

从董玉琛家中采集的资料。董玉琛院士的女儿胡源女士是采集小组的成员，她为我们采集资料提供了很大的帮助。通过胡源女士从家中采集的资料有证书、书信、照片、手稿、报纸等。其中包括董玉琛在苏联留学的照片、在云南、新疆、内蒙古等地开展野外考察的照片、工程院院士证书、2009 年国家科技进步奖二等奖的获奖证书、工作笔记、读书笔记、与国内外学者的往来书信等珍贵资料。在充分尊重家属意愿的前提下，我们将胡源女士捐献的资料进行了分类和整理。她保留的资料，我们通过扫描的方式，进行了采集。

从中国农业科学院作物科学研究所档案室和人事处采集的资料。从 2013 年 9 月开始，采集小组对中国农业科学院作物科学研究所档案室所藏科研档案进行了普查，阅读并摘抄了董玉琛主持或参与的课题、学术会议资料。从中我们搜集到了董玉琛从苏联留学回国至"文化大革命"开始前，在中国农业科学院开展科研课题的相关资料，填补了以往对这一时期董玉琛科研情况了解的空白。我们还发现了 1978 年作物品种资源研究所成立时的相关文件资料以及 1979 年"全国农作物品种资源科研工作会议"资料，这些资料对分析董玉琛在促进我国作物品种资源研究机构和学科建设上所发挥的作用提供了关键证据。在中国农业科学院作物科学研究所人事处，我们从董玉琛的人事档案中获得许多重要的信息，尤其是找到了董玉琛在河北农业大学的毕业证书。我们对其进行了扫描保存。我们还获得了《中国农业科学院作物品种资源研究所所志 1978—1998》《中国农业科学院作物育种栽培研究所所志 1957—2002》等材料，为全面了解中国农业科学院作物品种资源研究所的发展演变提供了依据。

从河北农业大学采集的资料。2013 年 10 月 14 日—10 月 16 日，在刘旭院士的带领下，采集小组成员赴河北农业大学采集资料。在河北农业大学档案馆，我们采集到董玉琛的毕业照、河北农业大学老建筑照片、《河北农业大学校志（1902—2002）》等资料。

从中国农业大学采集的资料。2013 年 12 月 4 日，采集小组在董玉琛曾经学习过的北京大学农学院（今中国农业大学）档案馆采集资料，我们翻阅了可能有董玉琛记录的学生名册和通讯录，但均未有所收获。不过在档案馆工作人员的帮助下，我们从《战斗在北大的共产党人（1920.10—1949.2 北大地下党概况）》一书中找到了关于董玉琛的记载，在第 408 页"农学院党员名录 1944—1948.11"中查到董玉琛；在第 554 页关于"北京大学"农学院农艺系党员介绍中，查到关于董玉琛的条目，其中记录："1945 年 9 月—1946 年 6 月，在北京大学农学院农艺系学习。1945 年 12 月，在北大农学院入党，介绍人何钊。1946 年 6 月—9 月，在张家口解放区学习。"这印证了何钊口述与董玉琛一起转入农学院农艺系，介绍董玉琛加入中国共产党，并同赴解放区的事迹。

从董玉琛就读过的初、高中学校采集的资料。董玉琛曾就读于志成中学女生部、北京师范大学附属女子中学，这两所中学发展为现在的北京市第三十五中学和北京师范大学附属实验中学。2014 年 1 月 16 日，采集小组在北京市第三十五中学校史整理办公室工作人员的帮助下，采集到了志成中学女生部的校门、志成中学校门、志成中学图书馆、志成中学校景模型等老照片。在北京市第三十五中，我们得知志成中学女生部的学生名册等资料现存于北京教育研修院附属中学档案室。1 月 17 日，采集小组便联系到北京教育研修院附属中学档案室进行采集，在"1940—1941 年初中毕业生名册"中，查到了董玉琛的各科毕业成绩，我们进行了拍照存档。在"北京师范大学"附属实验中学档案室，采集小组了解到由于历史原因相关年份档案损毁丢失严重，我们并没有找到与董玉琛直接相关的档案资料。不过，档案室的工作人员向我们赠送了《90年辉煌——北京师范大学附属实验中学校史（1917—2007）》和《90年辉煌——北京师范大学附属实验中学90年图志（1917—2007）》，为了解董玉琛当时的学习环境提供了资料。

中国农业科学院董玉琛同事提供的资料。项目组成员在访谈董玉琛同事的过程中注意收集相关资料，获得了一些重要的资料。如通过访谈钱曼懋女士，我们了解到中国农业科学院曾于1943年建有麦类资源库。董玉琛曾在"文化大革命"期间带领作物品种资源研究所的人员对保存在该库中的小麦种质资源进行繁育保种，使得小麦种质资源在经历"文化大革命"后没有丧失活力和丢失。然而，原麦类资源库早被拆除，难以得窥其貌。钱曼懋女士为我们详细描述了原麦类资源库的情况，并提供了原麦类资源库的内部照片，让我们对该库的情况有了更全面和直观的了解。

采集工作不足。由于董玉琛院士已经去世，关于其学术成长的资料较多，本次采集难以做到竭泽而渔，还需要持续的进行搜集。其一，董玉琛留学苏联的同学大多已经过世，或由于身体原因无法接受访谈，对董玉琛留学苏联时期所开展的学术研究活动了解的还不够详细，相关资料收集不够。暂时也没有条件赴乌克兰哈尔科夫农业大学和俄罗斯瓦维洛夫全俄植物栽培科学研究所进行资料采集。其二，董玉琛参加了云南、新疆和我国北方小麦种质资源三次大型的野外考察，目前与董玉琛一起考察的当地科研人员的访谈较少，还需要进一步进行实地调研，充实有关资料。

采 集 成 果

在项目组成员的共同努力和相关单位的帮助下，至2014年12月，采集小组共获得了288件实物原件资料和750件数字化资料。现将重要的采集成果简介如下。

论文及著作

董玉琛院士发表的论文和出版的著作，是研究其学术思想和成就的重要依据。董玉琛院士在生前曾选择99篇论文编辑成《董玉琛论文选集》出版。本次不仅采集到了《董玉琛论文选集》，还通过期刊数据库采集了从1959年至2009年董玉琛发表的论文134篇，均为电子版（PDF格式）。董玉琛主编（译）的著作共8部，本次不仅将其全部采集，而且还获得了多部董玉琛参与编写的著作。本次采集到的著作实物原件包括《全国小麦品种资源目录》、《主要栽培植物的世界起源中心》、《植物遗传育种学》、《中国农业部门生物多样性保护行动计划》、《中国小麦学》、《国家重点保护农业野生植物要略》、《中国小麦遗传资源》。此外还有电子版的《中国小麦品种志》、《小麦的现代品种及其系谱》、《作物品种资源》、《世界小麦》、《中国小麦品种志（1983—1993）》。

手稿

手稿资料具有较高史料价值和展览价值，是采集小组的重点采集对象。我们在董玉琛办公室和家中采集到较为丰富的手稿资料。本次共采集了80件手稿类资料，包括文章草稿、实验记录、考察日记、读书笔记、会议记录、工作日记等。重要的文章草稿有"回忆莫斯科学习经历"、"植物遗传育种学第十一章"、"序言（《中国小麦品种资源系谱手册》）"、"大百科瓦维洛夫"、"黄土高原小麦近缘植物考察报告"、"赴美参加小麦族学术讨论汇报"、"谈谈农业现代化问题"、"美国苏联品种资源工作体系"等；实验记录有"苏联留学实验记录（1954—1956）"、"民乐县民联公社雷台大队春小麦品种对比试验"等；考察日记有"法国考察（1981.9.15—10.8）"等；读书笔记有三大本，此外还有单篇的如"小麦雄性不育资料摘抄"、"1962年我国小麦面积和单产分类统计表"、"小麦育种国外动态"等。会议记录有"1966年1月7日春小麦会议记录"等；工作日记有"1970年工作日记"、"1993—1997课题工作日记"、"1995工作日记"、"1996年工作日记"等。

信件

信件可以体现传主与其他学者的学术交往与联系，具有重要的史料价值。采集小组以工作信件为采集重点，从董玉琛院士家中、办公室等地共采集80余封董玉琛院士生前与人来往的信件。这些信件的时间在1981—2003年之间，内容包括书稿修改意见、会议通知与总结、国外专家来华考察、小麦近缘植物的野外考察计划、推荐学生出国留学、询问学生论文发表以及在国外生活的情况等，从中可以看出董玉琛院士与其他学者间的友好学术联系、对学生的深切关怀。现将其中具有重要史料价值者，简介如下。

在采集到的信件中最早的一封是1981年4月6日，张兴瓒写给董玉琛的信，在这封信里面，张兴瓒告诉董玉琛，瓦维洛夫编著的《育种的植物地理学基础》一稿同意列入选题计划，并提出三个问题商量。在董玉琛的回信草稿中，她回复了相关问题、并将内容简介、译者的话写好寄给张兴瓒。这让我们了解到董玉琛在翻译介绍瓦维诺夫著作到中国所发挥的作用。

采集小组采集到较为完整的科研项目交流信件，是有关1986—1990年中国北方小麦野生近缘植物考察的信件。1986年，董玉琛负责的中国北方小麦野生近缘植物考察项目启动。董玉琛与项目资助方国际遗传资源委员会的Williams博士，以及在中国考察的另一负责人四川农业大学的颜济教授有很多关于该项目的来往信件。重要的信件如，1986年3月27日，董玉琛写给国际遗传资源委员会Williams的信，在信中董玉琛向Williams询问1985年底颜济教授寄去的在中国收集小麦族植物种质资源项目计划是否获得批准。1986年5月13日，国际遗传资源委员会（IBPGR）的Williams博士，发来电报，并请董玉琛将电文内容转给四川农业大学的颜济教授。1986年2月25日—9月8日，董玉琛与颜济来往的多封信件（或电报），在这些信件中，他们沟通协商有关中国北方小麦野生近缘植物考察项目的计划、具体安排，以及邀请外国专家来华参加中国北方小麦族植物资源考察等事宜。1987-1990年，围绕中国北方小麦野生近缘植物考察项目开展与执行情况，董玉琛与国际遗传资源委员会（IBPGR）Williams博士、四川农业大学的颜济教授、参加考察的法国学者Yvonne Cauderon、中国科学院的汤彦承教授等进行了多封信件的交流。在1991年，董玉琛与颜济教授、国际遗传资源委员会关于中国北方小麦野生近缘植物考察项目结题报告等事宜有多篇来往信件。这些信件为全面了解董玉琛在中国北方小麦野生近缘植物考察项目中所付出的努力和发挥的作用提供了重要的历史资料。除了关于这一项目之外，采集小组还采集到多封董玉琛与国内外学者开展学术交流的信件。

本次还采集到董玉琛推荐学生出国以及与学生联系的信件。如1986年10月，董玉琛与法国学者Yvonne Cauderon的来往信件中，董玉琛推荐学生陈勤赴法国进行学习。1991年10月5日，从许树军的回信中，我们得知许树军在抵达美国后，便收到董玉琛问候近况的来信。许树军在回信中向董玉琛汇报了在北达科他州立大学（NDSU）的情况，以及投给 Genome 的文章进展。2001年2月26日，在董玉琛与 Dr. John A. Pino 的来往信件中，Dr. John A. Pino 希望董玉琛为 Diversity 期刊写一篇关于中国种质资源库的文章。董玉琛便将她与学生刘旭合作所写的"世纪之交中国作物种质资源的保护和利用（英文）"寄给 John A. Pino。董玉琛又在2001年4月1日，将这篇文章推荐并寄给 Diversity 期刊编辑 Ms. Ruth Batik。此外还有一封魏景芳寄给董玉琛请她修改论文的信件。这些信件对分析董玉琛在学生培养上的特点有重要的参考价值。

照片

在董玉琛院士家属的大力协助下，采集小组通过扫描的方式采集了五百余张有关董玉琛学术成长的照片。在这些照片中，不乏珍贵者。如1966年5月董玉琛师大女附中的高中毕业照、1948年与同学在河北保定音剧社前合影、1948年10月在河北农业大学学习期间跟同学的合影、1950年河北农业大学毕业照、1950—1953年在华北农业科学研究所工作与同事合影、1954年北京俄文专修学校俄语班同学合影、1954年留学苏联期间在教研室学习照、1954年留学苏联期间与谭蕴芝在教研室学习照、1954年在苏联留学时与谭蕴芝和白瑛的合影、1956年在苏联留学期间与朱德的合影、1979年美国作物品种资源代表团访问我国合影、1979年在滇西北考察、1980年麦类室全体成员在农业科学院旧大楼前合影、1980年参加"山西省作物品种资源补充征集工作会议"和"山西省玉米育种协作会议"照片、1982年新疆（北疆）小麦野生近缘植物考察照片、1983年新疆（南疆）小麦野生近缘植物考察照片、1984年中国国家作物种质库奠基典礼、1986年在内蒙古锡林郭勒草原考察照片、1987年访问美国俄勒冈州国家无性繁殖作物种质资源保存圃、1989年在甘肃省甘甲草原考察收集小麦野生近缘植物、1992年指导博士生赵茂林等人观察小麦染色体形态、1995年参加中国农学会遗传资源分会第三届理事会议、1999年学生李立会获首届全国百篇优秀博士论文奖合影、2004年作为国家科技进步一等奖获奖代表出席全国科技大会合影、2004年党和国家领导人会见中国科学院第十二次和中国工程院第七次院士大会与会全体院士合影留念、2004年参加中国农学会小杂粮分会、2005年参观河北省杂粮中心、2005年参加选举院士大会、2006年获得中国农学会遗传资源分会颁发的"作物种质资源突出贡献奖"、2007年参加"国家科技支撑项目及农业部保种专项麦类专题"工作会议、2007年中国农业科学院建院50周年国家领导人回良玉、乌云其木格、李赵卓接见农业科技院士代表、2007年参加全国农作物种质资源保护专项研究进展暨学术研讨会、2007年参加"973"项目"主要农作物骨干亲本遗传构成和利用效应的基础研究"年度暨中期总结工作会议、2008年参加第三届超级小麦遗传育种国际研讨会暨引智成果示范推广会、2008年参加大豆种质资源研究和利用现场展示会、2008年参加全国粳稻优异种质资源现场观摩及学术研讨会、2011年与学生刘旭院士在办公室讨论作物种质资源工作等。

证书

董玉琛院士一生所获奖励和荣誉颇多，采集小组在家属的协助下共采集到证书六十余件，其中大部分为证书原件。这些证书中包括董玉琛的个人证件、聘书、获奖证书、荣誉证书等。在所采集到的证件中，最早者是1950年董玉琛从河北农业大学毕业的毕业证书，这是我们从董玉琛人事档案中获得，我们对其进行了扫描采集。采集到的重要证书如：1982年11月，主持的"云南麦类品种资源考察与收集"项目获得1981年农牧渔业改进一等奖证书。1983年中华人民共和国农牧渔业部任命书，其中载明了1983年3月16日，任命董玉琛为中国农业科学院品种资源研究所所长。1984年12月17日，中国农业科学院颁发的聘请董玉琛为中国农业科学院第二届学术委员会委员的聘书。1985年1月15日，河北省农林科学院粮油作物研究所聘请董玉琛为兼职研究员、学术委员会委员。1985年6月10日中国农业科学院学位评定委员会聘请董玉琛为中国农业科学院第二届学位评定委员会委员。1991年2月6日，董玉琛被中国农业科学院工会评为1990年度"三八"红旗手的荣誉证书。1991年10月1日，中华人民共和国国务院颁发的政府特殊津贴证书。1992年11月，"小麦属间杂种染色体自然加倍种质的发现和利用"获国家科学技术进步二等奖证书（电子版）。1993年9月，"我国北方小麦野生近缘植物遗传资源的考察收集和研究"获农业部科学技术进步二等奖。1994年3月，中共中央国家机关工委组织部、中共中央国家机关工委群工部、中央国家机关妇女工作委员会颁发的中央国家机关"巾帼建功"标兵荣誉证书。1996年12月1日，"小麦远缘杂交中外源染色体的分子标记鉴定"获得农业部科学技术进步二等奖证书（电子版）。1998年3月1日，中华人民共和国国家科学技术委员会颁发的完成"我国北方小麦野生近缘植物遗传资源的考察收集和研究"成果证书。1999年10月，中国工程院颁发当选为中国工程院院士荣誉证书以及院士证件。1999年，全国优秀博士学位论文指导教师奖杯。2001年6月，董玉琛、郑殿升等7人编著的《中国小麦遗传资源》获第十届全国优秀科技图书奖奖状。2004年1月20日，"中国农作物种质资源收集保存评价利用"获国家科学技术进步奖一等奖证书（电子版）。2006年11月，中国农学会遗传资源分会颁发的作物种质资源突出贡献奖证书。2006年12月18日，中华人民共和国科学技术部、中华人民共和国财政部颁发的国家科技基础条件平台建设专家顾问组专家聘书。2007年11月10日，中国农业科学院颁发为我国农业科技辛勤工作五十年荣誉证书，以及为中国农业科学院50年建设和发展做出贡献的荣誉证书。2008年6月1日，中国科学院第十四次、中国工程院第九次院士大会出席证。2008年7月被聘为农业部作物种质资源利用重点开放实验室学术委员会名誉主任的聘书。2009年1月24日，由董玉琛主持的"中国农作物及其野生近缘植物多样性研究"获中华农业科技奖一等奖证书。2009年9月中华人民共和国农业部颁发的中华人民共和国成立六十周年"三农"模范人物证书。2009年12月23日，董玉琛主持的"中国农作物种质资源本底多样性和技术指标体系及其应用"项目获国家科学技术进步奖二等奖证书。2009年，科技部表彰董玉琛在野外科技工作中做出突出成绩奖牌。2010年3月，被聘请为国家重点基础研究发展计划（973计划）"主要农作物核心种质重要农艺性状单元型区段及互作研究"项目专家组成员的聘书。此外，还有诸多高校、企业、政府和学术期刊颁发的聘书。这些证书为研究董玉琛的学术成就提供了证据。

视频

由于董玉琛院士已经过世，对她的视频资料采集只能搜集她生前的音像资料。通过采集小组的努力，我们很幸运的采集到4份董玉琛院士的视频资料。2003年中央电视台10频道"走近科学"栏目《寻找失落的基因》中采访了董玉琛院士，董玉琛院士在采访中介绍了国家作物种质库及我国作物种质资源收集保持的基本情况。在2003年5月9日制作的《中国农作物种质资源收集保存评价与利用》专题片中，董玉琛接受了采访，说明种质资源是基因的载体，对作物育种有重要价值。在专题纪录片《我们共同走过：作物野生近缘植物保护与可持续利用》中，董院士讲述了保护野生近缘植物的重要性。

此外，我们还采集了重要访谈对象的视频。视频访谈17人，采集视频时长12小时。其中包括丈夫胡含院士；表弟刘炳林教授；同事庄巧生院士、李振声院士、娄希祉、黄佩民、钱曼懋、江朝余、郑殿升、周荣华、孙雨珍等；学生刘旭院士、贾继增、李立会、景蕊莲、张学勇、孔秀英等。

图纸

董玉琛院士参加多次作物种质资源的野外考察，在野外考察中，采集路线的选择对采集结果会有很大的影响。我们通过多方搜集，采集到部分董玉琛院士参与的考察路线图。如1979年云南麦类资源考察路线、1982—1983年新疆考察路线、1989年宁夏、内蒙古考察路线图、1989年河北、山东考察路线图、1986—1990年中国小麦族植物考察路线图等。

研究思路与写作框架

董玉琛院士是我国近现代农业科学技术历史上一个重要的历史人物。作为新中国成立前加入中国共产党的党员，她是中华人民共和国成立的见证者；作为我国作物种质资源学科的奠基人之一，她是中华人民共和国作物种质资源学科的创建和发展的亲历者。研究这样一个历史人物，不能脱离她所生活的时代背景和从事学科的发展情况。本传记是在近现代中国社会大背景下，结合中华人民共和国作物种质资源学科的创立和发展过程，以史料为基础，重点对董玉琛的学术成长经历进行系统的梳理和总结，以发掘董玉琛院士学术成长的规律和她身上所体现出的科学精神，为进一步研究近现代科学提供有益的借鉴。

已有关于董玉琛的研究成果主要是传记。本次采集到董玉琛传记资料20份，除画册1部外，其他均为文章。已有的传记资料偏重于对董玉琛学习、工作经历及学术成就和贡献的记叙，缺乏从总体上对董玉琛学术成长历程进行翔实而深入的研究。在已有传记资料的基础上，本次采集了总计一千余件的资料，综合运用这些资料，可以对董玉琛的学术成长经历进行更为翔实的论述。本次采集到的资料包括口述文字、传记、证书、信件、手稿、著作、论文、报道、视频、音频、照片、图纸等十余类。史料是历史研究的基础，采用高质量的史料是获得高水平历史研究成果的前提。在研究报告的撰写过程中，我们着重采用史料价值高、能真实体现董玉琛学术成长的资料，如论文、著作、手稿（工作笔记、读书笔记、考察日记、报告文章）、学术交流信件、考察照片和图纸等。

本传记以时间为主轴，根据董玉琛学术成长的关键节点来分阶段进行研究。董玉琛在学术研究方向确定后就没有改变，因此，总体而言，可以将董玉琛学术成长的历程划分两个大的阶段：学术方向确定前和学术方向确定后。然后，再根据董玉琛学术成长的节点和学术研究的内容进行细分，形成各章。研究报告一共十章，从第一章至第四章是论述董玉琛在学术方向确定前的学习、成长经历，其中包括董玉琛的少年学习时期，大学时期、参加工作之初和留学苏联确立学术方向的经历。第五章至第十章是论述董玉琛在学术方向确立后，从事作物种质资源研究和教育工作的历程及取得的成就，其中包括董玉琛在"文革"期间坚持科研工作、致力于创建我国作为种质资源学科及工作体系、带队赴野外考察小麦种质资源、开展普通小麦及小麦稀有种的研究、对小麦野生近缘植物的研究与利用和培养学科人才等内容。每章又依据主题和时间脉络分为3—5节。各章节相合，使得研究报告形成一部完整的研究科学家学术成长的科技史著作。

传记以科学家的学术成长为主要内容，关于其个人生活等与学术无关的问题涉及较少。传记中所有的研究主题都以史料为基础，做到"论从史出"，有关学术专业性问题、学术贡献和评价，我们都请该学术领域的专家学者来审阅和提出修改意见。

第一章
生于高阳　在重视文教的氛围中成长

高阳董氏，女子上学好家风

　　1926年6月11日（农历五月初二），董玉琛出生于河北省保定市高阳县邢家南镇季朗村。董玉琛的祖父董文湘在季朗村有100多亩地，一共育有三男二女五个子女，家中人口较多。董文湘非常重视子女的教育，受新思想的影响，支持女孩上学。据董玉琛的表姐林野[①]讲述："就我们这个家庭来看，经济上来讲，当时在旧社会还是比一般的要富裕一些。在我们很小的时候吃穿基本上不是很困难，到后来全面抗日战争爆发，那就破落了。另外，祖辈也都是有一定的知识。父辈大多数都读过一点书，有的读过小学，有的读过中学。因为当时有些新的思想，共产党也成立了。怎么样改变我们国家的命运？五四运动，要和平、要解放、要民主、要自由、反帝反封建，妇女也要解放，要平等。所以在她家培养女孩子，这个思想

---

① 林野（1926— ），女，原名吴许宁，董玉琛二姑的女儿。林野和董玉琛同岁，十岁以前，两人都在一起学习。

好像就不是偶然了。我的母亲是偷着跑出去，也要念书，就好像唯有念书才能救国，唯有念书才有出路，当然她们都不是很高的学历了。"①

董玉琛的父亲董耀图是家中的第三个孩子。董文湘很重视对这第二个儿子的培养，在董耀图已经结婚生女后，还支持他外出学习。董玉琛四岁的时候，祖父辈才分家。据董玉琛回忆："在我四岁时，祖父辈才分家。分家后家中包括祖父母、伯父母、叔父母、父母亲和许多堂兄弟姐妹们，父亲常年在外，先求学后做事。家中有100多亩地，由祖父母照料。"②董玉琛的母亲闫肃容是家中的长女。董玉琛的外祖父闫兰芬在高阳县城经营布匹生意。闫兰芬育有三个女儿，他也注意培养家中的女孩子，三个女儿都上学读书。据林野讲述："舅母（闫肃容）念过书，她是读到小学，那个算是高小，相当于现在的五六年级，写普通的信，看粗浅的小说都没问题。她家的思想不是那样的禁锢，她的姨妈都读书。虽然学历不高，但是，他们主张女孩子读书，受一定的教育。当时那个家庭条件、社会条件以及她们家里的思想，都是主张女孩子念书。"③

董玉琛是父母唯一的孩子，在这种支持女子读书的家庭氛围下，她从小并没有受到"女子无才便是德"封建思想的束缚，而是一直坚持上学读书。据林野讲述："她（董玉琛）有这个条件，家里双方都不阻拦这个女孩子读书。因此，上小学、中学、大学，她一路都学下来了，这样她的知识基础就比较扎实。这是客观条件。主观上，从小她成绩就比我好，她一路上来就没耽误，断断续续她都上学。她10岁以前的成绩都是优秀的。"④

1932年，董玉琛七岁，她考入了高阳县两级女校⑤。为了方便上学，母亲便带着董玉琛住在高阳县城内的外祖父家中。董玉琛的外祖父闫兰芬无子，"当时在旧社会女人是不能种地的，不能种田又不能经商，怎么办呢？

---

① 林野访谈，2013年8月17日，南京。资料存于采集工程数据库。
② 董玉琛人事档案：鉴定、考核、考察材料，党训班第二支部农学院小组鉴定，1950年。存于中国农业科学院作物科学研究所。
③ 林野访谈，2013年8月17日，南京。资料存于采集工程数据库。
④ 同③。
⑤ 高阳县两级女校，1925年设立，地址在今高阳县东街。参见高阳县志编撰委员会：《高阳县志》。北京：方志出版社，1999年，第79页。

就过继了一个儿子，就是她（董玉琛）舅舅"。董玉琛的舅舅在高阳县城经营布匹生意，开设绸缎店，家境逐渐富裕起来。董玉琛的外祖父过世后，"她舅在操持着家里。那么在这小县城里怎么生存？主要是卖花条布，经营个小商店，卖棉布。到后来慢慢生意好转，那时候，打仗还没打到冀中那个地方，社会比较平稳。他经商那段时间赚了，后来就有一个绸缎店的门面，既卖花条布又卖绸缎，就是比较富裕了。"①

早在清朝末年，高阳县的织布业便开始兴起，"高阳布区"远近闻名。高阳县城逐渐成为纱、布的集散中心，商旅云集，民物繁庶，有"小天津卫"之称。至1937年"七七"事变前，高阳县城有布线庄近200家，颜料庄7家，织布工厂17家，染轧工厂14家，染坊15家，印花厂7家，商业、饮食服务业200多家，居民约18000多人[1]。

高阳县重视教育的氛围浓厚，明清时期，县城及部分村落便设有私塾，此外还有社学、义学、书院、庙学等传统教学机构。清末民初，高阳县城有南街、北街、西街、东关4处私塾。1913年，改为学堂[1]。此后，随着学生数量的增加，高阳县办学规模逐渐扩大，小学数量和教员数量增加。至董玉琛来高阳上学的1932年，全县高级小学共3所，在校学生895名，初级小学113所，在校生5896名，其中女校24所，学生483名。即使是在抗日战争期间，高阳县各村还开办了抗日小学，全县有教员百余人，实行分组教学（游击教学）。学生按年级分组，在青纱帐、坟地、树荫学习，可以随时转移。年级高学习好的学生为基本组，教师直接教授，再由基本组学生到各组去上课，教师巡回指导[1]。可见当时高阳县小学教育的兴盛，以及高阳民众对教育的重视。

据林野回忆，董玉琛在高阳上学时学习成绩好，"她老考第一、第二，她老是前三名"，"但董玉琛并不因为自己成绩好而骄傲，而是很随和，能团结同学，同学们都挺喜欢她。那时我跟她在一起两年，她都对我非常好，其他小学女孩子都来找她玩"②。董玉琛的表弟刘炳林也讲述了董玉琛小学时期的成长环境以及家里长辈用董玉琛努力读书的事例来

---

① 林野访谈，2013年8月17日，南京。资料存于采集工程数据库。
② 同①。

鞭策他努力学习。刘炳林说:"玉琴姐的童年是在祖居地河北高阳渡过的,在旧时代,高阳县因地势低洼,十年九涝,地多盐碱,贫瘠荒凉,百姓生活十分困苦。高阳县又紧靠白洋淀,当时壑沟较多,水上交通便利,货船可直达天津。于是商品流通贸易比较发达,许多人的思想也比较开放。因此,形成高阳县旧社会的三个特点:一是重视商业手工业,做买卖,耍手艺的人比较多。高阳生产的土布是有名的,有传统的。二是重视文化教育。明朝末年曾经出过一个榜眼叫做孙承宗。我们小的时候都听说过孙榜眼儿时上学刻苦读书的故事,县城原来还有一个榜眼牌坊,还有个孙家祠堂。我们都去玩过。老人给我们讲过,榜眼读书的地方,叫大寺坑,那是个寺庙。大寺坑的蛤蟆是不能叫的,怕影响孙榜眼学习。晚上孙榜眼刻苦读书,那是小鬼给他提着灯笼。小鬼说:'孙榜眼,榜眼,榜眼,你好大胆。'榜眼摸着小鬼的头说:'小鬼,小鬼,你好大头。'这都是老人给我们讲的家乡传说故事。这是重视教育、重视学习这样一种氛围的一个故事。三是高阳县的百姓,反抗意识强烈。明朝末年的抗清,高蠡暴动,这些都是高阳县历史上辉煌的一页。这就是玉琴姐最初成长的环境和背景。玉琴姐从小长在姥姥家,姥姥家是靠做买卖维持生计的。商品经济意识比较强,也重视文化教育。因此,在当时'女子无才便是德'的时代,玉琴姐被送去读书。玉琴姐读书十分认真努力。老人常说,她在家一边烧火做饭,一边看书背书。老人经常以玉琴姐为榜样鞭策我们。"①

战乱辗转,考入志成女中

1937年,"七七事变"爆发,日本发动了侵华战争。1937年10月和11月间,日军飞机两次轰炸高阳县城。12月16日,日军侵占高阳县城,

---

① 刘炳林访谈,2014年7月20日,北京。资料存于采集工程数据库。

烧杀抢掠，居民大多逃亡。1937年9月，董玉琛在北平（今北京）的父亲患病，需要照顾，董玉琛便随母亲来到北平，转入北平鲍家街文星小学上学。1938年9月，董玉琛又回到高阳县，进入高阳县立完全小学上学。当月，日军对高阳县城进行轰炸，无辜百姓死伤众多[1]。为了躲避日军的扫荡，董玉琛随家人辗转逃难，一次次逃到更加偏僻的农村。这些给即将小学毕业的董玉琛留下了终生难忘的记忆。据刘炳林讲述："她（董玉琛）成长在日本鬼子侵略中国的国难当头的时代，她跟我讲过很多次，日本军队到高阳，轰炸高阳那个惨啊！她们逃难从这个村跑到那个村，一个村一个村的转着跑，跑了好长时间。所以那个苦难的年代，苦难的农民，给她感受很深，印象很深。也使她形成了一种高昂的政治热情，和从事一切工作的动力，这是我感受最深的一点。"① "日本鬼子的侵略更使中国的百姓处于水深火热之中，为躲避日寇如惊弓之鸟，仓皇逃跑，苦难流离的岁月，这在玉琛姐少年时代的记忆中是最痛苦、最难忘的一页。我姨和我表姐跟我说过多次，她们怎么样坐着大车，从这个村逃到那个村，又从那个村逃到另外一个村，转来转去，人心惶惶，民不聊生。"②

1938年冬，董玉琛被母亲接到北平（今北京），与父母相聚。1939年3月，董玉琛考入志成中学女部③。

志成中学始建于1923年，是在当时教育界著名人士李大钊、吴弱男、邓萃英、陈宝泉、严修、张伯苓等建校董事的竭力支持下，由北京高师（北京师范大学的前身）的7位毕业生初诰、吴鉴、凌锡瀍、杨哲民、陈文华、阎玉振、李澄筹资创办。他们以"改变民族落后，发展教育事业，培养栋梁之材，有志者事竟成"为办学宗旨，校名取其中"有志者事竟成"的蕴义。志成中学成立后，当时的北平《晨报》以"大有望之志成中学"的标题刊登了志成中学的建校消息，该报认为志成中学的董事"皆为教育界名流，均肯

---

① 刘炳林访谈，2013年10月15日，保定。资料存于采集工程数据库。
② 刘炳林访谈，2014年7月20日，北京。存地同上。
③ 1949年，志成中学改名为新生中学，1953年定名为北京市第三十五中学。该校具有光荣的革命传统，1926年3月和1935年12月，爱国学生参加了"三·一八"爱国示威活动和"一二·九"爱国运动。

竭力维持，而教职员皆北高毕业富有经验及学识者，将来该校前途必有可观也"[①]。1932年，志成中学男女学生分部办学，志成中学男部在小口袋胡同19号，女部在丰盛胡同5号。虽然男女校分开，但师资还是统一的。大部分教师是来自北京师范大学，师资力量较强。

1939年8月，董玉琛入读志成中学女部初中一年级。经历了战火中的辗转逃难，又刚从农村来到城市，她特别珍惜难得的学习机会，埋头读书。这一时期董玉琛专心读书，与同学们交往较少，对社会的了解不多。董玉琛在1950年所写的《自传》中回忆到"在初中时只死读书，和同学们来往较少，不知道什么是社会，只求做个规规矩矩的好学生"。董玉琛与同班同学李振肃比较接近，她们经常在一起学习，也一块去香山等地游玩。据李振肃回忆："我们初中在志成女中，是一个班的同学，经常一块学习。董玉琛学习用功，憨厚、正派、守规矩。后来我们

图1-1　志成中学校门（1947年）

图1-2　志成中学女部校门（1947年）

---

① 《晨报》，1923年3月20日（中华民国十二年八月二十日星期日）。

高中考到了北师大女附中，我们还在一个班，常在一起。我们在一起玩的时候，我比较小一些，她都让着我。"她印象最深刻的是"在公主坟，我们一块爬铁路，挺有冒险精神的"①。

董玉琛在志成中学女部学习期间，学校师资力量较强，老师多毕业于北京师范大学、北京大学、日本明治大学等名校。据李振肃回忆："当时学校开设的课程有国文、日文、英语、化学、数学、生物、体操等，老师大多毕业于北京师范大学，总体上是北京地区不错的，学校在教学上抓得紧，对学生要求严格。"② 在老师的悉心教导下，董玉琛努力学习，取得了较好的成绩。她第一学年成绩为76分，第二学年成绩达到81分，最后学年第一学期成绩为80分，操行成绩为乙，体育成绩是乙。董玉琛的同班好友李振肃的成绩则

图 1-3 志成中学校园沙盘（1947 年）

图 1-4 志成中学图书馆（1947 年）

---

① 李振肃访谈，2014 年 2 月 18 日，北京。资料存于采集工程数据库。
② 同①。

第一章 生于高阳 在重视文教的氛围中成长

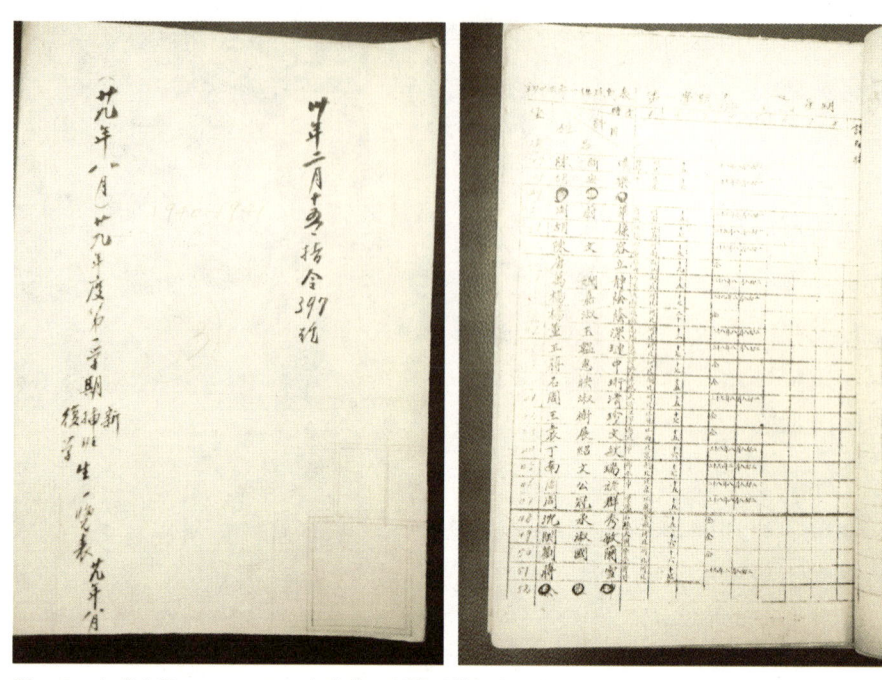

图 1-5　志成中学 1940—1941 年度第一学期后补新班学生一览表

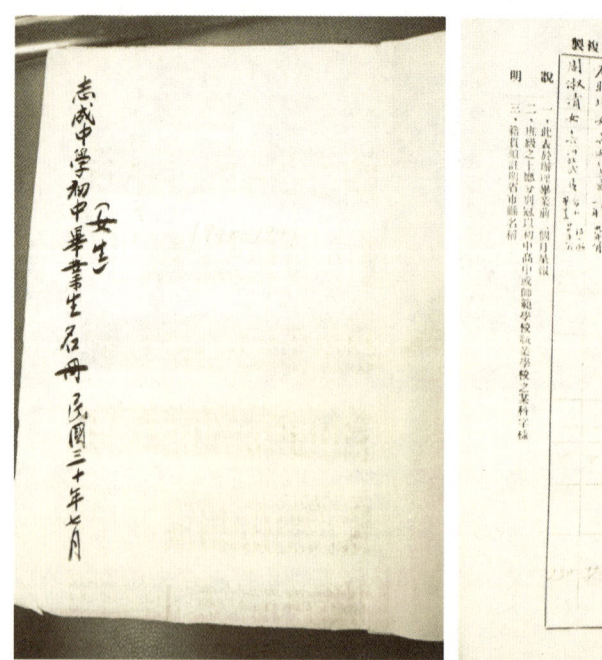

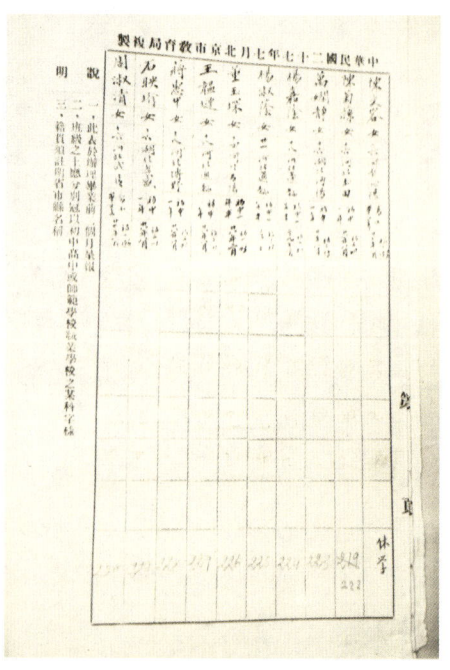

图 1-6　志成中学初中毕业生（女生）名册（1940—1941 年）

一直名列前茅，她第一学年成绩为 90 分，第二学年成绩达到 98 分，最后学年第一学期成绩为 90 分，操行成绩为甲，体育成绩是乙。虽然董玉琛的成绩并不是很突出，但是经过努力，1941 年，她还是和李振肃一起考入了北京名校——"北京师范大学"女附中。

"北师大"附中的文静学生

1941 年 6 月，董玉琛从志成女中毕业。9 月考入"北京师范大学"附属女子中学（今北京师范大学附属实验中学）。"北京师范大学"附属女子中学是北京名校，社会影响较大，能考入"北京师范大学"附属女子中学非常不容易。当时有位"北京大学"教授的女儿报考了三所中学，"北京师范大学"附属女子中学发榜时她的名字排在榜尾，"扛着"上面百个名字，她表示不想上女附中，要选择考了第三名的某校，但父亲不以为然，他劝导女儿要选择最好的学校"扛榜咱们也要进师大女附中上学"[2]。1941 年，"北京师范大学"附属女子中学添招高、初中各一班，全校一共有 16 个班。据董玉琛的高中同学何钊回忆，董玉琛在高中时，刻苦读书，踏实朴素，不喜欢文体活动。当时何钊组织排球队、篮球队，并进行比赛，但董玉琛从不参加。她们学习的课程有国文、英文、数学、化学、地理、生物、历史、日语、修身等。董玉琛的理科成绩相对较好，她对生物和化学最为感兴趣。

"北京师范大学"附属女子中学是有着光荣革命传统的学校。当时的"北京师范大学"附属女子中学虽然在沦陷区日伪政权的统治下，但学生们依然敢于表达爱国的情感。据比董玉琛高一届的张树榛回忆："我觉得那时候我们'北师大'女附中的学生都特别爱国，我们的口号是'国家兴亡，匹夫有责'。虽然沦陷了，但学生的爱国心是有的。我记得有个教日文的女老师，要同学们念日语。大家都不爱学，大伙听得烦了，有人一敲桌子，大家一起念，从头到尾，一本书都念完了，老师站在上头，

图1-7 董玉琛在"北京师范大学"附属女子中学的毕业照（1944年）

没办法。那时候学生都很爱国，而且都表现出来。"① 还有一些追求进步的学生，不满现实奔赴解放区[2]。在校师生中有人秘密加入了中国共产党，还有许多靠近中国共产党的积极分子。她们秘密传阅《大众哲学》②等进步书籍，还在学校演出话剧《雷雨》，组织进步社团海燕。在进步同学的影响下，董玉琛的思想也发生了变化。她从只知学习，不问世事到开始关心社会时事。通过与进步同学的交往，她阅读到了解放区的书籍，开始追求进步。董玉琛在1950年的《自传》中写到了这一时期自己思想的变化"高中考入师大女附中，初到高中仍是很用功，成绩不落后，遵从先生的指导，是旧社会一个十足的好学生。女附中是个有光荣革命传统的学校，由于环境的影响，不久我的思想便起了变化，从不问社会情形到关心社会情形，由于同学们给我的启示，使我痛恨日本鬼子，敬佩八路军，羡慕解放区的公平合理，不时能看到解放区的文艺作品，但当时只对解放区抱着无限的热情和幻想，对政策是没有什么了解的"。

---

① 张树榛访谈，2015年3月4日，北京。资料存于采集工程数据库。
② 《大众哲学》是艾思奇在20世纪30年代用通俗语言宣传马克思主义哲学原理的著作。

第二章
投身革命　由医转农

考入"北京大学"医学院　追求进步

　　1944年，董玉琛高中毕业后，考入了"北京大学"医学院药学系。当年"北京师范大学"附属女子中学一共有6人考入"北京大学"医学院，她们大多数已是中国共产党党员，或是与中国共产党的重要干部有亲属关系。在这些同学中，董玉琛与同时考入药学系的何钊关系较好。当时何钊已经是中国共产党党员，她非常信任董玉琛，并不隐瞒自己共产党员的身份。在大学一年级期间，何钊秘密去了解放区。1945年10月，何钊从解放区回到北平，董玉琛对当时社会现状不满，非常渴望了解进步思想，向何钊询问参加革命的原因以及解放区的情况。何钊便毫无保留地与董玉琛分享她在解放区的见闻感受，还系统地推荐一些革命书籍和杂志给她看。何钊经常与董玉琛一起分析各种社会现象，向她宣传解放区的政策。何钊作风正派、诚恳朴实，董玉琛由衷地敬佩她，并决定向她学习。在何钊的影响下，董玉琛逐步成为希望参与革命、参加党的

图 2-1 董玉琛在"北京大学"医学院班级同学合影（第一排右三为董玉琛）

工作，去解放区学习的积极分子。在"北京大学"医学院，她和何钊一起办壁报，宣传进步思想，开展群众工作。1945年8月15日，日本投降后，中共中央决定建立北平市委，准备迅速接管北平[3]。董玉琛跟随何钊等地下共产党员便在夜晚到北平街上贴"安民告示"，送"告群众书"。但是，日本与国民党蒋介石早有秘密协定，不准日军向八路军缴械。北平城中日军拒绝出城缴械，拖延时间等待国民党来接管。1945年8月21日国民党第十一战区孙连仲部接收北平。8月27日，在华美军总司令魏德迈调集中国及印度境内所有美国军用与民用飞机，开始全力帮助空运国民党军队抢占北平、南京、上海、天津、广州等重要城市。中国共产党接管北平的计划在国民党和美国的联合破坏下，被迫放弃。

转入北京大学农学院　加入中国共产党

在"北京大学"医学院药学系学习一年后，董玉琛感觉到有些课程不合自己的志愿。另外，她通过何钊了解到，当时北京大学农学院的地下党组织力量薄弱。恰好当时北京大学农学院招考编级生，董玉琛经过再三考虑后，准备和何钊一起转到农学院。1945年9月，正值国民政府接收北京大学，管理比较混乱，董玉琛和何钊借机转入农学院，董玉琛进入农艺系，何钊进入了农业经济系。在转入农学院农艺系后，董玉琛觉得农艺系的许多课程都令她满意，如有机化学、植物生理等课程都引起了她的极大兴趣。在刻苦学习，保证学习成绩的前提下，董玉琛又积极参与到农学院的革命活动中。

1945年9月26日，国民党政府通过《收复区专科以上学校教职员处理办法案》《收复区中等学校教职员甄审办法案》和《收复区中等以上学校学生甄审办法》，要求对收复区的教职员工、毕业生、肄业生和在校"伪学生"，一律进行甄审和训练。由此，开始了一场对收复区各类大中学校教职员和学生进行特别审查的"教育甄审"运动。国民党打着清除奴化教育影响的旗号，意图通过"教育甄审"来审查日伪统治区教员和学生的政治立场，并借机清除学校中的中共地下党员和进步学生。1945年10月，国民政府教育部首先解散京沪一带国立高校，致使该地学生一时间失学，引发了学生争取读书权利和反对歧视的"反甄审"运动。从11月份开始，"反甄审"运动在京、沪、平、津等地相继展开。在北平，"地下党抓住战机，组成了反甄审党团……组织领导了反甄审运动"[4]。反甄审党团是一个秘密的领导核心，以北大、师大校友会为依托，组建了"北平专科以上学校校友联合会"。在党组织的领导下，董玉琛和何钊在北京大学农学院积极开展"反甄审"斗争。董玉琛不但参加"反甄审"罢课，还组织成立"耕耘壁社"，出版壁报，团结群众，并介绍同学去解放区①。据何钊回忆，"当时在学校里参加革命活动，董玉琛是很积极的，很无私的"。校友联合会建立后，他们通过个别串联的方式，广泛联系校友、利用进步刊物进行宣传。北京大学、北京师范大学校友联合会出版了《北大师大校友联合会会刊》宣传反甄审观点，在北平散发，并寄往天津、上海、南京等地，扩大影响。"北平专科以上学校校友联合会"先后召开了四次反甄审大会，并开展了游行示威活动。1945年10月，"北平专科以上学校校友联合会"发出《给收复区全体青年同学的一封信》，号召学生团结起来争取读书权利，非到当局撤销甄审办法不止。在各地学生的斗争下，国民党政府不得

---

① 董玉琛人事档案：出国学习人员审查登记表，1953年。存于中国农业科学院作物科学研究所。

不退让，一再修改教育甄审的规定，最后甄审也不了了之，学生取得了"反甄审"运动的胜利[5]。

在何钊和董玉琛参加的"反甄审"斗争中，还发生了一段小插曲。国民党对学生的"甄审"中，有一项是体检。当时董玉琛和何钊都十分忐忑，担心暴露身份，国民党以体检不合格为由将她们清除出校。她们提心吊胆地来到了体检处，惊喜地发现给她们体检的大夫正是组织上的一位领导人（他的公开身份是医生）。于是，她们有惊无险地通过了体检，继续留在北京大学农学院学习和开展革命工作。

1945年8月苏联对日宣战后，迅速进占中国东北。但抗日战争胜利后，苏联为与英美争霸，一再拖延撤军。国民政府多次交涉未果，致使半年后东北地区仍然没有为中国政府所接收，人民群众对国民政府不满的情绪累日积压。1946年1月，国民政府派往东北接收抚顺煤矿的地矿专家张莘夫等人，被不明身份武装人员杀害。"张莘夫事件"发生后不久，苏联、美国和英国三国将秘密签订的、严重损害中国主权的《雅尔塔协议》公布于世，更激起了民众的强烈不满。1946年2月开始，以"张莘夫事件"为导火索，全国爆发了大规模的反苏示威大游行[6]。1946年2月22日，重庆的中央大学、重庆大学等二十多所学校的两万多学生、教工游行抗议苏联，要求苏联依照约定从东北撤军。2月24日之后，反苏运动蔓延至全国，上海、北平、武汉、南昌、贵阳、台湾等地举行了不同程度的游行示威[7]。

1946年2月26日，北平大中小学生三万余人举行大游行，北平学生联合会分别通电美苏英三国元首，对"苏联侵略东北之日益积极"及"破坏中国与其他各国之领土及主权完整"表示强烈抗议①。北京大学也组织学生参与此次"反苏大游行"。由于当时和党组织失去了联系，董玉琛和何钊接收不到组织的指示，对于是否参加这次游行，她们进行了细致地分析。据何钊回忆，当时她们认为这次"反苏大游行"是由北京大学反动势力组织，她们的真实意愿是不参加，但如果不参加就会暴露身份。最后她们决定根据情况灵活应对，如果同班的女同学参加游行的人少，她们就不

---

① 爱国运动风起云涌。《民国日报》，1946年2月28日。

参加。若大多数女同学都参加，她们为了防止暴露身份就只能参加。结果，北京大学农学院大部分女同学都准备参加这次反苏大游行，她们便也加入到了游行的队伍中。在中国民众反苏运动和国际压力下，苏联最终在1946年5月3日全部从东北撤出。1946年的"反苏大游行"是一场没有党派发动的，完全自发的民众爱国运动[8]。后来，何钊与组织取得了联系，并向组织汇报，她们的做法得到了组织的肯定。董玉琛在与何钊一起参加革命活动的过程中，对旧社会的各种腐败事情感到不满，对被压迫者十分同情。通过同学介绍和阅读革命书籍，觉得中国共产党主张男女平等，反对剥削和压迫等政策正符合她对理想社会的设想。她看到身边的共产党员作风正派、待人诚恳，特别是共产党员在各种斗争和工作中"吃苦在前，享乐在后"的精神感染了她。董玉琛便暗下决心要向共产党员学习，争取早日成为他们中的一员。1945年12月12日，在何钊和李龙的介绍下，董玉琛成为了中国共产党预备党员。1946年3月12日，董玉琛通过了组织的考察，顺利转为正式党员。1953年，董玉琛在回忆当时入党动机时写道："当时看到八路军共产党坚持抗日，解放区讲民主，讲平等，国民党反动派政府腐败堕落，社会上贫富悬殊，尽是欺诈压迫，而解放区军民一家，上级下级相互爱护，共产党反对蒋介石的统治，他们主张的社会是没有剥削、没有压迫，人人有饭吃，人人有工作的社会，我所见到的共产党员作风正派，待人热诚，我愿意和他们一起为实现这样的社会而奋斗，因而加入了共产党，这是我当时入党时的思想。"①

不畏艰险　奔赴张家口解放区

1946年6月，蒋介石撕毁停战协定，大举进攻解放区，解放战争全面爆发。国民党统治区亦掀起了"白色恐怖"的高潮，国民党反动派大肆抓

---

① 参见董玉琛人事档案：中国共产党党员登记表，1953年。存于中国农业科学院作物科学研究所。

捕、屠杀共产党人。在北京大学，学生和进步分子遭到国民党特务的严格监视。何钊身份不幸暴露，组织上要求她立刻撤到张家口解放区去。董玉琛虽然没有暴露，但怀着对解放区的强烈向往，她主动要求与何钊一起奔赴解放区。经组织同意后，她们向解放区进发。根据组织安排，她们先到保定安国，联系上冀中区党委书记林铁[①]，然后由林铁书记派人将她们送到城工部[②]。在接到晋察冀中央局城工部的指示后，董玉琛和何钊便收拾行装，秘密离开学校。她们先坐火车到达保定，然后坐胶皮轱辘大车到安国，冀中区党委书记林铁接应了她们。在集合了从各地分批到达的20多人后，她们被一起送到了冀中区蠡县。到蠡县后，晋察冀中央局城工部派来了交通员魏啸天，负责带领她们穿越平汉铁路封锁线。据何钊回忆，当时的平汉铁路已经中断，铁路两旁有国民党挖的封锁沟，每隔三五里地就有国民党的炮楼，要穿越封锁沟十分危险。她们在民兵的护送下，来到封锁沟附近，为了防止暴露，她们将白毛巾、白茶缸子都收到背包里，而为了防止被敌人冲散，她们定好了统一的接应暗号和集合地点。在一切都布置妥当后，她们趁着夜晚天黑，依次溜下封锁沟，但由于封锁沟又陡又深，再爬上去非常困难，在对面接应的民兵就一个一个地将她们拉上去，才通过了封锁沟。刚过封锁沟，还没有脱离危险，她们不敢懈怠，连夜赶路九十里到达了平西。平西是山区，道路难走，又赶上了雨季，泥石流多发，队伍走走停停，有时一天只能走二三十里路，行进速度很慢。直到8月份，她们才到达位于张家口的晋察冀中央局城工部，见到了城工部部长刘仁[③]。不

---

① 林铁（1904-1989）：原名刘树德，四川万县人。1926年11月入党，是中国共产党的优秀党员，久经考验的忠诚的共产主义战士，无产阶级革命家，党务活动家。1944年秋任冀中区党委书记兼军区政委。1949年8月任河北省委书记兼省军区政委。

② 城工部，是中共中央华北局城市工作部简称。前身是1941年1月成立的中共晋察冀分局的城市工作委员会；1944年秋改为城市工作部；1945年抗日战争胜利后为晋察冀中央局城工部，1948年5月，晋冀鲁豫中央局与晋察冀中央局合并，成立中共中央华北局，原晋察冀中央局城工部改为华北局城工部。参见武建玲：刘仁在城工部工作日记，《北京档案》，2011年第8期，第60页。

③ 刘仁（1909-1973）：原名段永强，四川酉阳人，土家族。1927年加入中国共产主义青年团，同年转为中国共产党党员。1942年任中共晋察冀中央分局城市工作委员会书记（后改称城工部长）兼敌工部长等职。解放战争时期，任中共华北局组织部副部长，城工部部长。中华人民共和国成立后，历任中共北京市委组织部部长，市委副书记、第二书记，中共中央华北局书记处书记，中共第八届中央候补委员。参见武建玲：刘仁在城工部工作日记，《北京档案》，2011年第8期，第60页。

久，根据战争需要，解放军准备撤出张家口。刘仁在仔细了解各人情况后，决定在北平已经暴露的同志留在张家口解放区，没有暴露且有条件开展革命工作的同志回北平，继续开展地下工作。何钊已经暴露了，只能留在解放区。董玉琛没有暴露，家又在北平，组织上便安排她回北平。董玉琛在到达解放区以后，心情很畅快，希望能够留在解放区工作，但组织上却要求她回北平，她便有些不愉快了。董玉琛认为自己不适合在国统区工作，更适合在解放区工作。而且自己已经失去了在北京大学的学籍，不知道回去该做什么，她甚至认为组织不照顾自己。由此，董玉琛产生了不愿意回去的情绪，并且在组织和她谈话时，哭过数次。① 不过，董玉琛最后还是服从了组织的安排。8月下旬，她在青龙桥火车站坐上了回北平的火车。

图 2-2　林铁（1904—1989）

董玉琛回到北平后，由于没有参加北京大学的期末考试，失去了学籍。她只能暂时闲住在北平的家中。由于没有能够留在解放区工作，董玉琛在家时的情绪还比较低落，加之她没有独立开展革命工作的经历，与组织的联系便少了。正在董玉琛着急的时候，她的地下领导人告知她去报考河北省立农学院。董玉琛在后来回忆时写道："这个学校是抗日战争胜利后，1946年冬恢复招生的。我以为自己以后就要以革命为职业了，只要有个接近群众的身份就好，尽管我在北大已读完二年级，还是愉快地考入了

图 2-3　刘仁（1909—1973）

---

① 参见董玉琛人事档案：中国共产党党员登记表，1953年。存于中国农业科学院作物科学研究所。

第二章　投身革命　由医转农

河北农学院一年级"[①]。1946年11月，河北省立农学院举办招生考试，经组织安排，董玉琛报名参加了考试。1947年1月，董玉琛顺利考入了位于保定的河北省立农学院（今河北农业大学）农艺系。

考入河北省立农学院　系统学习农业科学

名师汇集，成绩优秀

河北省立农学院（今河北农业大学）位于河北保定，是我国建立最早的高等农业院校，由创建于1902年的直隶农务学堂发展而来。1904年，直隶农务学堂改名为直隶高等农业学堂，直属清政府学部管理。1912年11月，国民政府教育部发文将直隶高等农业学堂更名为直隶公立农业专门学校。学校除了原有的农科、蚕科外还设置了艺徒班，并于1920年创办了留法勤工俭学班。"五四"运动期间，学校师生与保定其他学校一起参加了支持北京、天津学生爱国运动大游行，并首先倡议和组织了保定二师、育德中学、第六中学等学校共计910名师生的签名活动，给上海和平会拍发力争主权的电报等活动。1921年直隶公立农业专门学校与直隶公立医学专门学校、直隶高等师范学校及天津私立法正学校合并，建立了河北大学，设立文、法、农、医四科。1931年，河北大学虽然成立十年，但是各学科发展缓慢，学校校务管理不善，学潮迭起，国民政府的河北省教育厅取消河北大学建制，农、医科分别独立为河北省立农学院和河北省立医学院，文、法两科并入到北京和天津的其他学校。河北省立农学院的第一任院长为薛培元。学校开设有林学、农学和园艺三个系，招收四年制大学生。课程设置完善，图书馆藏书27000册，各种教学和科研仪器设备1090余件，标本模型2930余件，校内外试验场地7000余亩，基本可以满足当时教学

---

① 中国工程院／走近院士／院士自述／农业学部／董玉琛。http://www.cae.cn/cae/html/main/col676/2013-04/27/20130427171238608257987_1.html。

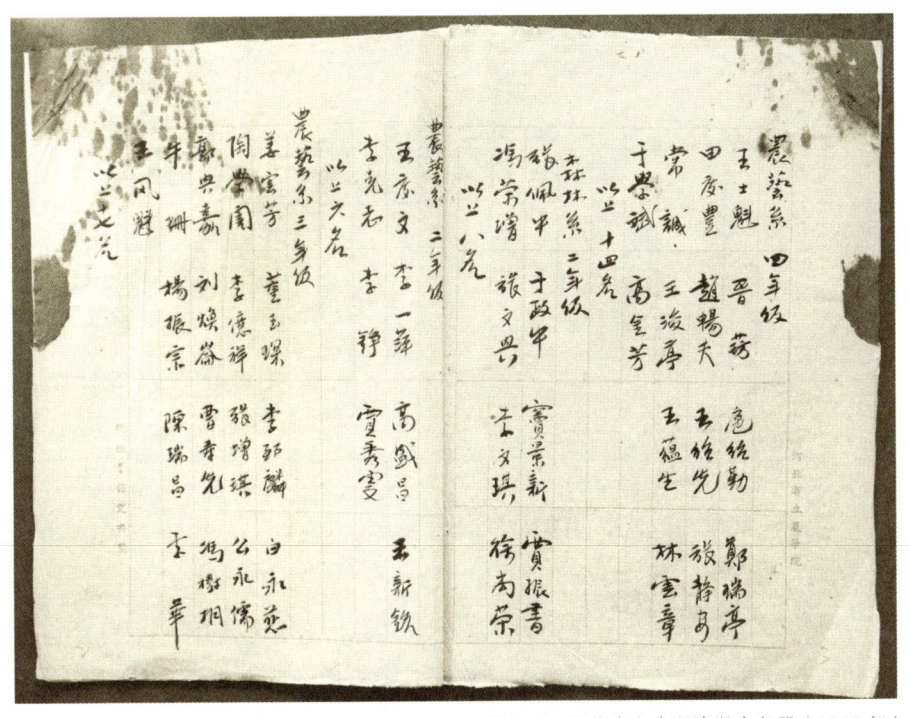

图 2-4　河北省立农学院学生名册（1947 年）

科研需要。1937 年，"七七事变"爆发后，河北沦陷，日本侵略军将农学院校址变成了兵营，使校舍、农场、教学仪器等遭到极大破坏和损毁，学校被迫停办。

抗日战争胜利后的 1946 年 1 月，国民政府的河北省政府下令，恢复河北省立农学院，并在北京成立筹备处，聘请原河北省立农学院院长薛培元为筹备处主任。1946 年 7 月，薛培元积极联络部分教职工，在原来校址的废墟上复建学校，将原来农学院的农学系和园艺系

图 2-5　河北省立农学院校门（1951 年）

第二章　投身革命　由医转农

图 2-6 河北省立农学院图书馆（1950 年）

合并为农艺学，增设了林学系、农田水利工程系，并将河北通县农业专科学校学生并入农学院。1946 年 9 月，国民政府教育部发函，加聘筹备人员，并将北京筹备处全部移到保定办公，开始在北京、保定两地招生。董玉琛就是在这次招生中被农艺系录取。1947 年 3 月 10 日，河北省立农学院各班正式开始上课。

河北省立农学院农艺系师资队伍较强，诸多知名教授在此任教。如我国著名农业教育家、作物遗传育种家杨允奎教授在美国俄亥俄州立大学博士毕业后，便受聘河北省立农学院教授，于 1933 年至 1935 年在该系任教。1947 年至 1950 年，董玉琛在读期间，河北省立农学院依然汇聚了一批留

图 2-7 河北省立农学院会议室及各课办公室（1950 年）

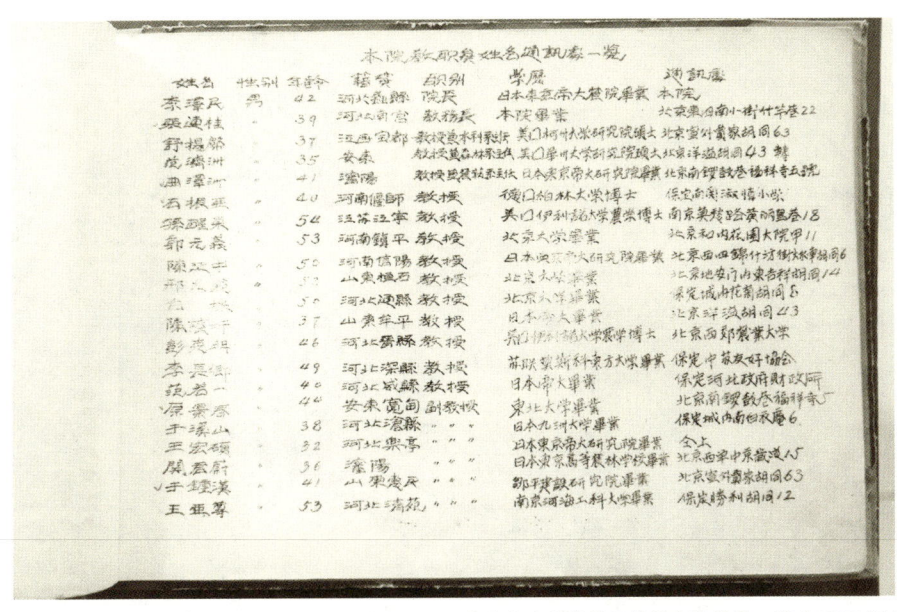

图 2-8　河北省立农学院教职员姓名通信录一览（1950 年）

学归来的知名教授，农艺系也是名师汇集。当时农艺系主任曲泽洲教授毕业于北京大学农学院、日本东京帝国大学农学部研究院，是我国著名的果树学家、枣树专家和园艺教育家。在美国留学十年，先后获普渡大学农学学士、硕士，伊利诺大学农学博士学位的孙醒东教授是我国著名的大豆、牧草及绿肥作物研究专家[9]。他在河北省立农学院曾讲授中国食用植物、作物栽培学、牧草栽培学、生物统计等课程。在美国伊利诺大学主攻土壤化学的彭克明教授，获得哲学博士学位后便于1947年2月回到河北省立农学院任教授，讲授农业地质学、

图 2-9　孙醒东教授（1897—1969）

图 2-10　彭克明教授（1905—1990）

第二章　投身革命　由医转农

35

图 2-11　毕桓武教授（1913—2014）

土壤肥料学。彭克明教授是第一位提出土壤中固定态钾可被植物利用的数量和速度，并将植物营养与土壤肥力长期定位研究相结合的方法引入中国的植物营养与肥料学家[10]。还有学术造诣较深、国内知名的杂交玉米育种专家张连桂教授、长期从事作物栽培学教学和小麦高产理论及技术研究的毕桓武教授、长期从事植物学和植物生理教学研究的石大伟教授、长期从事经济作物栽培教学及棉花科学研究的王恒铨教授等。

  在这些知名教授的教导下，董玉琛系统的学习了农业科学知识，为她以后从事农业科学研究奠定了坚实的基础。当时农艺系开设的课程分为通识课程和专业课程（参见表 2-1）。通识课程有数学、物理、化学、国文、英文、政治学等。专业课程又分为专业基础课和专业核心课。专业基础课如有机化学、分析化学、农产分析、农业概论，地质学、土壤学、测量学等，专业核心课有植物生理学、植物病理学、遗传学、麦作学、作物育种学、种子学、细胞学等。第一学年以通识课程和专业基础课为主，第二、三、四学年多为专业核心课程，第四学年还有专题研究等培养科研能力的课程。

表 2-1　河北省立农学院农艺系课程设置表（1946—1949）

第一学年 （1946年度）		第二学年 （1947年度）		第三学年 （1948年度）		第四学年 （1949年度）	
课程	学分	课程	学分	课程	学分	课程	学分
地质学	3	作物通论	3	园艺通论	3	植物病理学	6
有机化学	6	土壤学	6	林学大意	2	田间技术	3
分析化学	6	农产分析	3	普通昆虫学	3	细胞学	3
植物学	3	英文	4	棉作学	3	肥料学	3
数学	8	植物生理学	8	农业昆虫	3	蔬菜园艺	3
物理学	6	遗传学	4	生物统计学	4	工艺作物	3
国文	8	农业概论	4	作物育种学	4	专题研究	2
英文	8	食用植物	3	真菌学	3	农业推广	3
—	—	麦作学	3	—	—	种子学	2
—	—	测量学	3	—	—	政治	3

注：此表根据董玉琛河北省立农学院毕业证背面成绩单整理而成。

董玉琛学习非常刻苦和努力，课程上喜欢作物学，尤其是对棉花等纤维作物很感兴趣，她还参加了班级学习组织中的棉作组，做了题为"棉纤维的发育及环境因子对纤维品质的影响"的专题讨论。她在1950年所写的《自传》中回忆："是年（1946年）11月间，河北省立农学院招考，遂考入了一年级，直到现在，这四年的时间多是在保定渡过的。这四年来我一直都很努力学习。新中国成立后，负责农学院党支部和青年团支部的工作，所以这一年来业务学习上多少是受些影响的。虽然在自己的极力刻苦和努力之下，成绩还未落在其他同学之后，但课外的参考书看得很少，也未得精专一门，在课程上我很喜欢作物学，尤其是棉作和特作。本班的学习组织，我参加了棉作组，我专题讨论的题目是'棉纤维的发育及环境因子对纤维品质的影响'。我认为新中国的经济建设中，工艺作物占了很重要的位置，我们应该很好地去研究和改进，尤其是对于纤维作物的研究，更是我所最爱好的。"

从董玉琛的课程成绩来看（参见表2-2），董玉琛的课程学习成绩优秀，尤其是专业课程学得较好。她第一年课程平均成绩为80.8分，其中地质学得分最高，数学、物理、分析化学都在85分以上。第二年中，董玉琛的学习进步很大，平均成绩达到85.9分，除了农业概论外，其他课程都在85分以上。专业课程中的遗传学、食用植物、农产分析都在90分以上，遗传学得分最高，96分。英文的进步最大，从第一年的75.75分提高到了91.5分。第三年的课程平均分在85分以上，其中生物统计学得了96分。第四年的课程平均分是最高的，达到了87.29分，农业推广、植物病理学、细胞学、肥料学都在90分以上。总体而言，董玉琛在河北省立农学院四年的课程学习中，不论是英文等通识课程还是专业课程，都取得较为优秀的成绩。在专业课程的学习上，董玉琛的遗传学、食用植物、农产分析、生物统计学、农业推广、植物病理学、细胞学、肥料学等课程学得很好，尤其是遗传学和生物统计学得分最高。这为董玉琛以后开展作物种质资源的研究，奠定了基础。

表2-2 董玉琛在河北省立农学院学习成绩表

第一学年（1946年度）		第二学年（1947年度）		第三学年（1948年度）		第四学年（1949年度）	
课程	成绩	课程	成绩	课程	成绩	课程	成绩
地质学	88.5	作物通论	89	园艺通论	82	植物病理学	90
有机化学	79.35	土壤学	86.65	林学大意	80	田间技术	79
分析化学	86.35	农产分析	91	普通昆虫学	80	细胞学	93
植物学	70	英文	91.5	棉作学	83	肥料学	94
数学	87.5	植物生理学	86.5	农业昆虫	80	蔬菜园艺	86
物理学	85	遗传学	96	生物统计学	96	工艺作物	85
国文	74.5	农业概论	62.5	作物育种学	88	专题研究	80
英文	75.75	食用植物	93	真菌学	90	农业推广	90
—	—	麦作学	88	—	—	种子学	85
—	—	测量学	89	—	—	政治	85
平均成绩	80.87	—	85.9	—	85.64	—	87.29
体育成绩	90						
毕业成绩	84.35						

注：此表根据董玉琛河北省立农学院毕业证背面成绩单整理而成。

在课程学习之外，董玉琛还参加了学校的实习和实验。河北省立农学院自创建之初便重视理论与实践的结合，培养学生独立工作的能力，提倡"农业教育非实习不能得真谛，非试验不能探精微。实习、试验二者不可偏废"的教学原则。在学校这种教学原则的指导下，农艺系的教学十分注重培养学生实际运用理论知识的能力，强调理论联系实际。早在1930年，教师就注意培养学生实际运用知识的能力，每逢假期，都向学生布置回家乡后要在当地调查农村经济状况、种植习惯、作物种类和产量等情况，并写出调查报告，作为教师教学的参考和对学生学业成绩的考察。

1949年，正值董玉琛上大三时开始，农艺系为了达到学生能学以致用、理论联系实际的目的，在教学计划中增加了参观实习、外出调查等内容。在三、四年级分别增加了教学实习和生产实习的教学环节。实习时间围绕生产季节进行，大约2—3个月。当时的国营芦台农场和柏各庄农场是学生主要的实习基地。各年级暑假还要实习2周，每个学生还分种农场2分地，叫做"农耕实习地"。据董玉琛的任课老师毕桓武教授回忆，"我那时候带学生去双桥农业机械化学校实习，董玉琛父亲在那做会计，他们学校的捆割机当时很先进"。

董玉琛通过课程学习，构建了较为系统的农业科学知识体系。她参与棉作组的专题讨论，这是她根据个人兴趣进行研究的开始，从而初步具有了研究的意识和能力。她通过参加学校的实验和实习，加深了对理论知识的理解，增强了实验操作和运用理论知识的能力，为她以后开展作物育种和种质资源研究工作奠定了基础。在河北省立农学院的四年学习，使董玉琛加深了对农业科学的兴趣，树立了今后献身农业科学研究的志向。在1950年的《自

图2-12　1950年河北省立农学院化学实验室（1950年）

图 2-13 河北省立农学院植物实验室及昆虫实验室（1950 年）

传》中她这样写道："我愿把我一生的力量放在农业科学上，但是自己的知识是太有限了，又是太粗浅而不结合实际了。我下定了决心，要从头学习，深入钻研，用科学来提高农业生产的技术，老老实实地为人民服务好。"

团结同学，坚持革命工作

1946 年 6 月，国民党单方面撕毁国共两党达成的"双十协定"，破坏和平，在美国的支持下，向各解放区进攻，发动了全面内战。在保定，时任国民党十一战区司令长官、河北省主席、保定绥靖公署主任的孙连仲，保定警备司令刘化南，奉蒋介石命令纵兵到处扫荡，占领了保定周围的大片土地及县城和村镇。河北省立农学院也是在国民政府的管辖下，学校里同学的成分比较复杂。在董玉琛的同班同学中便有中统特务和三青团的成员。因此，董玉琛等中共地下党员的处境很危险，一不小心就有可能暴露身份被逮捕。1947 年 6 月，国民党当局军警突然包围了河北省立农学院，进行大搜查，逮捕了进步学生刘某某、王某某（女），所幸后来被释放了。

董玉琛所在的班上一共三个女生，另外两个是李郅麟和白永池，她们的关系很好。董玉琛的大学老师毕桓武教授回忆道："她在河北农业大学念了四年，赶上新中国成立前后，很动乱，她可能在上大学时就是地下党员，总觉得她是个党员，上学时，学习不错，工作热情，三个女同学的关系很好"。在保定解放前那样动乱和危险的环境下，董玉琛依然坚持开展革命工作，她通过组织话剧社团来团结进步同学、宣传党的政策，并介绍同学去解放区。在1953年董玉琛的《人事档案·出国学习人员审查登记表》上，她写道"在河北农学院组织音剧社团结群众，并介绍同学去解放区"。据毕桓武教授回忆，董玉琛在大学期间参加过古装话剧《碧玉簪》的演出，"她还演出过话剧，古装话剧《碧玉簪》，在保定演出，很出名"。

图 2-14 董玉琛（右二）和同学在保定话剧团前合影（1948 年）

  1946 年 11 月至 1948 年春，中国人民解放军晋察冀野战军运用"集中优势兵力各个歼灭敌人"的战略方针，机动灵活地开展运动战与游击战相结合的战术，在保定周围，通过保南战役、保北战役、平汉路北段破袭战等一系列的战役，消灭了国民党军队大量有生力量。1948 年 11 月初，辽沈战役胜利结束，淮海战役全面展开，平津战役即将开始。为配合东北野战军入关与华北野战军发起平津战役，歼灭傅作义军团于华北，解放军华北军区第七纵队 19 旅、20 旅、21 旅及 8 纵 23 旅、冀中九、十分区独立营、回民支队、容城独立营奉命攻打保定。11 月 13 日晚，战斗全面打响，解放军按计划分头向敌出击。经过四天激战，共击毙、伤敌人 1000 余名，俘虏敌人 368 名，缴获大量武器弹药、两架美式战斗机，完全占领了保定四关和飞机场、火车站。11 月 22 日，保定国民党守军刘化南，在北平守军的接应下，弃城而逃。解放军军政人员进城接收，保定宣告解放，并建立了保定市人民政府，保定历史掀开了崭新的一页[11]。

  1948 年 10 月，保定解放前夕，国民党责令河北省立农学院师生迁往北京先农坛。河北省立农学院师生约 100 余人，乘坐汽车于 10 月上旬，到达北京，借住先农坛。保定原来的校址设立留守处。10 月 24 日，河北省立农学院的师生在先农坛举行了四十七年校庆和联合国纪念日大会。11

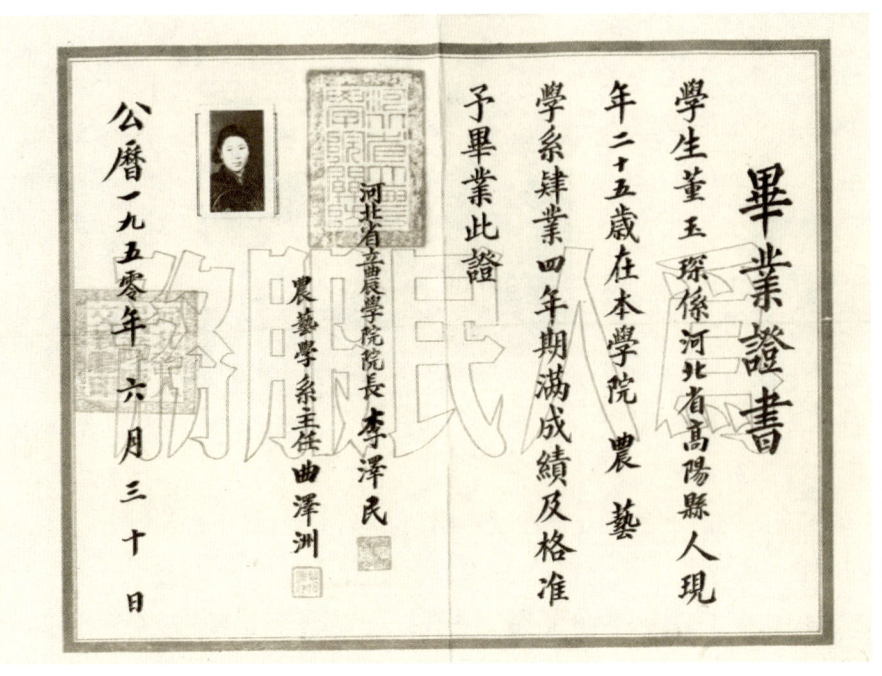

图 2-15　董玉琛大学毕业证书正面（1950年）

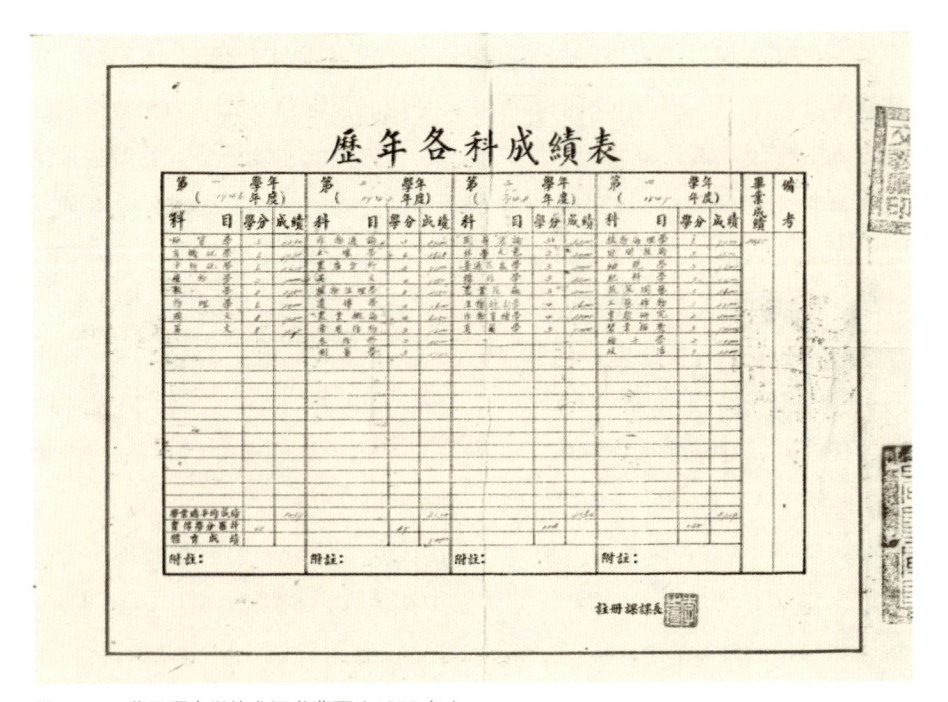

图 2-16　董玉琛大学毕业证书背面（1950年）

月，学校学生在先农坛上课，因河北省教育当局，发不出粮食，学生没有饭吃，进步学生提出到河北省政府的临时办公处北京铁狮子胡同请愿，学生彭英起草了"请愿书"，提出"要吃饭、要学习"。1949年1月，河北省立农学院在北京先农坛的师生，秘密组织"民主工作队"。北京和平解放前夕，"民主工作队"组织师生负责保护学校物资，并准备欢迎解放军进城，要求人民政府接管学校[12]。

图2-17 董玉琛学士学位服照
（1950年）

1949年3月9日，河北省立农学院奉北京市军管会令，由华北人民政府农林部干部宛彩萱科长带领教职工58人，学生36人返回保定。河北省立农学院迁回保定后，在河北省农业厅党组的领导下，成立了新中国成立后的第一个党支部，由董玉琛担任第一任支部书记，党员有贾勃、袁宗谦。当时学校党的组织归由中共保定市委学校委员会代管。1950年，中国新民主主义青年团河北农学院支部建立，董玉琛任团支部书记，有青年团员10余名。1950年暑假，董玉琛毕业离校，由干部刘秉达（女）任党支部书记，车文秀同志任副书记，李植任青年团团支部书记[12]。

第二章 投身革命 由医转农

第三章
工作伊始　决心报效祖国

在华北农业科学研究所参加工作

1950年，董玉琛大学毕业后来到华北农业科学研究所作物系，任技术员。由于董玉琛在解放以前便是中共党员，到华北农业科学研究所工作后，便兼任党支部书记。中华人民共和国刚刚成立，董玉琛非常高兴，她决心在科研岗位上报效祖国[13]。刚参加工作的董玉琛，充满着热情。董玉琛在《院士自述》中写道："1950年大学毕业后，我来到位于北京的华北农业科学研究所作技术员。全国解放了，我喜爱科研工作，我要在科研岗位上报效祖国。"① 据董玉琛的表弟刘炳林回忆，他第一次见董玉琛就是在1950年的国庆期间。"在我的记忆中，第一次见到玉琛姐是1950年国庆节。我当时8岁，记得我和妈妈是在9月30号中午到的北京，在家里只见到大姨，一直没见到姐姐。第二天早晨，我被街上游行队伍嘹亮的歌声惊醒，

---

① 中国工程院首页／走近院士／院士自述／农业学部／董玉琛．http://www.cae.cn/cae/html/main/col676/2013-04/27/20130427171238608257987_1.html．

趴到窗口一看，马路上满是整齐行进的队伍，人们举着红旗、标语，高唱着'五星红旗迎风飘扬……'人们是那样的兴高采烈，激情奔放。大姨告诉我，那是到天安门广场参加游行集会的队伍，玉琹姐也和同学去参加国庆游行了。从此'五星红旗迎风飘扬'的歌声，深深地烙在我的心里。我见到玉琹姐的第一面，已经是10月1日傍晚时分了。玉琹姐风风火火的回到家里，嘴里念叨着'实在抱歉，实在抱歉，事儿太多了，顾不上照顾二姨。我抽点儿时间带二姨去天安门广场玩玩吧'。我看玉琹姐短发、白衣、黑裙。人精干而热情，像一团火，又像一股春风。玉琹姐带我们母子到天安门广场，已经是灯火辉煌的晚上了。她一路上给我们讲着北京，讲着国庆……。她高昂的政治热情，她对祖国、对北京的深情与自豪，写在脸上、洋溢在话语中。那种激情使我终生难忘。我觉得这也是她后来不管干什么工作，从事什么事业的动力来源。我确实感受很深，今天想起来，六十多年前的事情，就像昨天一样，我记得清清楚楚"[①]。

  1950年6月30日，《中华人民共和国土地改革法》公布实行。1950年冬，全国新解放的地区开始分批开展土地改革工作。1950年12月，华北农业科学研究所组织土地改革工作队，赴山东历城县参加土地改革。董玉琹担任华北农业科学研究所土地改革工作队的队长。据曾参加土地改革工作队的黄佩民回忆，"我要谈谈我们1950年在山东历城县参加土地改革的事情。因为我与董玉琹最开始接触，是通过这个土地改革工作。当时党中央的统一部署组织国家机关干部和知识分子参加土地改革运动。当时华北农业科学研究所也根据这一安排，决定由董玉琹为领导，组织以科研人员、高级知识分子为主的30余人土地改革工作队。董玉琹同志是队长，我是成员之一。大概是冬天，董玉琹同志带着我们从北京到济南，到济南就参加了山东省土地改革工作部署会议。董玉琹同志参与省里的土地改革领导，根据山东省的总体安排，把我们华北农业科学研究所一行人员，分配在济南附近的历城县，跟当地的土地改革工作队融合在一起。董玉琹同志是我们的队长，参加当地土地改革工作队的领导工作。我们是两个人一组，加入到

[①] 刘炳林访谈，2014年7月20日，北京。资料存于采集工程数据库。

当地的土地改革工作组，我和赵继兰一组。我们参加了两期的土地改革工作，第一期是在历城县冷水沟乡韩村镇，一千多户的一个大镇子。我们到的时候，地方上已经开始了，贫农雇农协会都组织好了。我们是中途参与的，大约一个多月就结束了。后来我们复查第一期，发现阶级成分划分错了。因为我们的工作组长是一个解放军的连长，依靠对象依靠错了。原来依靠的贫农雇农协会主席是地主的狗腿子，他受地主的操纵，把一些小土地出租者和贫农划成地主、富农，而将地主富农划为贫农、雇农。后来，通过复查发现了这个问题，工作队便把这个贫农雇农协会主席抓了起来，我参加了逮捕工作。随后，我们又参加了第二期，是在历城县南部的章灵丘乡，我们这次是从头到尾参与。从访贫问苦、深入摸底、划分阶级、组织基本队伍、成立贫农雇农协会，到划分成分、分田到户、组织民兵、动员抗美援朝参加志愿军为止。土地改革工作全面结束后，我们全体返回北京。董玉琛同志参加省、县土地改革领导工作，和我们并不直接接触，只是在开始和结束，我们华北农业科学研究所参加土地改革工作的人员集中的时候才见到她，对我们讲话，交代政策和要求。或者是在土地改革工作过程中，董玉琛到工作组进行检查时，才和我们见面谈上几句话。即使这样，她也给大家留下了很好的印象，认为她能干、可亲、可信。当时我们觉得她刚毕业，但是她说话政策性很强，又能干。我们就觉得这个女同志不简单。"①

1951 年，董玉琛从山东历城县回来以后，又负责组织协调华北农业科学研究所的"五反"工作队，在北京西四的荣泰营造厂，开展"五反"运动。据黄佩民回忆："1951 年，我们从山东参加完土地改革，回到北京。那时正逢开展'三反五反'运动，华北农业科学研究所组织'五反'工作队。'五反'是反行贿、反偷税漏税、反盗窃国家财产、反偷工减料、反盗窃国家经济情报。那时候，华北农业科学研究所要办一个农药试验厂，发现承担建设农药厂的荣泰营造厂偷工减料很严重。于是，华北农业科学研究所就组织'五反'工作队到荣泰营造厂（在西四）。董玉琛同志带队，

---

① 黄佩民访谈，2014 年 1 月 12 日，北京。资料存于采集工程数据库。

负责组织和领导。我和袁宝忠同志参加，还有北京市建设局两个人，以及街道的一些人，一共大约七八个人。我们进驻到营造厂跟资本家面对面，从查账入手，工作了一个多月，找到了他偷工减料的一些证据，最后把他逮捕并判刑。"①

随"中央农业部农业技术考察团"考察

1952 年春，中央农业部为了提高我国农业科技水平，聘请了苏联全苏植物栽培学研究所（今瓦维洛夫全俄植物栽培科学研究所）禾谷类作物系主任伊万诺夫（А. П. Иванов）以顾问身份参加"中央农业部农业技术考察团"。考察团由中央农业部联合中国科学院、华北农业科学研究所、北京农业大学等单位共同组成，农业部粮油总局局长王志民担任团长，华北农业科学研究所副所长祖德明为副团长。考察团的成员大多是农业科研部门的老领导和专家，如中国科学院植物所所长吴征镒、中国科学院植物生理研

图 3-1　伊万诺夫（А. П. Иванов）②
（1957 年）

究室的金成忠、北京农业大学的孙渠、农业部的陈仁、马鸣琴等十余人。董玉琛和黄佩民作为华北农业科学研究所的科技人员参加，是其中比较年轻的成员。据黄佩民回忆，"当时给我们的任务，是让我们认认真真地向老专家和苏联专家学习，一些具体的事情，跑腿的事情我们多承担一些。"③

---

① 黄佩民访谈，2014 年 1 月 12 日，北京。资料存于采集工程数据库。
② 伊万诺夫：致米丘林遗传、选种与良种繁育学讲习班的同志们。《农业科学通讯》，1957 年第 11 期，第 612-614 页。
③ 黄佩民访谈，2014 年 1 月 12 日，北京。资料存于采集工程数据库。

从1952年4月22日开始，董玉琛便跟随中央农业部农业技术考察团，先后到河南、湖北、广东、江西、浙江、上海、江苏、山东、山西、河北、辽宁、吉林、黑龙江等地，对农业科学技术工作情况作了初步考察[14]。在考察过程中，董玉琛主要负责协助苏联专家收集资料（特别是自然、生态气象资料），以及压制标本。黄佩民则负责记录苏联专家的讲话和整理报告。董玉琛和黄佩民两个年轻人经常在一起就如何向苏联专家学习进行交流，他们慢慢觉得苏联专家"确确实实，真心实意在帮助我们。"① 每到一个考察的地方，伊万诺夫都很注意收集有关资料，了解我国农业科技工作情况，积极介绍苏联的经验和宣传米丘林遗传学取得的成就，热情、认真地提出意见和建议。当时，他还针对考察中发现的问题，撰写了"对华东农业科学研究所工作提出的意见"、"对于中南区农业技术工作的一般印象和意见"、"参观东北农业科学研究所后的感谢与意见"三篇文章，陆续发表在华北农业科学研究所主办的《农业科学通讯》1952年第7期和第8期。在这三篇文章中，伊万诺夫指出了当时我国各地在选种工作上存在忽视农家品种，不注意搜集保存地方农家品种的问题。他认为"品种材料没有完全好的或完全坏的，仅在具体条件表现其不同的特点而已。特别是农家的品种，经过选种推广良种，有些就要被淘汰了，而这些品种，目前经济价值不大，而在今后选种上可能成为有用的材料，所以我们对当地品种不管好的坏的，都应该保存下来，如果去掉了是很可惜的。但是对待这些材料应当很好地了解每个品种的历史和自然条件，栽培技术与遗传特性，对春化阶段、光照阶段的鉴定工作也应有详细的记载，这样我们才能真正掌握住这些原始材料，不会犯机会主义的错误。"[15] 在中南地区考察中，伊万诺夫了解到部分农业试验研究机构已经开始重视对农家品种的收集和研究，认为这是他们工作中的一大优点，并进一步阐述地方品种的重要价值，"因为地方品种经过农民长期不断选种而产生，对当地环境是最适合的。中国农业是有悠久的历史，对当地农家品种更不能忽视。以当地品种为基础实施改进，乃是最迅速的改良品种的方法。"[16] 不过

---

① 黄佩民访谈，2014年1月12日，北京。资料存于采集工程数据库。

"在中南区所到各地，收集的品种材料都不多，且保持的品种大部分不清楚它的历史和原产地"[16]，甚至有些地方"因为精简工作，把许多原来保存的品种扔掉了，在工作中对农家品种的观察研究所占比重也很小，这是很不应该的"。伊万诺夫指出"保存品种材料是经常的工作，目前不合需要的品种，将来也许有用，所以都要保存"，而且对保存的种子"要研究保持种子多年活力的方法，并将各品种隔几年轮种一次"。[16] 在参观东北农业科学研究所后，伊万诺夫发现研究所"过分重视由外国引入的品种，忽视了地方品种"。他呼吁研究所的同志要注意搜集保存农家品种，用"辩证的唯物的观点来看待地方品种"，注重对地方品种的改良工作。[17]

苏联专家伊万诺夫对当时我国选种工作所提出这些意见，有力地推动了我国品种资源工作的开展。尤其是伊万诺夫提出要"很好地了解每个品种的历史和自然条件，栽培技术与遗传特性，对春化阶段、光照阶段的鉴定工作也应有详细的记载"、"要研究保持种子多年活力的方法，并将各品种隔几年轮种一次"等鉴定和保存地方品种的建议，对此后董玉琛等农业科学家开展品种资源的研究工作具有很强的启发意义。据黄佩民回忆，他和董玉琛经常交谈，"觉得他（伊万诺夫）是真心实意帮助我们，另外他有一套工作方法也值得我们学习，比如说他每到一处先收集气象资料，分析当地的生态条件。举个例子，董玉琛帮他收集资料，他特别重视资料，特别重视在实地考察。所以他的一套工作方法，他的精神，以至于他的愿望，都值得我们钦佩"。黄佩民还讲述了考察过程中一个小插曲。"有一次，我们在山西太原，考察完以后，他作报告，从（下午）一点钟讲到五点多钟。还没吃晚饭呢，跟着就去石家庄，到了石家庄快（晚上）九点了，又饿又困。很快组织了两桌吃饭，一桌是领导和苏联专家，另一桌就是董玉琛和我们这些年轻的一般人员。我们吃完以后就走了，我们睡觉去了。苏联专家发脾气了，就说'王局长，你怎么带的队，为什么一起拿起筷子，不一起放筷子，把他们都叫回来。'我们就被叫回去了，苏联专家大发脾气，讲这个是集体主义。今天看来，讲得也有道理，当时我们不懂这些。"①

---

① 黄佩民访谈，2014 年 1 月 12 日，北京。资料存于采集工程数据库。

1952年的"中央农业部农业技术考察团"是中华人民共和国成立后,由中央农业部组织的第一个全国农业技术考察团,也是第一次对我国各地农业生产和农业科技工作进行较为全面系统的了解。考察后形成的报告,指出了当时农业技术工作中存在的主要问题:充分运用农业技术方法克服自然灾害;改良土壤增进地力的问题;耕作制度与栽培技术的改进问题;选种和良种繁育工作;总结丰产经验和创造丰产栽培技术问题;并针对这些问题提出了解决的意见。[14]尤其是在选种和良种繁育工作中,新中国成立后三年以来,虽然各地普遍开展群众性的选种运动,取得一定的成绩,但是农业试验研究机构的育种工作与群众选种运动没有密切结合,忽视了对地方农家品种的收集和研究利用。报告对此提出"今后农业试验研究机关必须和群众的选种运动密切结合,对选种技术加以正确的指导,注意收集和研究农家地方品种,充作选种材料的基础。并要组织国家品种试验,对地方评选品种作进一步的选拔改良和繁殖推广。订出由下而上和由上而下的整套实施步骤和统一的选种试验方法,加强有系统地组织领导,切实地贯彻施行","各地对现有地方农家品种必须有计划地广泛搜集保存,以作为选种的原始材料,进行深入研究和有效的改进工作。同时,要建立和健全各级品种事业管理机构,加强良种评选及国家品种试验和良种鉴定检验工作,切实贯彻良种繁育制度,保证现有良种在生产实践中能继续保持和不断提高"。[14]这些意见有力地推动了我国农作物品种资源工作的开展。

参加"米丘林农业植物选种及良种繁育讲习班"

在中央农业技术考察团开展考察工作期间,"各地纷纷提出要求,希望能在苏联专家的直接指导下,更系统地接受米丘林科学的传授"①,

---

① 王志民,祖德明:序。参见:《米丘林遗传选种与良种繁育学第一集》,北京:中国科学院出版,1953年,第1页。

中央农业部应各地需要，决定在北京举办"米丘林农业植物选种及良种繁育讲习班"。为了办好讲习班，1952年8月，中央农业部先从华北、东北、华东、中南、西南、西北等各大区农业科学研究院所抽调十余人组成"米丘林农业植物选种及良种繁育讲习班"助教班，集中学习。这个助教班的主要任务是根据伊万诺夫专家的讲课内容和要求，整理出"米丘林遗传选种与良种繁育学实习材料"。董玉琛和黄佩民作为华北农业科学研究所的代表参加，助教班的成员还有中国科学院的胡含，东北农业科学研究所的周志宽、邹林坤，华东农业科学研究所的俞履圻、卢良恕，西北农业科学研究所的张作良，西南农业科学研究所的曾学琦、唐士廉，四川农学院的黎中明，西南农学院的牟致远，农业部的赵芳等。董玉琛与助教班的另外两名女成员，曾学琦、赵芳住在一起①。

图3-2 董玉琛（左一）与赵芳、曾学琦合影（1952年）

---

① 黄佩民访谈，2014年1月12日，北京。资料存于采集工程数据库。

第三章　工作伊始　决心报效祖国

图3-3 董玉琛（右三）与"米丘林农业植物选种及良种繁育讲习班"部分助教在华北农业科学研究所前合影（1952年）

  据黄佩民回忆"我们集中后，一般是上午由伊万诺夫讲课，下午我们共同讨论，分工负责，分头进行整理"。①从1952年8月到10月初，助教班的成员根据苏联专家的讲课，编写出了"米丘林遗传选种与良种繁育学实习材料"十五讲。1952年10月，"米丘林农业植物选种及良种繁育讲习班"正式开课后，助教班的成员被分到各个组，带领和辅导学员实习。②

  1952年10月21日，"米丘林农业植物选种及良种繁育讲习班"正式开班，至1953年2月20日结束，历时四个月。参加这个讲习班的正式学员有307人，连同北京各有关农业机关学校有组织的参加旁听的，一共有1000人以上。学员大部分为全国主要农业试验研究机构、农业教育机构，与中国科学院有关单位选派的农业科学技术人员，还有不少科学研究机构与农场的领导干部和大学农学院的教授。讲习班的课程由苏联专家伊万诺夫、杜伯罗维娜和切尔德科夫主讲，具体包括伊万诺夫讲授的"米丘林遗

---

① 黄佩民访谈，2014年1月12日，北京。资料存于采集工程数据库。
② 同①。

传选种与良种繁育学",讲课及实习的时间共约200小时;杜伯罗维娜讲授的"达尔文主义",讲课时间约60小时;切尔德科夫讲授的"唯物辩证法",讲课时间约16小时。此外,还用了与听课大约相等的时间进行了小组的复习讨论[18]。讲习班的组织工作由中央农业部粮油总局副局长王志民和华北农业科学研究所副所长祖德明主持。董玉琛担任米丘林遗传育种讲习班党支部书记,黄佩民担任团支部书记。据黄佩民回忆,"王志民经常给我们交代,要我们主要做好学员们的思想工作,认认真真地学习。"① 原来参加助教班学习的成员被分配到讲习班的各个小组来带领学员开展学习和实习。在讲习班的总结报告中记载"讲习班的学习是由学委会和小组长负责领导的,这样可以很好地了解学习情况,便于集中解决学习中的问题"。[18] 董玉琛在讲习班中既要承担组织工作还要学习,体现出了较强的工作和学习能力。在学习方法上,学委会采用"自学与讨论相结合"的方法,并推广了苏联的"西蒙纳尔制","在自学的基础上,各小组普遍展开以互助组为核心的小组讨论,互助组不能解决的问题,提交小组,小组讨论后仍不能解决时,再集中起来加以深入研究或请苏联专家解答"。这样可以使学员在短时间,讲授内容多的情况下,充分领会专家授课内容的精神与实质。学习过程中利用黑板报、大字报的形式交流学习心得,展开讨论。此外,阶段性的学习结束后,学委会组织学员进行系统的复习或举行考试来巩固和提高学习成果。"米丘林农业植物选种及良种繁育讲习班"的主旨就是学习米丘林科学。在经过4个月的紧张学习后,讲习班的总结报告中认为,讲习班取得了以下几个方面的收获:"①转变了过去的模糊观念和怀疑态度,认识到先进的米丘林科学是以唯物辩证法为基础的唯一正确的科学理论;②初步掌握了米丘林科学的基本精神和实质,认识了先进的米丘林科学和资产阶级的伪科学本质上的差别所在;③明确了选种工作的方向,初步学会了米丘林选种和良种繁育的基本原则和工作方法;④提高了农业科技工作者的政治认识,开辟了科学创造的途径。"

1953年,"米丘林农业植物选种及良种繁育讲习班"结束时,正逢全

---

① 黄佩民访谈,2014年1月12日,北京。资料存于采集工程数据库。

国大规模的"学习苏联"开始。讲习班的开办,引发了当时各地农业科技工作者学习"米丘林遗传学"的热情,于是,各地又开展了对这次讲习班讲课的传达学习。

"米丘林农业植物选种及良种繁育讲习班"的开办,对我国农作物品种资源收集和整理工作的开展起到了推动作用。参加讲习班的农业科技工作者认为,通过这次学习,"大家已经认识到过去不重视地方品种材料的错误,并明确了广泛搜集、研究地方原始材料,整理农家现有品种,是当前选种工作中的首要任务"。[18] 在总结报告"如何结合实践巩固和发扬学习成果"部分,特别提出"在选种工作方面,当前最主要的任务是整理现有的品种,进行良种审查和区域化鉴定","结合群众选种工作,应该有重点、有计划地进行原始材料的收集和研究。另外对旧有的选种材料也应根据新的理论、观点,加以适当的整理和处理"。1956年和1957年,农业部连续发出了《关于全面征集农作物地方农家品种工作的通知》、《关于进一步搜集、整理和保存农家品种的通知》,要求各地广泛开展搜集和整理地方农家品种的工作。由此,我国开始了第一轮大规模的收集、整理农作物品种资源的工作。

董玉琛通过参加"中央农业部农业技术考察团"、"米丘林农业植物选种及良种繁育讲习班",较为系统地了解了苏联米丘林遗传学的主要内容,初步掌握了作物选种和良种繁育的基本原则和工作方法。在考察后,苏联专家提出的对当时我国农作物品种资源工作的意见,也为董玉琛此后开展农作物品种资源的研究工作提供了很好的参考。通过考察和讲习班期间与苏联专家伊万诺夫的接触,董玉琛也建立起了与全苏植物栽培学研究所(今瓦维洛夫全俄植物栽培科学研究所)专家的联系,这为她此后在苏联留学期间,去该所进修做了铺垫。

年轻的董玉琛在"米丘林农业植物选种及良种繁育讲习班"助教班邂逅了她的爱情,与丈夫胡含相识。据胡含回忆:"那时候,董老师和我都是单位派去的助教,她是华北农科所派去的,我是科学院派去的。那时候卢良恕也去了。我们那时候都是助教,就是那时候我们互相认识的。讲习班结束以后,各回各的单位。可那个时候我就经常找她,就有恋爱关系了,每个星期六一下班我就来找她,两个人就轧马路,一直到后来她去苏联。"当时胡含觉得董玉琛很符合他择偶的三个条件:"第一,她是一个女的,和我年龄相仿;第二,她是党员,我也是党员;第三,我们学的专业相同。她是研究小麦的,我也是以小麦为材料进行细胞遗传学的研究","她和我都是研究农业的,就是一个大专业的,这样的话,我们生活容易谈到一起","我跟她讲,我选择你就这三个条件,她笑了"①。在说到这一段时,胡含先生脸上泛出幸福的笑容。

图 3-4 董玉琛与胡含合影(1958 年)

---

① 胡含访谈,2013 年 8 月 7 日,北京。资料存于采集工程数据库;胡含访谈,2013 年 8 月 13 日,北京。资料存于采集工程数据库。

第三章 工作伊始 决心报效祖国

第四章
留学苏联　确立学术研究方向

留学哈尔科夫农学院　师从著名小麦育种专家

学习俄语为留学作准备

1953年9月，董玉琛进入北京俄文专修学校（今北京外国语大学）学习俄语，为留学苏联做准备。这时，胡含也进入了北京俄文专修学校。据胡含回忆，"那时候要去苏联之前要学习俄语，还要审查干部，看社会关系，考察各个方面。我在北京俄文专修学校读了两年，她读了一年，先去了。我是第二年才去的。"[①] 董玉琛刚到学校时觉得学习外语比较吃力，"初来学校时，认为自己在学习外国语上，过去就比较吃力，政治理论和业务知识的基础都很薄弱，一想到出国学习任务这样重要又艰巨时，就有些信心不足"。[②] 不过学校完善的教学计划、先进的教学方法，激发了董玉琛

---

① 胡含访谈，2013年10月14日，北京。资料存于采集工程数据库。
② 董玉琛人事档案：鉴定考核考察材料，北京俄文专修学校学员鉴定表，1954年6月30日。存于中国农业科学院作物科学研究所。

的学习兴趣。董玉琛认识到学习俄语的重要性，努力学习，严格要求，"在学习中能经常注意吸取别人的先进经验，改进自己的学习方法，并能按照每一阶段学校提出的教学计划，明确目的与要求，计划自己的学习"。通过这样不断吸取同学经验，改进学习方法，董玉琛在北京俄文专修学校（今北京外国语大学）的学习，取得了优秀的成绩。从成绩单上可以看到董玉琛俄语的默写、记述、语法，除口试为4分外，其余都得了5分（参见图4-1）。

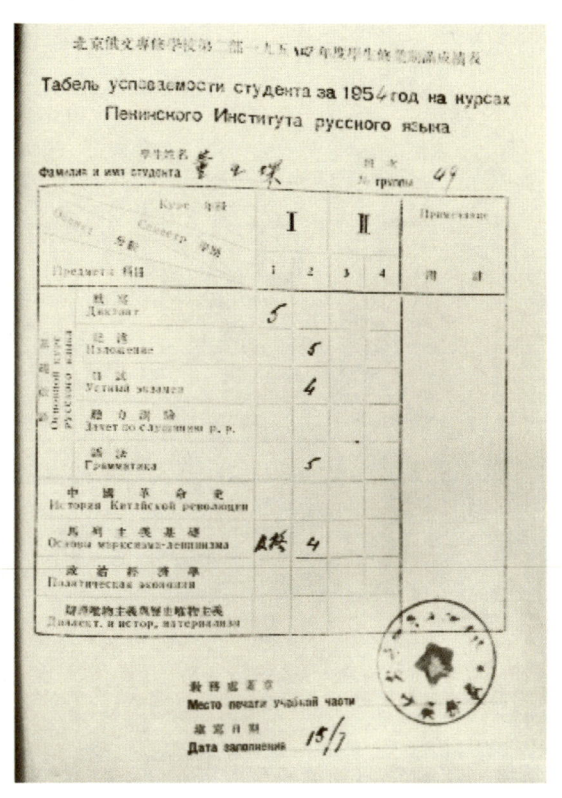

图4-1 董玉琛在北京俄文专修学校的成绩表（1954年）

董玉琛在北京俄文专修学校（今北京外国语大学）的第二部49班中还担任了班长。她的工作作风开朗，工作积极、有条理，及时制定班级学习计划，设法解决学习中存在的问题，帮助学习较差的同学，对班级的学习起了推动作用。"一年来担任班长工作中，对待工作是积极的，工作也较有条理，及时制定了班上的学习计划，并较经常的注意学习中存在的问题，设法解决。对提高全班的学习成绩起了一定作用。她在作风上比较开朗，容易和大家接近，政治热情较高，能注意从多方面培养兴趣，愿意接受新鲜事物。"①

1954年，董玉琛完成了在北京俄文专修学校的学习。在北京俄文专修

---

① 董玉琛人事档案：鉴定考核考察材料，北京俄文专修学校学员鉴定表，1954年6月30日。存于中国农业科学院作物科学研究所。

第四章 留学苏联 确立学术研究方向

图 4-2　北京俄文专修学校 49 班全班同学合影（前排右一为董玉琛，1954 年）

学校一年的学习，董玉琛收获很多，"一年来由于俄文和马列主义基础的学习，和自己思想上的提高，增强了今后学习的信心，有了足够的决心去克服今后学习中的任何困难。另外以前没有进行过系统地理论学习，而今年系统地学习了联共党史，自己感到在政治理论水平上有很大的提高，对问题的认识上较过去清晰和深刻得多了，这些收获都应在今后加以巩固，并应继续不断提高。"①

研究小麦育种，攻读副博士学位

出国之前，董玉琛在对未来的研究方向的设想上，更倾向于棉花育种与栽培。在 1953 年填写的"留学预备生审查登记表"中，她这样写道"我自愿去学习苏联的先进科学技术，为了把我们的祖国建设得更美好，使它

---

① 董玉琛人事档案：鉴定考核考察材料，北京俄文专修学校学员鉴定表，1954 年 6 月 30 日。存于中国农业科学院作物科学研究所。

更快的走向社会主义及共产主义社会。我愿意学习农作物选种及栽培,其中特别是棉花的选种,使我感到十分重要和有趣。我国目前生产中用的棉花品种多是直接引自外国,因此有不少不适合我国的情况,且每有退化现象发生。学习先进的农业科学理论及工作方法,解决我国生产中的问题,是农业科学工作者的任务[①]"。不过,当组织上安排她去苏联学习小麦育种的时候,她服从了组织的安排。

1954年8月,在到达莫斯科后的第三天,董玉琛被分配到苏联南部的哈尔科夫农学院(今乌克兰哈尔科夫国立农业大学)育种与良种繁育教研室学习。到了哈尔科夫农学院,在苏联老师和同学的热情帮助下,董玉琛很快适应了那里紧张的学习和生活。董玉琛后来回忆:"在莫斯科停了三天,我被分配到乌克兰哈尔科夫农学院育种与良种繁育教研室学习,入学第一天副校长接见了我们,为我们安排好生活和学习的环境。苏联同学对我们也像老朋友一样。特别是我们同宿舍的两个姑娘拉拉和利丽亚,她们不但经常督促我用俄语讲话,还常像大姐姐一样教给我一些苏联人的礼貌和习惯。后来我俄语就说得比较容易些,彼此了解也比较深刻的时候,虽然我们的学习都很紧张,但有时竟攀谈到深夜。"[19]在哈尔科夫,董玉琛也深刻感受到当时中苏官方与民间的友好关系。每当中国国庆节的时候,苏联的许多单位热情邀请中国留学生参加各种联欢活动。"每逢我国的国庆节前后我们就特别忙。很多单位都来约请我们去参加联欢会、庆祝会、报告会,文娱晚会等。去年十月一日,我们三个中国同学被约请到哈尔科夫天文馆去,在那里听了时事报告,参观了天文馆和第三颗人造卫星的模型,最后还接受了礼物———一个纪念章和几本小说"。[19]董玉琛还在《留学归来》一文中记述了她们教研室试验员罗格娃的丈夫热爱中国,希望来中国帮助开展建设的事迹,反映出当时中国和苏联两国人民间的深厚感情。"我时常到我们教研室一个试验员罗格娃的家里去作客。她的丈夫是一个水电工程师,是个共产党员。在卫国战争中失去了一条腿。现在只靠一条腿和两根拐杖走路。他那乐观主义的精神和豪爽的性格使人一见就忘

---

① 董玉琛人事档案:录用任免待遇退休材料,留学预备生审查登记表,1953年7月10日。存于中国农业科学院作物科学研究所。

第四章 留学苏联 确立学术研究方向   *59*

记了拘束和忧虑。他热爱中国，甚至可以说对中国非常熟悉。他知道不少我国中小城市的名称。当我国人民还处在水深火热之中时，他就天天盼望我国革命胜利。罗格娃告诉我远在我国抗日战争和解放战争时期，她的丈夫就非常关心中国革命形势的发展，每逢我国革命重大胜利时，他们家里就像节日一样的欢乐。中华人民共和国成立以后，来中国帮助建设成了他的心愿，但是因为他只有一条腿，行走不便，政府不派他来。他曾很遗憾地对我说：'就是因为带着这个家伙（指两根拐杖）不批准我去，怕我去了给你们添麻烦。'"

在学习和科研上，苏联老师对中国留学生也非常负责。董玉琛等留学生刚到时，听不懂课程，老师便单独给他们开班辅导。"很多苏联学者以能带领中国研究生学习为光荣。'一定要为中国培养出更多更好的干部'是许多教员的愿望。我们刚到时听不懂课，教员们就单独给我们开小班补课。只要我们学习上有一点成绩。教员们就满心高兴的相互传告。"[19]

董玉琛的导师是苏联著名小麦育种学家、院士 В. И. 尤利耶夫（Юрьев），但当时尤利耶夫年事已高，对董玉琛的学习只做原则性的指导。董玉琛的学习和科研主要由副导师伊里银斯卡亚·层蒂洛维奇具体指导。她要求董玉琛一定要学好俄语，教导董玉琛如何科学分析调查数据，逐字逐句地为她修改论文，尽心帮助董玉琛提高科研能力。"她对我们像慈母一样地关怀。想到刚去时抱着字典和她谈话的神情觉得实在好笑。她知道我们要学习必须先攻下俄文关。所以第一年里每天和我谈话半小时，让我练习讲俄文。她对我试验中的每个细节都很注意。教导我如何从庞杂的调查数字中做出科学的分析。逐字逐句地为我修改论文。为了提高我的科学研究工作能力，她用尽了最大的耐心。"[19]副导师伊里银斯卡亚·层蒂洛维奇对董玉琛的科研影响深远。董玉琛后来在《院士自述》中还回忆道："1954年我被派往苏联哈尔科夫农学院读研究生，学习作物遗传育种专业。我的导师是苏联著名的小麦育种家，院士尤利耶夫。他育成了很多小麦品种，工作十分繁忙。我的学习主要由副导师指导。哈尔科夫位于乌克兰，是小麦的主产区，多年前种春小麦，20世纪初育成了抗寒性好的冬小麦品种，便改种冬小麦了。但是，遇到冷冬，小麦还有冻害。我的论文题目是'冬小麦正反交杂种越冬性的形成'。这使我深深体会到科研问题一定要来自生产。我的副导师是一名高级讲师，老太太，工作严谨，和蔼可亲，她使我牢记科研的每个环节都必须十分严格"①。

图 4-3 董玉琛留苏期间在教研室学习（1954 年）

1955 年，胡含也来到苏联留学，不过他是在位于苏联北部的列宁格勒大学生物系。这时，董玉琛在苏联南部的乌克兰哈尔科夫已经开始了"正反交条件下冬小麦越冬性的形成"的研究。不料，这年冬天，气候特别寒冷，哈尔科夫地区

图 4-4 董玉琛（站立者）留苏期间与同学谭蕴芝在教研室学习（1954 年）

的冬小麦全部冻死了，董玉琛的试验麦苗也没有幸免。"在这样一个特殊的自然灾害下，不仅我的全部试验麦苗被冻死，甚至第二年在附近连重新做杂交的麦子都找不到。"[19]这样，董玉琛的试验便陷入了困境，她有些灰心，甚至想换题转做棉花。据胡含回忆，"她在哈尔科夫搞小麦研究，结果那个冬天小麦都冻死了，所以，她曾经还想转学棉花。后来，没转

---

① 中国工程院首页 / 走近院士 / 院士自述 / 农业学部 / 董玉琛，http://www.cae.cn/cae/html/main/col676/2013-04/27/20130427171238608257987_1.html。资料存于采集工程数据库。

第四章　留学苏联　确立学术研究方向

成。就在那多待了一年"[①]。由于试验麦苗都被冻死了，1956年春季，董玉琛便没有田间工作。她利用这个时间出差到奥德萨全苏育种遗传研究所，在那里，她的试验迎来了转机。"1956年的春季田间没有了工作，我便利用空闲出差到奥德萨全苏育种遗传研究所。那里的副所长D. A. 多尔古辛院士听到我的情况后，立即主动提出，要我利用他们的材料做杂交，并帮助我选配杂交组合。"[19]在实验迎来转机后，董玉琛又迎来了留苏期间的一件重要事情。

1956年2月，朱德以团长的身份率领中国共产党中央委员会代表团和中华人民共和国政府代表团友好访问苏联[20]。2月12日，为庆祝2月14日《中苏友好同盟互助条约》签订6周年，朱德应邀到莫斯科电视台向电视观众讲话，他说："中苏两国人民之间，早就存在着深厚的友谊。自从中华人民共和国成立以来，这种友谊得到了更全面的发展。苏联对中国人民恢复和发展自己国家的经济，给了全面的、系统的和无私的援助。我们能迅速地治好战争创伤，并且进入大规模的社会主义建设，是和苏联的帮助分不开的。中国人民对于苏联人民所给予的巨大的兄弟般的援助，表示衷心的感谢。"[21]在朱德访问苏联期间，接见了在苏联的留学生，董玉琛作为代表参加了会见，并留下了珍贵的合影。

莫斯科查资料写论文　巧遇毛泽东演讲

董玉琛的实验做完后，便进入到了论文撰写阶段。董玉琛非常重视论文撰写中资料的收集，她认为："写论文是做研究生时最重要的阶段，通过对实验数据的整理和分析，得出正确的结论，对有关问题加以深入讨论，是对所研究问题深入思考的阶段。学习做科研，就是学习如何正确的根据研究目的设计实验，以及根据实验结果得出正确的结论。通过查阅大量的

---

① 胡含访谈，2013年8月7日，北京。资料存于采集工程数据库。

文献，了解前人所做的相关工作，弄清楚前人根据什么数据得到了哪些结论，比较与自己的异同，明确自己的创新点。"① 为了全面的搜集相关资料，写好论文，董玉琛在征得导师同意后，于 1957 年 10 月来到莫斯科列宁图书馆，查阅资料撰写论文。"莫斯科的列宁图书馆是全苏最大的图书馆，不仅有农业的，而且全国各学科的学位论文都要存列宁图书馆一本，查阅参考文献十分方便"。

董玉琛在莫斯科期间，借住在季米里亚捷夫农学院的中国同学宿舍里，每天乘坐公共汽车和地铁去列宁图书馆，查阅俄文文献，撰写论文。这样一直持续了约一个月的时间，她阅读了大量的文献，并写成了论文的初稿。在留学回忆手稿中董玉琛这样写道："1957 年 10 月我来到莫斯科，莫斯科的季米里亚捷夫农学院，我住在中国同学宿舍，不仅可以省去旅馆费，而且还可以切磋学问。该学院是全苏第一位的农业大学，中国留学生很多。我买了月票，每天乘公共汽车和地铁去列宁图书馆，早出晚归，工作效率很高。约一个月时间我阅读了全部有关的俄文文献，并写出了论文初稿。"②

图 4-5　董玉琛留苏期间的实验记录

---

① 董玉琛：留苏回忆. 手稿，SG-004-064，资料存于采集工程数据库。
② 董玉琛：留苏回忆。

1957年，董玉琛在莫斯科期间，还巧遇了毛泽东主席访问苏联。1957年11月17日，在莫斯科大学礼堂，董玉琛和其他中国留学生一起聆听了毛泽东主席充满激情的演讲。她在留苏回忆手稿中记载了这段珍贵的经历和当时的心情。"在莫斯科的日子里，我喜出望外地遇上了毛泽东主席接见我国留苏学生。11月16日我从列宁图书馆回到学校宿舍，看到中国同学个个喜气洋洋，谈明天毛主席要在莫斯科大学礼堂接见留学生，我们兴奋得一晚上都没睡踏实。第二天大早，天蒙蒙亮，我们便成群结队地奔向莫斯科大学。到了那儿，大礼堂里早已坐满了人，我们几个人赶紧跑到楼上去，挤到前面，为的是看的清楚些，等待幸福时刻的来临。大约9点多钟，毛主席和一些中央领导同志来了，顿时整个礼堂响起了雷鸣般的掌声，毛主席没有坐下，始终在主席台上走来走去。他讲了不少话，但他那很重的湖南口音，我听懂的不多，好像说现在世界上有两大阵营，社会主义阵营和资本主义阵营，社会主义阵营的头就是苏联……然后讲了那句对青年人的名言'世界是你们的，……'① 会散了，我们几天都沉浸在幸福的欢乐中。"

　　1957年11月，在参加完毛泽东主席接见中国留学生大会后的几天，董玉琛便回到了哈尔科夫农学院。1959年1月，董玉琛顺利通过了副博士论文答辩。

不负所领导希望　自费进修作物种质资源学

　　我国农业历史悠久，气候类型多样，拥有丰富的作物种质资源。中华人民共和国成立以后，党和政府对作物种质资源工作非常重视。在董玉琛留学期间，国内正在开展第一次大规模的征集作物农家品种工作。1957年3月，原华北农业科学研究所改制为中国农业科学院，在作物育种栽培研

---

① 据查，毛泽东主席当时讲的是："世界是你们的，也是我们的，但归根结底是你们的，你们青年人朝气蓬勃。正在兴旺时期，好像早晨八、九点钟的太阳，希望寄托在你们身上。"

究所内设置原始材料研究室，任务是农作物品种的收集、保存、整理、研究、利用以及组织有关业务的全国研究活动。至1958年，根据在北京召开的全国大田作物工作会议上的统计，全国各地共征集到的地方品种多达50多种作物，20万份材料。这是我国农业生产的一笔宝贵财富。这次征集到的品种分别保存在各省农业科研单位和中国农业科学院的有关专业所。虽然不少单位对保存的品种材料进行了整理、归类、形态特性记载以及编目，但当时我国作物种质资源研究尚处于起步阶段，缺乏专业的科研人员。当时世界范围内的作物种质资源研究，以苏联和美国开展得较好。尤其是苏联，在著名植物学家瓦维洛夫的领导下，已经将作物种质资源作为一门学科，系统地开展了一系列研究，处于国际领先地位。

在董玉琛副博士论文答辩前夕，中国农业科学院作物育种栽培研究所领导来信，希望正在苏联留学的董玉琛，毕业后就近学习苏联对作物种质资源管理和利用的经验。董玉琛在《院士自述》中写道："我在苏联留学期间，国内发生了许多变化。华北农科所已被改建为中国农业科学院。作物系已被改成作物育种栽培研究所。在我答辩前夕，所领导写信给我，提到国内在农业合作化高潮中，已把全国的农作物地方品种收集起来，共约50多种作物20万个品种，现在正研究如何保存和利用这批宝贵的遗产，希望我毕业后向苏联学习这方面的经验。我知道中国是农业古国，是世界重要的作物起源中心之一，中国的种质资源非常重要。在苏联的列宁格勒有全世界最有名的种质资源研究机构——全苏植物栽培学研究所。"

董玉琛得知这一消息后，经组织同意，联系了在全苏植物栽培学研究所（今瓦维洛夫全俄植物栽培科学研究所）工作的苏联专家伊万诺夫。1959年1月，在伊万诺夫的推荐下，董玉琛用留学期间省吃俭用攒下的生活费，自费来到了位于列宁格勒的全苏植物栽培学研究所进修。[1]全苏植物栽培学研究所是由苏联植物学家、农学家、作物种质资源学科奠基人瓦维洛夫（Николай Иванович Вавилов）所创建的，专门从事作

---

[1] 胡含访谈，2013年10月14日，北京。资料存于采集工程数据库。

图 4-6 董玉琛与胡含结婚纪念照（1958 年）

物种质资源收集、保存、评价、研究的世界知名单位。

这时，董玉琛已与胡含结婚。恰好胡含正在列宁格勒大学留学，离全苏植物栽培学研究所很近。董玉琛就住在胡含的学校宿舍，每天上午上班，下午回来。

据胡含回忆："那时候我在列宁格勒读书了，她就到我们那个学校（列宁格勒大学）里面住。上班，就到伊万诺夫那个所（全苏植物栽培学研究所）。离得很近，下午回来。她就住在我那个宿舍里。"这样一直到 4 月份，在这 3 个月的时间里，董玉琛着重了解小麦种质资源，并到全苏植物栽培学研究所的每个系室访谈，了解他们的工作经验、研究目标、设备和主要成果。全苏植物栽培学研究所（今瓦维洛夫全俄植物栽培科学研究所）的成就深深地感召了她，特别是看到该所保存的 30 余万份材料的种质管理有序和丰富多彩的标本室时，更使她热爱上了作物种质资源这门学科。她深知这项工作对中国的重要[13]。董玉琛在 1959 年刚回国时所写的《留学归来》中写道："难忘的还有在列宁格勒全苏植物栽培学研究所实习的日子。这个所的卓越工作成就和工作人员的热诚都令我十分钦佩。小麦研究室的同志们还给了我最大的帮助。其中 M. U. 卢建科同志把她自己珍贵的、已经绝版的藏书赠送给我。她认为这些书将是我工作中必不可少的参考。"[19] 在成为院士后，董玉琛回忆留苏生活时，认为在全苏植物栽培学研究所（今瓦维洛夫全俄植物栽培科学研究所）的这段经历对她的研究产生了重要的影响。"在苏联的列宁格勒有全世界最有名的种质资源研究机构——全苏植物栽培学研究所。我完成学位论文答辩后，立即来到这个研究所进修了 3 个月。访问了该所的每一个系，参观了管理完善的种质库和标本室，了解他们对种质资源收集、保存、整理、分类、评价、利用的观点、方法和成就。我对种质资源学

图 4-7 董玉琛在苏联学习期间留影

图 4-8 董玉琛(左三)、胡含(左二)在苏联留学期间与同学合影

科有了初步了解和喜爱。深感作物种质资源是千百年来自然选择和人工选择的产物,是改良作物品种的基因来源,任何种质一旦从地球上消失,它携带的基因便不能再人工创造出来。为这个学科献身是我的历史责任,也是我最大的快乐。1959年5月,我回国后来到中国农业科学院作物育种栽培研究所,

第四章 留学苏联 确立学术研究方向

立即在种质资源事业上投入了工作。从此一干就是 40 多个年头，尽管机构变动，我的研究专业始终没有变动。"①

如愿以偿　从事小麦种质资源研究

新中国成立初期，我国农业科学界在向苏联学习的过程中，逐渐了解到有关作物品种资源的工作，但并没有作物种质资源的概念，更没有将作物种质资源作为一个学科来进行系统的研究。据庄巧生院士回忆："实际上，在解放之前，品种资源作为一个学科的概念，基本没有。新中国成立以后，向苏联学习，才慢慢有这么一个想法，但是他们详细的工作方法、理论基础、怎么管理，一般研究品种改良的人，只是知道，都不是太清楚。"② 1952 至 1953 年的苏联专家伊万诺夫在我国考察过程中，以及在"米丘林农业植物选种及良种繁育讲习班"上，把用于育种的亲本材料称为"原始材料"。因此，我国农业科研界开始使用"原始材料"这一术语。1952 年"中央农业部农业技术考察团"的考察报告中提出："各地对现有地方农家品种必须有计划地广泛搜集保存，以作为选种的原始材料，进行深入研究和有效的改进工作。同时，要建立和健全各级品种事业管理机构，加强良种评选及国家品种试验和良种鉴定检验工作，切实贯彻良种繁育制度，保证现有良种在生产实践中能继续保持和不断提高。"[14] 此后，在华北农业科学研究所的各作物育种组内，开始设置专门的人员来管理、研究作物原始材料。他们的主要工作是通过对作物原始材料的搜集和保存为育种选留良种服务。1957 年 3 月，中国农业科学院成立时，在作物育种栽培研究所内设有原始材料室。不过直到 1959 年上半年，中国农业科学院作物育种栽培研究所的原始材料室，只有建制，并未将分散在各个作物育种组

---

① 中国工程院首页 / 走近院士 / 院士自述 / 农业学部 / 董玉琛。http://www.cae.cn/cae/html/main/col676/2013-04/27/20130427171238608257987_1.html。

② 庄巧生访谈，2014 年 3 月 15 日，北京。资料存于采集工程数据库。

从事原始材料工作的人员集中起来。据1954年进入华北农业科学研究所小麦原始材料组，从事小麦种质资源工作的钱曼懋回忆："当时在小麦原始材料组的工作是，将收集来的材料保存、利用。主要是给育种做亲本。当时我们已经开始学苏联了，就是搜集来了以后把它整理，淘汰重复的。档案慢慢地建立起来了。但是我们那时候还都是原始材料组，实际上原始材料就是为育种服务的前面的那部分。"① 可见，当时我国农业科学界只是把作物种质资源当成为育种做准备的"原始材料"，作物种质资源的研究还处于为作物育种服务的起步阶段。

1959年5月初，董玉琛从苏联学成回国。她满怀信心地回到中国农业科学院作物育种栽培研究所，担任原始材料室副主任。董玉琛认为用"原始材料"来概括作物种质资源不够全面准确。1959年，她提出将"原始材料"改为"品种资源"，得到了科技界的认可和接受[22]。据钱曼懋回忆，"1959年董玉琛先生从苏联回来。回到小麦室，跟我一起搞小麦品种的工作，我们就在一起工作了。那时候小麦室就有小麦栽培、生理、育种、原始材料这些课题组，我是在原始材料课题组。董先生回来后，也在这个组，领导我们工作。她在苏联哈尔科夫农学院获得副博士以后，又专程派她到全苏植物栽培学研究所学习有关品种资源的收集、整理、保存、入库的一套工作方法。她对品种资源这门学科就有较深的认识。从那开始，她搞品种资源了。回国以后，她说，'这个小麦原始材料面太窄，应该把这个名字改一改，它不能代表品种资源的全部内容'。从那个时候开始，她经常讲品种资源包括的内容，怎么做。这个时候，我才开始对品种资源这个学科的发展、构成、内涵有所了解。"②

在董玉琛的建议和推动下，1959年7月，中国农业科学院作物育种栽培研究所将原始材料室改建为品种资源研究室，将有关科技人员集中在该研究室，分为小麦组、水稻组、玉米组、高粱组、谷子组和国外引种组。该研究室除了从事研究工作外，还负责全国有关业务的组织协调工作。

1959年冬，我国召开了第一次全国育种工作大会。在中国农业科学

---

① 钱曼懋访谈，2013年3月25日，北京。资料存于采集工程数据库。
② 钱曼懋访谈，2014年5月2日，北京。存地同上。

院作物育种栽培研究所老一辈领导和专家的支持、鼓励下，董玉琛在会议上提出了中国作物品种资源工作的任务以及国内收集、国外引种（检疫）、保存、登记编号、建立档案、特性鉴定、深入研究、编制品种资源目录、编写品种志、提供利用等种质资源研究的工作细则。[23]中国农业科学院作物育种栽培研究所保存了粮食作物种质资源4万多份，其中小麦约1万份。董玉琛带领课题组的成员每年种植小麦品种2000—3000个，用收获的新种子替换资源库中的陈旧种子，以保持种子的生活力，还要种植观察新引进的材料。1959—1960年，董玉琛还参与了金善宝主编的《中国小麦栽培学》第四章"中国小麦品种资源"的编写，该书在1961年4月由农业出版社出版。

我国小麦种质资源极其丰富，为了在全国范围系统地研究不同生态类型的小麦品种资源，从1960年至1961年，由董玉琛担任课题负责人，中国农业科学院作物育种栽培研究所品种资源研究室协调，组织地方农业研究所在乌鲁木齐、武威、石家庄、武功、太原等15个试点，选取了300多个小麦地方品种，开展了"全国冬小麦生态型鉴定联合试验"①。据当时参与这项课题的钱曼懋回忆，"关于小麦生态区的划分，我国小麦分布的地域很辽阔，各个地区的情况特点是不相同的，所以那个时候我们为了弄清楚气候条件对小麦品种的生态类型、特征、特性的形成，我们选择了300个地方品种，在全国十几个地区进行试种，详细记载的大概有四十多个项目。"②通过这一试验，可以探明我国主要冬小麦品种在不同地区及不同栽培条件下的适应范围，为小麦育种和引种提供依据，也为全国小麦生态区划，积累了资料，奠定了基础。

国外小麦种质资源在我国育种事业上发挥过重要的作用，因此我国很重视对国外小麦品种的引进。新中国成立前，我国对国外小麦品种的引进工作就已经开始了，如曾购入一套英国人潘雪威尔的"世界小麦"。新中国成立后，又陆续从国外引进了近千份的小麦品种。至1960年，中国

---

① A.品.麦，案卷号51，全国冬小麦品种生态型鉴定联合实验。中国农业科学院作物育种栽培研究所科技档案，存于中国农业科学院作物科学研究所档案室。

② 钱曼懋访谈，2014年5月2日，北京。资料存于采集工程数据库。

农业科学院作物育种栽培研究所保存的国外小麦品种资源已达1500多份，但长期未进行系统整理，重复、错乱比较多，难以发挥其作用。因此，需要对这些材料进行系统整理，为我国小麦育种和引种服务。从1960年开始，在董玉琛的主持下，陶锟、钱曼懋、黄亨履、李启珠、吕东平、岳大华等品种资源室的科研人员，通过开展"国外小麦品种系统观察（1960—1961）"、"国外小麦优良品种观察研究（1961—1962）"、"国外小麦品种系统整理研究（1962—1963）"课题，将作物育种栽培研究所保存的来自27个国家1500份小麦种质资源，同时在北京、郑州、南京、西宁4处不同生态条件下进行试种，详细记载每个品种的29项特征特性。通过系统的整理，逐步将重复和失去活力的种子剔除，更正名实不符的品种，并进行了更新和重新编目。

1960年，在对国外小麦品种的系统观察过程中，董玉琛和钱曼懋、陶锟、岳大华等课题组成员发现原产于智利的小麦品种"欧柔"具有秆较矮、粗壮、抗倒伏、株型紧凑、穗大粒大、成熟较早，落黄好的优良特性。在对该品种进行了春播和秋播试验后，他们进一步证明"欧柔"对光温反应较迟钝，适应性较强，对条锈病免疫，高抗秆锈病，认定这是一个优异的种质。董玉琛决定将"欧柔"的试验和繁殖作为1961—1965年课题组的重点研究内容。在试验过程中，董玉琛发现"欧柔"性状出现分离，便提出进行选穗行的试验，和课题组的成员一起进行穗行试验及稀播繁殖。他们通过优中选优、去杂去劣、提纯复壮，使"欧柔"的主要性状更具有遗传上的相对稳定性和一致性。他们还采取单株选择、系统培育等措施，创造出耐寒性增强、成熟期提早、株高降低的"欧柔白"、"白欧柔"、"974-1230"、"974-1253"等系列新品种。此后，课题组采用园圃科研和大田生产相结合的方法，使引进时仅10克的"欧柔"种子，三年内繁殖达350万公斤。向全国提供高纯度优质种子，短期内推广面积490余万亩。据不完全统计，1976—1982年，"欧柔"累计种植面积达到1628.8万亩。同时，董玉琛、钱曼懋等课题组成员，主动向全国农业科研单位推荐和提供"欧柔"做亲本进行育种。据统计，截至1983年，全国小麦育种利用最多的亲本有10个，其中"欧柔"居第一。据查小麦品种目录，

1990年仍居第一。至1992年，全国各农业科研单位利用"欧柔"做亲本共育成261个新品种，其中60余个品种的推广面积在10万亩以上，有18个品种获国家或省、部级奖，累计种植面积达6.6亿亩，平均新增单产在10%以上。"欧柔"在我国小麦育种和生产上取得了很大的成功。1993年，"优异小麦种质资源欧柔和欧柔白的鉴定与利用（1960—1992）"项目获得农业部科技进步三等奖。[①]

1962年开始，董玉琛作为编审成员参与了由金善宝、刘安定任主编的《中国小麦品种志》[②]。该书是我国第一部小麦品种志，记载了从中华人民共和国建立到1962年，我国农业生产上所使用的主要小麦品种。这段时间里，董玉琛还与作物育种栽培研究所的同事一起编写了《作物育种栽培研究所小麦品种资源目录》。

1963年，由于工作成绩突出，董玉琛被评为中国农业科学院作物育种栽培研究所副研究员、中国农业科学院先进工作者。同年，董玉琛被选派赴法国访问。

1965年1月7日—1月29日，董玉琛、刘俊秀在西北春麦区北部开展了麦类品种资源的调查，主要目的是"了解当地麦类生产情况，品种资源特点和品种工作中存在的问题，以使今后科研工作的安排能更密切地与生产结合，同时为选定农村基点打下基础"。[③] 从现存的董玉琛手稿"麦类品种调查提纲"可以看出，在调查之前，董玉琛进行了深入而细致的思考，明确了调查的目的、内容和方法，才列出如此详尽的调查提纲。

由于时间短促，又不是在小麦生长季节，董玉琛和刘俊秀采用了座谈访问和资料收集相结合的方法，先后在山西雁北专区朔县（今山西省朔州市）油场头生产队、河北张家口地区农业科学研究所、河北张家口地区农业科学研究所坝上分所、山西大同杂粮研究所、内蒙古自治区农业科学院

[①] 本段落有关欧柔的资料均来自：中国农业科学院作物品种资源研究所档案，分类号：K01-30，麦类室顺序号33，欧柔和欧柔白的鉴定与利用成果申报材料。董玉琛排名第三。前两位是钱曼懋、陶锟。

[②] 1964年，《中国小麦品种志》由农业出版社出版。

[③] 董玉琛，刘俊秀：西北北部（河北坝上、内蒙古西部、山西雁北）麦类品种资源初步调查，1965年2月16日。手稿。SG-001-002，资料存于采集工程数据库。

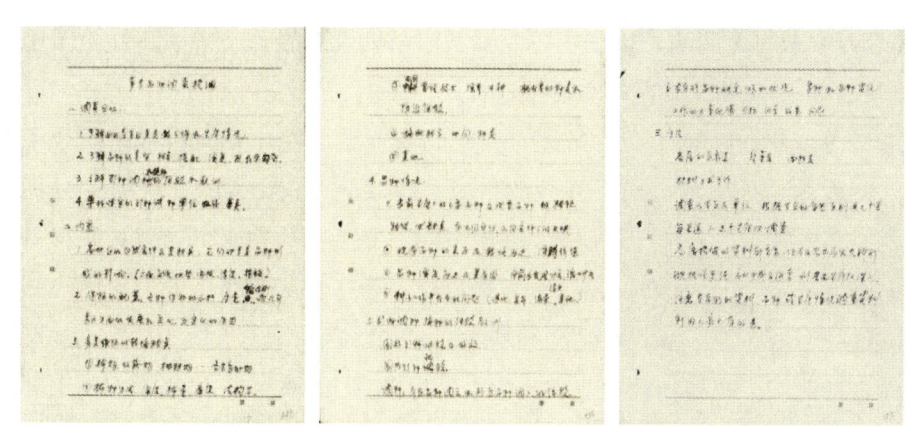

图 4-9　董玉琛手稿：麦类品种资源调查提纲（1965 年 2 月 16 日）

及有关农业厅（局）的技术站和种子站。这一地区属于我国西北春麦区的北部，也是莜麦的主产区。她们详细地调查了该地区的自然和农业生产基本情况，麦类品种资源（小麦、莜麦、大麦和黑麦）的分布、产量、品种、栽培技术、栽培特点和存在的问题，还特别注意所到地区在引种、调种和换种中积累的经验教训以及专区农业科学研究所开展品种工作的情况[①]。通过调查，董玉琛和刘俊秀收集了大量的资料和数据，写出了翔实的调查报告，较为全面地了解了西北春麦区北部的麦类品种资源的基本情况。

1965 年春，董玉琛被派往甘肃省张掖万家墩大队

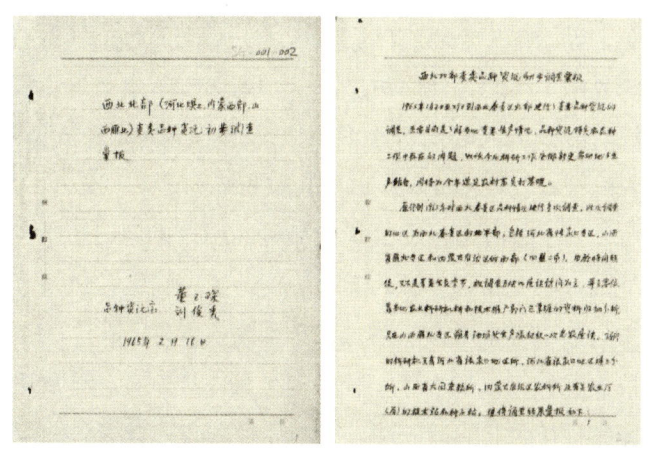

图 4-10　董玉琛，刘俊秀，西北北部（河北坝上、内蒙古西部、山西雁北）麦类品种资源初步调查汇报手稿（1965 年 2 月 16 日）

---

① 董玉琛，刘俊秀：西北北部（河北坝上、内蒙古西部、山西雁北）麦类品种资源初步调查，1965 年 2 月 16 日。手稿。SG-001-002，资料存于采集工程数据库。

第四章　留学苏联　确立学术研究方向

（今万家墩村）蹲点，担任中国农业科学院西北综合基点点长，并负责中国农业科学院西北工作站的建设。

1965年，在董玉琛的带领下，中国农业科学院作物育种栽培研究所的刘俊秀、孙雨珍、吴景锋、黄亨履、杨淑全；农田灌溉研究所的孙树桐、高殿举等；土壤肥料研究所的肖国壮、赵克齐，陆续到达甘肃张掖万家墩大队（今万家墩村）。据刘俊秀回忆，董玉琛先是带队到万家墩大队队部找当地干部了解农业生产的基本情况，然后走访了当地的村民。通过调查，他们了解到当地农业生产中主要存在三个问题：一是当地农民主要是利用祁连山融化的雪水来灌溉麦地，但水利设施却不完善；二是当地土壤中缺乏磷，虽然当地政府曾推广使用磷肥，但当地农民并不认可磷肥，推广效果不好。三是缺乏优良的小麦品种。针对当地农业生产中的这些问题，董玉琛带领蹲点的人员规划修缮农田的灌溉渠道，改善当地的水利设施。他们还开展磷肥施用的对比试验，通过试验结果使当地老百姓认识到磷肥对作物生长的重要性。据刘俊秀回忆"我们通过调查发现当地的土壤里缺磷，当地政府也曾经推广过磷肥，但是当地农民不认可。在当地干部的强势推广下，效果并不好。通常是有干部来看，农民就往地里散点磷肥，等干部一走就把磷肥都埋了。后来，我们就做对比试验。在播种开沟时先撒上磷肥，然后再撒种子。到第二年麦苗返青后，施了磷肥的麦苗和没有施磷肥的麦苗对比很明显，施了磷肥的麦苗长得更高，颜色也更好。农民一看，就接受了。磷肥也就推广开了。"[①]

为了解决当地小麦优良品种的引入问题，董玉琛带领科研人员，在当地进行小麦品种资源的实验。据孙雨珍回忆"1965年，我跟董老师到甘肃省张掖市万家墩大队蹲点，在那蹲点实际上一方面是抓生产，一方面我们搞一些科研，带去了一些小麦品种在那试种，开展区域实验。看看这些小麦品种在西北的适应性，有的品种适应，有的品种就不太适应"[②]。

1965年4—8月，董玉琛带领蹲点的科研人员，在张掖市民乐县民联公社雷台大队（今民乐县民联乡雷台村）开展了春小麦品种对比试验。在

---

① 刘俊秀、吴景锋访谈，2016年7月27日，北京。资料存于采集工程数据库。
② 孙雨珍访谈，2014年7月30日，北京。存地同上。

进行春小麦品种对比试验之前，董玉琛查阅并摘录了1964年的民乐县种子站工作总结，了解到1964年，民乐县有春小麦品种34个（其中普通小麦品种27个，密穗小麦品种7个），春小麦的种植面积达到175742亩（不含杂麦子5068亩），其中以大红麦子所占面积最大（57%）。此外还有冬小麦品种4个，青稞品种7个，大麦品种4个，豌豆品种4个。在良种的推广方面，1964年，民乐县推广了"阿勃"、"武功774"、"96号"，"阿夫"等新品种，其中以"阿勃"推广最多，共计播种1140亩。在区域测定中，"阿勃"亩产265.2公斤比当地对照品种"红羊一子"增产46%[1]。在了解民乐县1964年的种子工作的基本情况后，董玉琛带领工作站的人员，于1965年4月7—8日（"阿勃"4月26日播种）开始播种，试种了"甘麦8号"、"Wit Spitskop Rool Spitskop"、"欧柔"、"甘麦9号"、"甘麦10号"、"红齐头"、"甘麦9B$_2$号"、"张掖4号"、"华中5号"、"华中7号"、"甘肃96号"、"甘麦6号"、"安徽9号"、"阿勃"、"公佳500"、"4-519"共16个品种，并以当地品种"红麦子"作为对照。试验地的地力水平中等，生育期浇水两次，每亩施土粪6车。8月13日—8月26日（"阿勃"8月29日成熟）收割。收获后，董玉琛等科研人员按品种取样，计算亩产量。在试种的品种中以"甘麦8号"的产量最高，折合每亩127.5公斤。"Wit Spitskop Rool Spitskop"紧随其后，亩产124.4公斤。此外，与对照品种"红麦子"的亩产量相比，"欧柔"、"甘麦9号"、"甘麦10号"、"红齐头"和"甘麦9B$_2$号"的增产都很显著[2]。董玉琛等开展的春小麦品种试验，为当地引入优良品种、改进品种提供了科学依据，有利于推动当地农业生产水平的提高。

1966年，"文化大革命"开始后，董玉琛接到中国农业科学院的通知，要求她回北京。董玉琛便离开了甘肃张掖，回到中国农业科学院。在万家墩蹲点的科研人员也陆续被调回中国农业科学院参加"文化大革命"，只有刘俊秀留守。

---

[1] 民乐县种子工作情况，摘自县种子站工作总结（1964年），手稿。SG-001-005，资料存于采集工程数据库。

[2] 民乐县民联公社雷台大队春小麦品种对比试验（1965年），手稿。SG-001-005，存地同上。

种质资源总是情

董玉琛传

图4-11 董玉琛重回张掖万家墩村（2003年）

2003年，董玉琛还回到蹲点的甘肃张掖万家墩村，和当年一起工作过的村民合影留念。

1964年，为配合大三线建设，农业部批准了中国农业科学院在四川省西昌县和甘肃省张掖县分别建设西南工作站和西北工作站[24]。1965年，在张掖蹲点的董玉琛还肩负着建设中国农业科学院西北工作站的重任。1965年10月，中国农业科学院派遣吴景锋协助董玉琛建设中国农业科学院西北工作站。据吴景锋回忆，董玉琛和他一起骑着自行车在张掖周边奔走，为西北工作站选址，最终选定了距离张掖市大约7公里的原张掖地区蚕桑试验站旧址。他们确定选址后，便一起骑自行车跑张掖政府相关的部门办理建站手续，与当地政府沟通协调。同时，董玉琛还联系西北测量队，为西北工作站绘制了规划图。1966年春，中国农业科学院又派遣了李银、樊路、赵金铭、张文祥、韩春禄、胡世宽、国淑惠、曹玉过、鲍瑞林、陆佩兰、王桂新、钱恒、周春生等，随后刘俊秀也从万家墩基点调到西北工作站工作，同时招入了10多名工人开展西北工作站的建设工作。在中国农业科学院西北工作站建设中，董玉琛主要负责建站的总体规划和安排，以及与当地政府进行沟通和协调。当时，西北工作站的主要工作是基础设施建设，如建设住房、办公室、采购农机具等。据吴景锋回忆，在西北工作站的建设中，董玉琛很能吃苦，经常和他一起骑着自行车在外奔走。她还非常关心同事。吴景锋讲述了让他深受感动的一件事情。"我记得当时有台拖拉机运到了永昌羊场，我和一个拖拉机手去把拖拉机接到西北工作站，坐火车去，然后开回来。董玉琛考虑得很细致，当时天冷，她就把她的新皮大衣给我，让我回来路上穿，让我很感动。她很爱护同事。"①

1966年，"文化大革命"开始后，董玉琛和部分同事回到中国农业科学院，参加"文化大革命"。但西北工作站的工作还在进行，中国农业科学院派黄亨履管理西北工作站，据黄亨履回忆"1966年'文化大革命'开始以后，中国农业科学院调董玉琛回去参加'文化大革命'了，让我在那管理。从1966年到1969年，建工作站的房子、开展农田试验。"②1969年，农业部军代表决定撤销西北工作站，并派遣吴景锋等人去甘肃张掖处理撤站事宜。③

---

① 刘俊秀、吴景锋访谈，2016年7月27日，北京。资料存于采集工程数据库。
② 黄亨履访谈，2014年7月8日，北京。存地同上。
③ 同①。

第五章
不畏艰难　情系小麦资源

1966—1976年，"文化大革命"时期，我国农业科学研究工作受到破坏。中国农业科学院在北京的研究所大部分被下放到河南、山东等地，农业科研工作基本处于停顿状态。

1970年，国务院决定撤销中国农业科学院和中国林业科学院的建制，两院合并，成立中国农林科学院。原农林口各部门所属科研单位68个，职工13963人，下放后合并成立中国农林科学院，暂编620人（其中干部603人，工人17人），组成35个科技服务队，分别到全国学大寨先进社队（红旗点）蹲点，接受贫下中农再教育。当时中国农林科学院只设一个行政机构，负责管理在全国各地"红旗点"蹲点的科技干部，其他的研究所都下放到地方。[25]1971年6月，董玉琛随中国农业科学院作物育种栽培研究所下放到北京市。

坚持收录资料　关注小麦品种资源工作

1971年6月—1978年4月，中国农业科学院作物育种栽培研究所、蔬菜研究所和气象研究室下放北京市。其中作物育种栽培研究所整建制下放到北京市以后,与北京市农业科学研究所合并,改为北京市农业科学研究所的作物研究室[26]。这样,中国农业科学院的品种资源研究机构被取消,人员下放,许多作物品种资源丢失,是我国作物种质资源事业的一大损失。

虽然这一时期农业科学研究被迫中断,但董玉琛依然坚持学习业务知识,做读书笔记,将当时能收集到的有关作物品种资源和农业生产资料都记录下来。现存的董玉琛手稿中便有两本读书笔记是在这一时期写成,其中摘抄记录有"有关作物起源中心问题的摘录"、"有关'新疆小麦'的资料"、"有关作物进化问题的摘录"、"小麦属间杂交的新资料"、"小麦群中的进化模式"、"小麦的起源"等①,这些读书笔记,表明当时董玉琛已经开始关注小麦起源问题、小麦属间杂交和新疆小麦的研究,这为她以后在小麦起源问题和小麦属间杂交方面的深入研究奠定了基础。董玉琛还非常关注农业生产的情况,在她的读书笔记中摘录有"1970年农业形势(报章摘要)"、"北京市农业生产情况(1969年)"、"1970年北京市农业生产情况"等②。1970年12月10日—12月21日,董玉琛先后参加了北京市革委会农业组会议、北京市农业科学研究所座谈会、北京市农业服务站座谈会、密云县粮食生产情况会议、繁殖锈病菌种技术介绍会议,并对这些会议的内容都做了非常详细的记录③。1971年4月28日,董玉琛参加了北京市密云县李义才给第二批下点人员介绍情况的会议。4月29日,又参加了北京市密云县河南寨大队(今密云县河南寨村)介绍农业生产情况会议。6月,董玉琛随中国农业科学院作物育种栽培所下放到北京市农业科学研究所。

---

① 董玉琛读书笔记,手稿。SG-005-066,资料存于采集工程数据库。
② 董玉琛读书笔记,手稿。SG-001-008,存地同上。
③ 同②。

图 5-1　董玉琛的手稿和笔记（1970 年）

图 5-2　董玉琛的手稿和笔记（1976 年）

始终不忘小麦品种资源的繁种与保存

1971年6月,董玉琛随作物育种栽培研究所下放到北京市农业科学研究所,但是她依然坚持开展小麦品种资源的科研工作。据当时在北京市农业科学研究所与董玉琛一起工作的方成梁回忆"董玉琛同志工作很认真,当时"文化大革命"都很乱,没有什么人做业务和科研。但她很认真,叫我们认真的做,抓我们研究所的业务工作。她很关心科研,她也坚持做自己的项目。她对待同志也很热情的,有些什么事情找她,她总是给你耐心说,所以我们大家对他很尊重的,她待人处世非常好"[1]。董玉琛带领原品种资源室的成员,对存放在中国农业科学院内的麦类资源库中的小麦种质资源进行繁种、更新、保存和编目,有效地保持小麦种质资源的活力。麦类资源库的种子也成为中国农业科学院历经"文化大革命"唯一保存下来的作物种子。从现存的手稿资料(1971年作物所春麦原始材料保种圃无叶锈留种)可以看出,董玉琛详细记载了这些春麦品种的生长数据及农艺性状。

据钱曼懋介绍,原麦类资源库建于1943年,位于今中国农业科学院研究生院所在地。资源库全部由砖、水泥和木板等材料建成,没有钢筋。进入麦类资源库,需要先上一个很高的台阶,存放种子的房间中,左右各摆放有一排木制种子柜。这些装种子用的木柜,是在1953年苏联专家伊万诺夫来华北农业科学研究所讲课后加入的。种子柜一共有21层,需要用梯子上下来取放种子。他们一开始用布制种子袋装种子,一个抽屉装10袋。每个布袋和抽屉都有编号。后来改用铝盒装种子。该麦类资源库一共可存放1万多份种子。正常的成熟种子在该库中保存5年,发芽率仍保持在60%以上。为了保持种子的活力,麦类资源库中的小麦种子,一般保存5年就要进行繁殖更新。在"文化大革命"期间,董玉琛带领小麦组的成员,一起下地,将保存5年的小麦品种播种到中国农业科学院的试验地里,用收获的新种子替

---

[1] 北京市农林科学院座谈会记录,2014年7月30日,北京。资料存于采集工程数据库。

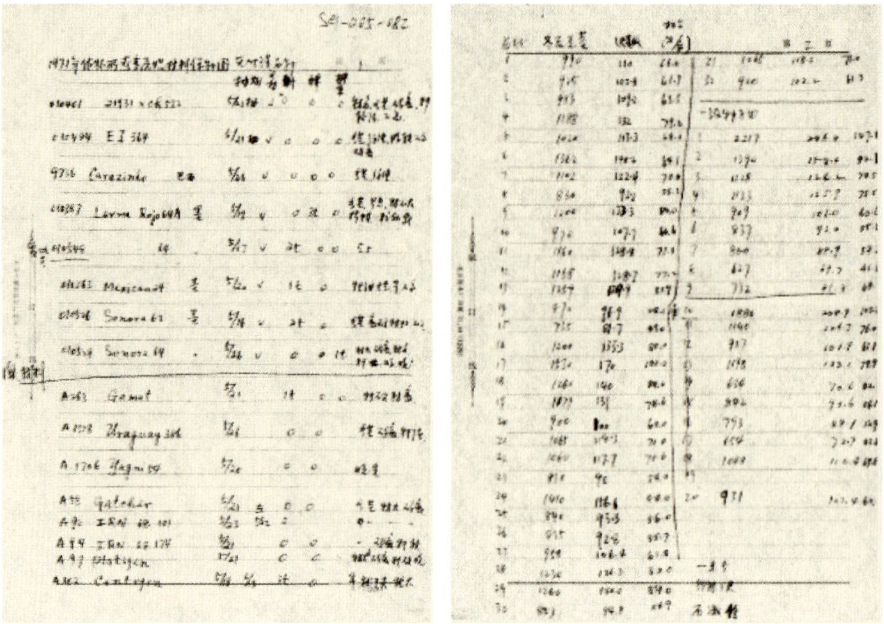

图 5-3 作物所春麦原始材料保种圃无叶锈留种手稿（1971 年）

换到期的陈种子，使小麦种质资源得到更新，从而将这些宝贵的小麦种质资源保存下来。据钱曼懋回忆，"我们后来就到了北京市农业科学研究所，住在北京林学院，但是我们的实验地和小麦品种的种子还在这里（中国农业科学院），所以我们基本上每天都在这里种地。当时还保留了陶鋆同志的工作小屋，叫'陶老小屋'。我们就在那个地方办公。早上有班车过来"。"'文化大革命'期间主要是搞运动。我们的小麦种子没有丢失，不管怎么样，我们该种的就种，该繁种的就繁种，所以我们的小麦种子在文化大革命中一个都没有丢失。"① 在我们的访谈中，钱曼懋还回忆了"文化大革命"期间，她和董玉琛相互剪头发的趣事。"还有一个小事就是她（董玉琛）对人的宽宏大量吧！我们在'文化大革命'初期，工间操休息时，我们大家就互相帮着理发。你给我理，我给你理，因为那个时候搞运动，不下地。有一次，我给她理发，把她脖子后面理破了一点，我就很紧张。她说：'没关系没关系，我一点都没感觉疼，不要紧，我这脖子的肉太多。没关系，你接着理吧！'

---

① 钱曼懋访谈，2014 年 5 月 2 日，北京。资料存于采集工程数据库。

图 5-4　中国农业科学院原麦类资源库内部照片

哎哟！我就觉得挺过意不去的。她这个态度，虽然是生活里的事情，我觉得她宽宏大量、气度非凡，给我的印象特别深"[1]。

1975 年，董玉琛和孙雨珍一起被派往北京市延庆县蹲点，为当地的农业生产服务。她们在帮助当地做杂交玉米和高粱的同时，还带去了一些小麦品种做田间实验。据孙雨珍回忆，"1975—1976 年，我和董老师一起到延庆县蹲点，在延庆县的城关公社。当时我们蹲点的任务就是为'两当'服务，即为当时的任务和当地的任务去服务。当时延庆在北京是一个比较落后的县，他们做杂交玉米和杂交高粱比较多。所以我们就帮助他们做这个工作。除此以外，我们还做一些小麦的田间实验。我们带去了一些小麦品种，种在那里做了一些实验。所以 1975—1976 那两年我就一直跟董老师在一起。我们住在一个屋子里。另外我们还有跑面（即试验基点）的任务，因为有些材料还种在别的县，看看在那种植的情况怎么样。所以有时候跟陶锟、岳大华、董老师我们都还去跑面，近处的我们骑自行车去跑，远处的坐长途汽车去。其他时间就回到中国农业科学院，参加麦类资源的保种、整理、鉴定工作。这样抓得比较紧。整个'文化大革命'期间唯独小麦资源没有丢失，保存的很完好。"[2] 可见，即使董玉琛被派到了北

---

[1] 钱曼懋访谈，2014 年 5 月 2 日，北京。资料存于采集工程数据库。

[2] 孙雨珍访谈，2014 年 7 月 22 日，北京。存地同上。

京市延庆县蹲点,她也念念不忘回中国农业科学院开展麦类品种资源的保种工作,正是她这种不懈的努力,才保存了一批珍贵的麦类品种资源,为后来我国小麦育种工作提供了条件。

组织编制《全国小麦品种资源目录》

1974年6月农业部召开了农作物品种资源工作会议,并转发了《加强农作物品种资源工作的意见》,要求认真清理现有品种资源,建立品种档案,编写农作物品种资源目录和品种志。1976年4月,中国农林科学院召开了小麦科研重点院所的小麦品种资源工作者座谈会,商讨编制小麦品种资源目录事宜,并向全国印发了编写目录的表格,请各地填写。1977年5—6月中国农业科学院召集全国各地小麦品种资源工作者,汇集已填写的小麦品种资

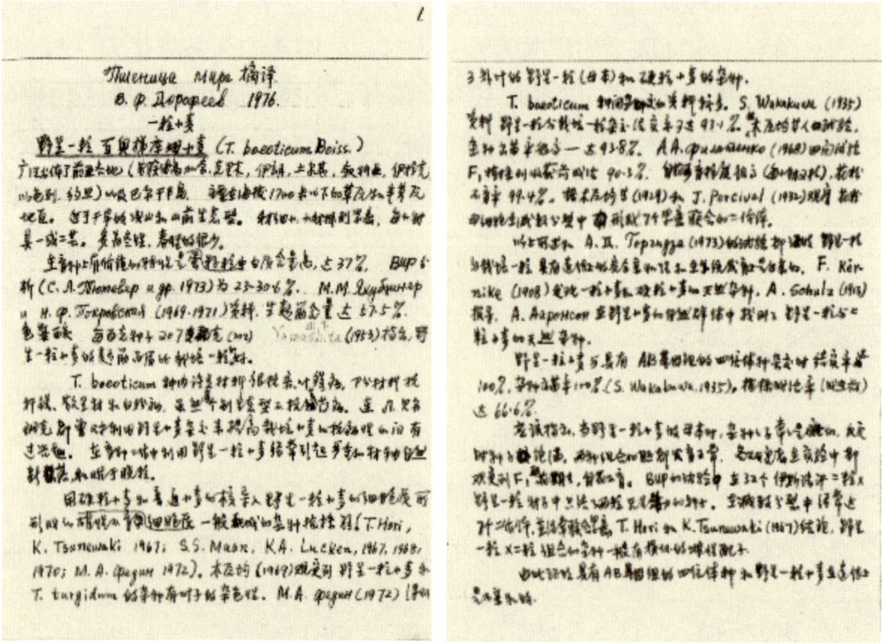

图5-5 董玉琛翻译《世界小麦》的手稿(1976年)

源表格。随后，几经修改和补充，汇编成《全国小麦品种资源目录》上、下册，于1980年和1981年由农业出版社正式出版。这是我国最早正式出版的作物品种资源目录，它对我国小麦育种选择亲本和作物品种资源研究，都起到了很大作用。

在《全国小麦品种资源目录》编制过程中，董玉琛倾注了大量的心血。这两册目录虽然由卜慕华主持，但是具体的组织协调、内容的设置、汇总和审改，最终成册，都是董玉琛带领钱曼懋等人实施的。《全国小麦品种资源目录》（上、下册）获1982年农牧渔业部技术改进一等奖。

"文化大革命"后期，董玉琛翻译了瓦维洛夫的名著《主要栽培植物的世界起源中心》（1982年出版），还与同事合译了苏联乌克兰栽培育种遗传研究的 C. B. 拉宾诺维奇所著《小麦的现代品种及其系谱》（1977年出版）和全苏植物栽培学研究所（今瓦维洛夫全俄植物栽培科学研究所）主要小麦专家编写的《世界小麦》（1982年出版），并与许运天合著现代农业科学讲座丛书《作物品种资源》（1981年出版）[23]。这些著作对我国小麦育种和品种资源研究起到了相当大的借鉴和推动作用。

图 5-6 《全国小麦品种资源目录》

图 5-7 《主要栽培植物的世界起源中心》

第五章 不畏艰难 情系小麦资源

第六章
致力亲为　创建作物种质资源学科及工作体系

　　1949—1977年，是中华人民共和国作物种质资源研究的创建时期。这一时期，董玉琛从苏联留学回国，在全苏植物栽培学研究所（今瓦维洛夫全俄植物栽培科学研究所）的进修经验，使董玉琛更坚定了研究方向，投身到我国作物种质资源的研究和学科创建中。"文化大革命"期间，作物种质资源的研究遭受挫折，董玉琛并没有放弃。1978年3月18日，全国科学大会在人民大会堂召开，科学界迎来了春天。我国作物种质资源研究也随之迎来恢复和发展的时机，董玉琛积极推动成立作物种质资源的研究机构——作物品种资源研究所、协助召开全国品种资源工作会议、参与学术刊物《作物品种资源》的创建、出国考察交流、建议改进我国作物品种资源工作，促使我国作物种质资源工作体系逐步形成。1986年以后，随着现代化国家作物种质库（长期库和中期库）和多年生作物种质资源圃的建成及30多万份的种质资源入库（圃），我国作物种质资源学科进入了大发展的阶段。[27]

推动成立品种资源研究所

在十年"文化大革命"期间,中国农业科学院作物育种栽培研究所的品种资源研究室被取消,相关研究人员也被下放,许多作物品种资源丢失。我国刚刚起步的品种资源研究工作遭受重大挫折。1972年周恩来总理亲自抓科研教育工作,使得科研工作开始出现转机。1973年春,中国农林科学院筹建了农业研究所,农业科研工作开始恢复。1976年10月粉碎"四人帮"后,中国农业科学院将下放在各地的研究所收回,对所属的科研机构进行调整。1977年8月,农业研究所改名为农作物栽培育种研究所。1977年,董玉琛从北京市农林科学院调回作物栽培育种研究所。此后,董玉琛便积极参与到作物品种资源研究所的筹建工作中。据信乃诠回忆,董玉琛在作物品种资源研究所的成立过程中做了许多具体的工作。1978年,在时任农林部副部长的何康视察中国农业科学院过程中,董玉琛抓住向何康汇报的机会,讲述了我国作物品种资源非常丰富,但研究和保护不足的现状,陈述建立作物品种资源研究所的必要性和重要性。据当时一起参加汇报的江朝余回忆:"到1977年之前,老董(董玉琛)随中国农业科学院作物育种栽培研究所下放到北京市,到1977年把她调回来,调到农作物栽培育种研究所。因为她是搞品种资源的。1978年初夏,农林部副部长何康来中国农业科学院调研。有一天下午我得到通知,当天晚上七点到张维城院长的办公室向何康部长汇报,种子库的筹建情况和建立作物品种资源研究所的必要性。当时确定了老红军王晓、许运天、董玉琛和我。那天晚上,我们四个人,在当时的党委办公室,向他(何康)汇报。董玉琛关键就讲了品种资源的重要性,为什么要迅速建立品种资源研究所,我觉得那天晚上的那个汇报,是非常关键性的。大概3个月以后,农业部就迅速批准作物品种资源所成立。……在这个晚上,关键是老董(董玉琛)做汇报,她从留学苏联感受到品种资源的重要性。我们国家有五个气候带,比苏联的气候带多,而且我国的海拔

第六章 致力亲为 创建作物种质资源学科及工作体系

高度变化大，有的地方几千米，北京海拔才50米，喜马拉雅山有几千米，西北2000多米。所以我国的高差大，气候变化大，种质资源丰富，董所长把这些讲给何康听。……这一次是董所长起了关键作用，汇报中国品种资源的丰富性。"①江朝余认为，这天晚上何康副部长听到董玉琛关于我国品种资源丰富性和重要性的汇报，对作物品种资源所的成立起了关键性的作用。②

1978年3月18日，全国科学大会召开，科学界迎来了春天。中国农业科学院也开始逐步恢复科研机构，重新组建科研队伍。1978年4月18日，农林部以（78）农林［科］字第56号文，批准"同意成立作物品种资源研究所。该所人员可从已决定收回下放北京市的作物育种栽培研究所统一调配。"但对原有的作物栽培育种研究所如何处理，作物品种资源研究所如何筹建等问题还没有具体的指示。1978年4月19日，中国农业科学院院长金善宝，主持召开了"品种资源和作物育种"学术讨论会，出席会议的有当时的作物育种栽培研究所、农作物栽培育种研究所和院科研部的科技人员、领导干部共30余人。参会人员就品种资源的重要性、品种资源与作物育种的关系等进行了热烈讨论。董玉琛在会上发言，认为"我国是世界上物种资源最丰富的国家之一，苏、美和日本垂涎三尺，这次我们成立了作物品种资源所，从组织上保证了工作的开展，十分必要。"③

此后，中国农林科学院发布农林科学院（78）农林革［科］字第78号文通知召开专业所工作会议，要求各所（其中有作物品种资源所）准备各项材料，包括建所的经验和打算，本所科学技术发展规划以及科研管理制度等。在王晓、许运天等的领导下，董玉琛积极参与到制定作物品种资源研究所建所方案，确定研究方向和任务等工作中。1978年5月，鉴于原下放北京市的作物育种栽培所已经收回，新成立的农作物栽培育种研究

---

① 江朝余访谈，2014年2月15日，北京。资料存于采集工程数据库。
② 江朝余访谈，2014年3月19日，北京。存地同上。
③ 品种资源和作物育种学术讨论会简报，中国农业科学院作物科学研究所科研档案，1978年1卷，第209-210页。资料存于中国农业科学院作物科学研究所档案室。

所逐步转向品种资源工作，农作物栽培育种研究所提出在该所的基础上，筹建作物品种资源研究所，并完成了《中国农业科学院作物品种资源研究所建所方案（讨论稿）》。在该方案中对中国农业科学院作物品种资源研究所的定位是"成为全国农作物品种资源研究工作的中心"，提出"以稻、麦、玉米、杂粮、小杂豆等粮食作物为主要研究对象，并负责组织全国有关单位协助，开展对各种农作物品种资源的研究工作"。作物品种资源研究所的具体研究任务包括五个方面："①以稻、麦、玉米、高粱、糜、谷和小杂豆为对象，深入开展品种资源的搜集、研究、保存、利用和创新工作；②保存全国的农作物品种资源，组织协调全国品种资源的研究工作；③统一归口管理我国的品种资源对外交换工作；④组织本所各研究室和地方有关单位组成考察队，有计划地搜集、研究国内外农作物品种资源并总结引种规律；⑤结合品种资源工作，开展有关遗传、生理等基础理论和特性鉴定方法的研究。"① 此外，该方案中还包括研究所的组织机构人员编制、科研的组织管理和实施、科研队伍的建设、党的领导以及1978—2000年的规划等内容。

1978年6月23日，中国农业科学院党组批准董玉琛、王世杰任作物品种资源研究所副所长②。7月25日中国农业科学院以（78）农业科学院［办］字第63号文，通知"自1978年8月20日起启用作物品种资源研究所等18个研究所公章"，作物品种资源研究所正式建立。8月7日，中国农业科学院领导在全院大会上宣布"在原农业所和作物所品资室基础上建立作物品种资源研究所"。9月20日，中国农业科学院政治部任命作物品种资源研究所各个处室的领导，选举和成立了所党委，并建立了党支部。王晓任第一届党委书记，许运天和史孝石任副书记。董玉琛被选举为作物品种资源研究所第一届党委委员。10月，作物品种资源研究所对全所科技人员进行了技术职称评定工作。科研人员中高级职称5人，中级17人，初级81人，技术员20人，行政干部15人。11月21

---

① 《中国农业科学院作物品种资源研究所建所方案（讨论稿）》，1978年5月。资料存于采集工程数据库。
② 《中国农业科学院作物品种资源研究所所志（1978-1998）》，1998年8月，第160页。

第六章 致力亲为 创建作物种质资源学科及工作体系

日，农林部政治部批准王晓任作物品种资源研究所所长，许运天、董玉琛、王世杰任副所长。1978年底，作物品种资源研究所的筹建工作基本结束，共有职工152人。作物品种资源研究所的机构设置和调整完成后，在全所职工广泛讨论基础上，提出本所的主要任务是"对农作物品种资源广泛收集、妥善保存、深入研究，积极创新，充分利用"的二十字方针，并根据研究任务制订了科研工作程序和课题研究计划[①]。此后，为进一步加强作物品种资源研究所的学术研究，作物品种资源研究所于1979年7月3日成立了第一届学术委员会，许运天任主任，董玉琛和邱式邦任副主任。中国农业科学院作物品种资源研究所作为全国作物品种资源研究的中心，率先建立起来。

图6-1 作物品种资源研究所第一届领导班子成员合影（左一为董玉琛）

---

① 《中国农业科学院作物品种资源研究所所志（1978—1998）》，1998年8月，第25页。

参与创建中国作物种质资源学科

中国农业科学院作物品种资源研究所成立后，为了进一步推进全国品种资源研究工作体系的建设，推动品种资源工作在全国范围开展，中国农业科学院决定于1979年召开全国品种资源科研工作会议。为了将这次会议开好，中国农业科学院召开了筹备会议，会上成立了筹备领导小组，由金善宝院长担任组长，副组长为张祚荫[1]、王晓[2]，秘书长是许运天[3]、薛毅[4]、董玉琛、耿兴汉[5]，会议设文件组、简报组、联络资料组、会务组等，其中文件组是由董玉琛、黄佩民等12人组成[6]。黄佩民回忆："1979年2月，第一次全国作物品种资源科研工作会议在合肥召开。这次是科研工作会议，邀请我做专家，他们也知道农业部的会议文件是我起草的。董玉琛同志打电话给我，这次是要我帮他们起草文件。……后来董玉琛打电话告诉我说，是他们这个班子研究想请我帮忙，帮他们起草会议文件。所以这样我就直接介入了这次会议。我是负责会议文件起草，会议我也参加，他们领导人研究问题的会我也参加。"[7]

1979年2月16—25日，在中国农业科学院作物品种资源研究所的精心筹备下，"全国农作物品种资源科研工作会议"在安徽省合肥市稻香楼宾馆顺利召开。会议由中国农业科学院主持，出席会议的代表235人。2月19—20日举行大会学术报告，其后是分组讨论，大会一共分了9个组开展讨论。董玉琛担任大会的副秘书长并作大会学术报告，报告题目是"小麦稀有种及其在育种中的利用"，该文后来被发表在《中国农业科学》1979

---

[1] 张祚荫：时任安徽省革委会副主任。
[2] 王晓：时任中国农业科学院作物品种资源研究所所长。
[3] 许运天：时任中国农业科学院作物品种资源研究所副所长。
[4] 薛毅：时任安徽省农业科学院办公室主任。
[5] 耿兴汉：时任中国农业科学院作物品种资源研究所科研处处长。
[6] 全国农作物品种资源科研工作会议会前材料，中国农业科学院作物科学研究所科研处档案1979年1卷第21页。资料存于中国农业科学院作物科学研究所档案室。
[7] 黄佩民访谈，2014年1月12日，北京。资料存于采集工程数据库。

年第 3 期。大会期间印发的会议简报报道了这篇文章："据报道，现已发现小麦种 26 个，其中两个原产于我国，在生产上利用的主要是普通小麦 1 个种，其它为稀有种。稀有种的直接利用价值不及普通小麦，但个别性状常常显著超过普通小麦。例如，栽培二粒小麦、硬粒小麦、提莫菲维小麦、波斯小麦和密穗小麦的某些材料是锈病，白粉病或黑穗病的抗原；用圆锥小麦与普通小麦杂交，可创造大穗品种；而圆锥小麦的大粒类群、硬粒小麦、东方小麦则是选育大粒品种的重要原始材料。许多小麦稀有种，特别是有些野生种，是高蛋白育种的好亲本；利用提莫菲维小麦已育成不育系，而许多稀有种又含有恢复提型不育系的基因；栽培二粒小麦和波斯小麦的耐低温和马卡小麦的耐湿性，都具有很好的利用价值。当然，小麦稀有种也存在一些缺点，但这些并非是不可克服的"[①]。董玉琛在这篇文章中列举了大量的事例来说明"小麦稀有种利用是有效和有前途的"，她指出"在现代小麦生产水平不断提高，对品种的要求日益严格，而育种的原始材料又普遍感到贫乏的情况下，利用稀有种进行种间杂交，创造更为丰富的杂种群体，从中选出优良性状超亲的新品系或具有特殊经济性状的新类型，其潜力很大。因此，研究小麦的稀有种，并在育种中加以利用是十分必要的。"[28] 这是董玉琛关于小麦稀有种研究的第一篇论文，此后，她对我国小麦稀有种及其野生近缘植物进行了深入的研究，并取得了重大的成就。

"全国农作物品种资源科研工作会议"讨论拟定了有关全国农作物品种资源工作的规定和办法，初步落实了 1979—1985 年农作物品种资源研究规划和 1979 年的协作研究计划。在会后上报给农业部的"中国农业科学院关于全国农作物品种资源科研工作会议情况的报告"中，对这次会议取得的成绩进行了总结"这次会议的重要收获有三个方面：（一）提高了对品种资源重要性的认识。农作物品种资源中蕴藏着各种性状遗传基因，既是育种工作的物质基础，也是生物学研究的重要材料，是极其宝贵的自然财富，掌握品种资源的广度和深度，是当今衡量农业生产和农业科学发展

---

① 《全国农作物品种资源科研工作会议简报》第 18 期，中国农业科学院作物科学研究所科研处档案 1979 年 2 卷，第 142-143 页。资料存于中国农业科学院作物科学研究所档案室。

水平的重要标志之一。（二）明确了品种资源科研工作的赶超方向，在搜集方面，要有计划、有目的地到特定地区进行勘察采集，特别注意对近缘野生植物的考察搜集，并要加强引进国外品种资源；在繁殖、保存方面，要重视保持原种的遗传多样性，不使基因丢失；在鉴定研究方面，要注重微观的、多学科的综合鉴定研究，在组织管理方面，要由国家制定法令保护，作为国家事业积极开展工作。（三）初步拟定品种资源管理体系和落实国家规划任务。会议拟定的《全国农作物品种资源工作暂行规定（草案）》中，提出受农业部委托，中国农业科学院作物品种资源所统筹主管全国农作物品种资源工作。院属有关专业所和一些省、地单位，分别主持各作物的全国品种资源工作。各省、市、自治区农业科学院，主持本省、市、区品种资源科研和管理工作，形成一个工作体系。会议拟定《农作物品种资源对外交换和国外引种的暂行管理办法（草案）》提出由中国农业科学院作物品种资源所负责统一归口管理。会议拟定了《1979—1985年农作物品种资源研究规划（草案）》和《1979年农作物品种资源研究工作协作计划》，研究规划共列4个项目：①农作物品种及近缘野生植物的搜集和引种规划的研究；②农作物品种资源保存技术的研究；③农作物品种资源主要性状的鉴定研究；④主要农作物的起源、演化、分类、生态、遗传等理论研究及新种质的创造。"[1]

黄佩民在回忆这次会议取得的成果和董玉琛所做的工作时，这样说到："董玉琛同志做一些背后的工作，张罗事情，接待人。后来我们制定了一个《全国农作物品种资源工作暂行规定》，明确了中国农作物品种资源工作的方针，各级农业科研单位在作物品种资源工作中的责任，要求形成全国的科研协作网，提出了抢救种质资源为中心的1979年的科研规划，'六五'的研究计划，这有本书《中国农业科技工作五十年》第274页都记载了。……虽然是许运天同志出面，但是董玉琛同志也起了很多作用，所以我很同意，

---

[1] 见农业部发（79）农业［科］字第16号文件"批转中国农业科学院关于全国农作物品种资源科研工作会议情况的报告"，批文之附件1为全国农作物品种资源科研工作会议情况的报告，中国农业科学院作物科学研究所科研处档案1979年1卷，第215-221页。资料存于中国农业科学院作物科学研究所档案室。

这个《华美人生——董玉琛传略》中提出的"董玉琛协助所长筹备和召开了第一次全国农作物品种资源工作会议，与王晓等提出'广泛收集、妥善保存，深入研究，积极创新，充分利用'，作为作物品种资源工作的二十字方针，制定全国作物品种资源研究工作规划，明确各级单位的分工和职责"的提法。她是专门搞品种资源工作的，我个人是觉得这次会议文件起草过程中，整个所的筹建方针董玉琛同志是起了这么个作用。"①

江朝余在回忆作物品种资源所成立和全国农作物品种资源科研工作会议时也认为董玉琛发挥了独特的作用。"1978年品资所成立和开这个会议，是一个里程碑，可以这么讲，董所长在这方面发挥了独特的作用。因为只有她才能把这个事情讲得清楚，因为她原来留苏的时候，就学习这方面的工作。回国以后，在作物所，当了很长时间原始材料室的主任。"②

为增强对作物品种资源研究工作方针任务的认识和进一步提高研究水平，1980年1月5日—2月5日，受农业部委托，中国农业科学院作物品种资源研究所在北京举办了全国第一期作物品种资源训练班。训练班的学员来自全国各省、市、区农业科学院和中国农业科学院各有关专业所共计60人，多数学员毕业于高等农林院校，并从事品种资源工作多年，具有丰富的实践经验。训练班的教师共计19人，其中董玉琛等11人为品种资源研究所的专业研究人员，此外还从北京大学、北京农业大学、北京师范大学、中国科学院、内蒙古大学等单位请了8位教授、副教授（副研究员）来授课。训练班的课程设置为3大部分，共18讲，其中概论部分3讲，基础部分5讲，专业部分10讲。大部分课程均由教师事先编写好教材打印讲义给学员③。在学习期间，学员们刻苦攻读，所有学员圆满结业。通过学习，学员们进一步明确了作物品种资源研究的方针、任务和范畴，学习了作物品种资源研究的基础知识，对今后提高研究水平大有帮助。这批学员逐步成为我国作物品种资源研究的骨干力量。

1980年10月，董玉琛参加了在太原召开的"山西省作物品种资源

---

① 黄佩民访谈，2014年1月12日，北京。资料存于采集工程数据库。
② 江朝余访谈，2014年3月19日，北京。存地同上。
③ 《中国农业科学院作物品种资源研究所所志（1978-1998）》，1998年，第26-27页。

补充征集工作会议"和"山西省玉米育种协作会议",并在会上作了题为"农作物品种资源工作国内外情况和当前任务"的讲话[①]。她在讲话中首先明确了农作物品种资源工作的对象是农作物品种资源,并把农作物品种资源细化为存在于作物变异中心(即起源中心)的地方品种、原始品种、野生种、杂草种、野生近缘种、栽培种与野生近缘植物的天然杂交种和存在于作物育种中心的推广品种(包括过去推广和现在推广的品种)、有特点的品系(包括从地方品种中选出的纯系)、特殊遗传材料(如突变体、多倍体、非整倍体、属间或种间杂种、细胞质源)、病菌鉴定寄主、病毒指示植物两大类。她指出品种资源工作的任务就是对这些品种资源进行广泛收集、妥善保存、深入研究、积极创新和充分利用。她认为变异中心的品种资源是经过长期自然选择(有的还经人工选择)而形成的适于特定环境的基因综合体,其中蕴含着潜在的利用价值,一旦灭绝,很难再造。因此,变异中心的品种资源是第一性的,最为重要。接着,她分别介绍了美国、苏联、日本农业技术研究所、菲律宾国际水稻研究所以及国际植物遗传资源委员会(IBPGR)的品种资源工作概况。最后,董玉琛通过论述我国是世界最大的作物起源中心和新中国成立前对品种资源工作的忽视,指出应大力加强我国的品种资源工作,而当前的主要任务是搞好收集和保存,"我国品种资源工作的方针是广泛收集、妥善保存、深入研究、积极创新和充分利用,而当前的主要任务是首先搞好收集和保存。不能让已经收集起来的和仍然生长在我国土地上的品种资源继续丢失"。在农作物品种资源收集的工作方针上,她认为目前应该"普遍补充征集与重点深入考察相结合,尽快把国内资源收集起来"。在作物品种资源保存上,她根据国外经验和我国实际情况提出"全国一盘棋,有计划地建设"现代化种子库来保存品种资源。她认为"长期库建筑工艺水平要求高,建成后耗电多、花费大,全国有1—2个即可,保存全国材料。各省可建立一个中期库保存本省材料。保存任务较小的一些单位,可以因地制宜地创造一些条件,分工负责地把资源保存起来"。董玉琛的这些建议在我国品种资源工作体

---

① "农作物品种资源工作国内外情况和当前任务"一文,有山西农业科学院作物品种资源研究室1980年10月油印单行本。资料存于采集工程数据库。

图 6-2　山西品种资源会议代表合影（前排左四为董玉琛，1980 年）

系和现代化种质库的建设中发挥了重要的作用。

自 1979 年全国农作物品种资源科研工作会议召开后，我国品种资源工作得到全面恢复和发展，"3 年来，在全国范围开展了农作物品种资源的补充征集和重点考察搜集；建造了种质贮藏设施；继续进行了国外引种并组织了多种作物多门学科的协作鉴定研究，初步取得了一些科研成果。作物种质资源这一新的学科，已在祖国的大地上开始茁壮成长"[1]。为了适应作物品种资源学科发展的需要，1981 年，作物品种资源研究所提出试办《作物品种资源》，主要刊登我国作物品种资源的研究成果，为广大作物品种资源工作者提供学术交流平台。《作物品种资源》的临时编委会，以作物品种资源研究所的学术委员会成员为基础，许运天担任主编，董玉琛、俞履圻、曹骥为副主编，责任编辑为陆炜（组长）和马光宙。1981 年 10 月 27 日，经中国农业科学院领导批准，由作物品种资源研究所试办

[1] 致读者.《作物品种资源》，1982 年第 1 期，第 1 页。

的《作物品种资源》创刊。1982年8月,《作物品种资源》第一期试刊。创办者们希望通过《作物品种资源》"可以了解我国丰富多彩的作物品种资源,增强热爱社会主义祖国的热情;通过它可以了解我国作物品种资源工作的现状、发展动向、成就和水平,互通情报,交流经验;通过它可以开展学术讨论,百家争鸣,集思广益,群策群力,相互促进,把我国的作物品种资源工作办得更好。"该刊主要面向"农业科技人员、农业院校师生,以及具有一定文化程度的农业工作者和农村知识青年等"。

图6-3 《作物品种资源》创刊号,1982年第1期封面

《作物品种资源》第一期为16开,52页,一共15篇文章。其中刊有王晓的"作物品种资源研究工作概论"、游修龄的"我国小麦品种资源的历史概述"、董玉琛的"小麦的近缘植物"、钱曼懋等的"我国小麦品种资源的利用和发展"等重头文章,期刊还报道了我国种质评价实验室考察组赴日本和美国考察的情况。董玉琛在"小麦的近缘植物"一文中分析了小麦近缘植物的类别、小麦近缘种、属的遗传结构,指出小麦近缘植物在小麦育种和遗传上的重要价值,较早的提出应该广泛收集和鉴别小麦近缘植物[29]。《作物品种资源》在发行之初,定为季刊,后很快向全国发行,逐步缩短出版周期,改为双月刊,月刊。刊物内容也从作物品种资源研究成果为主,扩展到相关领域,及时报道我国作物品种资源工作最新动态、交流行业经验,促进了作物品种资源学科的发展。2000年该刊衍生为两个刊物《植物遗传资源学报》和《中国种业》,至今均已成为我国相关领域的权威刊物。

借鉴先进经验，改进我国作物品种资源工作

1979年，我国的作物品种资源工作刚刚恢复，为了进一步了解国外品种资源工作的开展情况，组建了中国作物品种资源考察小组，于7月9日—8月5日赴美国考察品种资源工作。中国作物品种资源考察组由许运天、董玉琛、孙大容[①]、李铮、江朝余、应存山[②]、赵伟钧7人组成。据江朝余回忆"赵伟钧是翻译。李铮是农业部的，他不是搞品种资源的。孙大容是油料所的"[③]。许运天为组长，董玉琛为副组长，是考察组中唯一的女科学家。这次考察的任务是"了解美国在作物品种资源方面的科研管理方法和有关规章制度，研究工作的内容、方法和科研条件，以及美国品种资源工作的发展动向"，目的在于"学习他们的长处，以便作为开展我国作物品种研究工作的借鉴，并作为今后进一步开展科技交流的参考"[④]。美国农业部对考察组的来访非常重视，在马里兰州的贝尔茨维尔农业研究中心[⑤]，美国农业部为考察组举行了欢迎仪式，并派出一个地区种子站的人员来陪同，我们进行了将近一个月的考察，这是一个最长时间的考察。从美国的东部一直到西部，经过十几个州。中国考察组里面只有一个女同志，就是董所长。所以当时董所长是很显眼。

---

① 孙大容（1922- ）：男，吉林通化人，花生育种学家，农学家。1949年开始进入华北农业科学研究所工作，先后任中国农业科学院作物育种栽培研究所助理研究员、中国农业科学院油料作物研究所副研究员、研究员等。早期从事花生原始材料（品种资源）的收集、保存和研究工作。

② 应存山（1936- ）：男，江苏江浦人，研究员。博士生导师。1963年7月毕业于南京农学院农学系，而后在中国农业科学院原子能利用研究所、作物品种资源研究所从事科研工作。1982年调入中国水稻研究所，先后任种质资源系主任、科研处处长、副所长、所长。长期从事稻种资源研究，先后主持多项国家科技攻关项目和国家自然科学基金项目。

③ 江朝余访谈，2014年2月15日，北京。资料存于采集工程数据库。

④ 中国作物品种资源考察组：中国作物品种资源考察组赴美考察报告，1979年10月26日。中国农业科学院科技情报研究所，1980年3月印刷。

⑤ 贝尔茨维尔农业研究中心：美国联邦农业部农业研究局管辖和资助的四大地区农业研究中心之一。位于马里兰州的贝尔茨维尔镇，距首都华盛顿24公里。设有遗传和种质研究所、植物生理研究所、植物保护研究所、农业环境质量研究所等。

美国农业部的记者就老是追着她，要拍她的照片。美国记者惊奇地问我们，'中国还有女科学家？'我说'她不仅是女科学家，还是很有名的女科学家'。美国农业部的记者写的报道和拍的照片，第二天我们就看到在美国农业部的《农业研究》上发表了，当时就有董所长的镜头，我们考察组的镜头。"[1] 考察组在马里兰州参观了贝尔茨维尔农业研究中心的植物遗传和种质研究所，重点考察了该所的种质资源研究室和全国植物引种办公室，参观了植物引种站和植物种质检疫中心。在科罗拉多州参观了全国种子贮存研究室。在衣阿华州和华盛顿州分别参观了两个地区植物引种站。此外还参观了先锋种子公司等六个种子公司和两个私人农场。考察组还先后与80多位美国科学家进行交流和讨论，了解他们正在开展的科研工作[2]。

董玉琛在考察过程中非常注意收集品种资源的相关资料，发展学者间的友好关系。江朝余讲述了在华盛顿州美国西部地区植物引种站考察，站长迪茨（S. M. Dietz）的父亲向考察组赠书的事件。

江朝余回忆："西部地区植物引种站的站长叫笛茨。这个人，对中国很友好。他父亲还懂中文，他收集了很多中文方面的书籍和有关品种方面的书籍。他当时跟董所长讲'我父亲，想送给你们一些书'。董所长说'那好啊，我们去接'。他说'你们带不走'，'我们以后给你邮寄去'。等我们回国后才看见。他自己包装邮寄，把十几箱有关的书籍寄到我们所里来。董所长就把书送给了院图书馆了。后来，董所长还邀请笛茨来看中国的品种资源工作，他很高兴，很满意在中国的访问过程。"[3]

在考察过程中董玉琛还很善于发现问题，启发思考。江朝余回忆"我们在去西北种子站的时候，看到一个家庭农场，就只有夫妻两个人，他都

---

[1] 江朝余访谈，2014年2月15日，北京。资料存于采集工程数据库。
[2] 中国作物品种资源考察组：中国作物品种资源考察组赴美考察报告，1979年10月26日。中国农业科学院科技情报研究所，1980年3月印刷。
[3] 江朝余访谈，2014年3月19日，北京。资料存于采集工程数据库。

是租用康拜因①、卡车等，就是 40 多岁的一个老头，把康拜因开过去收割小麦，装载到卡车上，然后把卡车开到美国的仓库，把小麦卸在里面。然后再回来收第二趟。当时董所长说'这个丘陵地区康拜因收割，要非常注意矮秆小麦，高秆小麦倒伏了以后，就很难收割了'。这事情给我们很大启发，所以董所长很注意矮秆小麦"②。

江朝余还讲述了他们在俄勒冈州考察无性繁殖保存基地时，董玉琛提出要注意学习无性繁殖作物的保存技术。"我们后来到了无性繁殖保存基地。无性繁殖保存的一些树，像茶树，他们在大网室里保存这些材料，无性繁殖作物具体怎样保存？当时董所长就很注意这方面的技术，因为我们中国有马铃薯所、茶叶所、蚕业所，我们也有很多无性繁殖的作物，应该怎么来保存？她说要注意这个问题。"③

在近一个月的时间里，中国作物品种资源考察组考察了美国有代表性的品种资源研究单位，获取了一批有关美国作物品种资源工作体系、管理方法及研究工作的资料，并购置了小型快速种子水分测定仪和小型种子清选机，考察工作进展顺利，完成了预期的考察任务。通过考察，考察组认为"美国对品种资源工作很重视，美国品种资源工作是比较先进的。经过一百多年的建树，从联邦政府到私人种子公司，已经形成了一个比较周密的品种资源工作体系和工作网，各单位职责分明，单位之间、学科之间、科学家之间协作得比较好，从品种资源的考察征集到分发利用，均有一定之规。品种资源的长期贮存，由国家统一组织安排；大量的性状鉴定工作有研究单位、使用单位或使用人分别进行，最后将结果汇总输入电脑贮存。这种集中与分散相结合的办法是很有成效的。此外，他们机构稳定，人员稳定，人员配备比较整齐，实验条件比较齐全，也是值得我们学习的。"考察组分六个方面总结了美国的品种资源工作呈现出的特点：①已经形成一个全国性的植物品种资源工作体系；②重视国

---

① 康拜因：Combine 的音译，谷物联合收割机，是能够一次完成谷类作物的收割、脱粒、分离茎秆、清除杂余物等工序，从田间直接获取谷粒的收获机械。
② 江朝余访谈，2014 年 2 月 15 日，北京。资料存于采集工程数据库。
③ 江朝余访谈，2014 年 3 月 19 日，北京。存地同上。

外引种，引种与检疫密切配合；③协作开展性状鉴定工作，全面鉴定与重点筛选相结合；④不断改善品种资源的贮存条件，加强贮存研究工作；⑤人员配备齐全，实验条件较好；⑥电子计算机在品种资源工作中已广泛应用。

1979年中国作物品种资源考察组访美，是中国农业科学院作物品种资源研究所建立后，第一次向国外派出的作物品种资源考察组。考察组在美国对品种资源工作体系、管理方法等方面的全方位考察，有助于我国品种资源研究工作的恢复和发展。为了进一步了解国外品种资源工作的方法和经验，1981年9月15日，根据中法农业科技合作协定，我国农业部派出了作物品种资源考察组赴法国考察3周。考察组由董玉琛带队，成员包括赵乃文、邱时桃、许志成，一共4人。考察组在法国国家农业研究院的克莱蒙菲朗、蒙彼利埃、阿维尼翁、凡尔赛、雷恩等五个研究中心的作物改良站，重点考察了小麦、大麦、玉米、向日葵、蔬菜等作物的品种资源和部分遗传育种工作，在法国国家科学研究中心的吉夫试验中心，重点考察了作物发育和生理实验室，参观了法国海外科技研究署和热带发展研究集团，考察了棉花、水稻、高粱、粟、蜡烛稗、油棕榈、咖啡、可可等热带作物的品种资源调查、收集、保存和研究工作，还在巴黎附近的米尼埃农场参观了农作物品种审定和种子检验工作。考察组还收集到小麦、大麦、玉米、谷子、高粱、棉花、蔬菜等种子194份。10月6日，考察结束时，法国农业科学院的Cauderon主持召开了考察总结座谈会，讨论了法国品种资源工作中的若干问题和今后继续合作的意见。考察组认为法国在作物品种资源工作上做了大量工作，取得显著成绩。尤其是在非洲和拉丁美洲等作物起源中心的热带作物品种资源考察中，收集了大量材料，取得了各种野生和栽培植物品种资源的地理分布和生态环境资料。此外，法国在大田作物、蔬菜和果树工作中，广泛收集和利用野生近缘植物，使抗病育种和杂种优势利用等方面有较大突破。法国遗传学家、生理学家、昆虫学家、育种学家等结合各自工作，分别鉴定品种资源的特性，品种资源工作者则利用电子计算机收集处理鉴定信息，提高了品种资源利用的效率。这些都对改进我国品种资源工作有所启发。参考法国所开展的品种资源工作，考察组建议我国要重视和加强品种资源工作，保持品种资源工作机构和人员的稳定；制定品种资源对外交换目录，积极扩大国外引种和国际种子交换；分工协作进行品种资源的鉴定研究。①

董玉琛在参加完赴美国和法国的品种资源考察后，还多次到其他国家考察。如1983年，董玉琛赴菲律宾国际水稻所参加国际种质资源工作会议。1985年，董玉琛赴美国参加国际小麦遗传资源工作会议。1987年，董玉琛率团赴日本参加东亚地区作物种质资源工作会议。在我国品种资源工作恢复和初步发展的时期，通过这些国外考察和交流，了解到国外作物品种资源的研究进展，学习国外作物品种资源工作方法、管理体系和保存技术等方面的经验，对改进和完善我国的作物品种资源工作有重要的意义。

推动和主持建成国家作物种质资源保存体系

"文化大革命"后期，中央一些有远见的领导，预见到未来对自然资源的过度开发，将会导致生态环境的恶化，使许多农作物品种资源濒临灭绝。为了抢救和保存这些珍贵的作物品种资源，1974年，国家计委发文到中国农林科学院（今中国农业科学院），要求抢救收集农作物品种资源，修建国家种质库来保存农作物品种资源。据江朝余回忆："国家计委副主任甘子玉贯彻中央的指示，有一段批文，大意是说，由于环境日趋恶化，我国农作物品种资源，特别是一些濒危的物种和野生种会很快消失绝种，因此，要尽快抢救保存，要尽快修建国家种质资源库来保存。农业部科技局藏成跃局长非常重视，指示要自行设计，自行施工，全部采用国产设备，修建我国第一座现代化的国家种子库来抢救保存种质资源。"[25]在收到文

---

① 董玉琛，赵乃文，邱时桃，许志成：中国作物品种资源考察组赴法国考察报告。1981年11月，中国农业科学院科技情报研究所1982年2月印；董玉琛，赵乃文，邱时桃：法国的作物品种资源，《世界农业》，1983年第4期，第27—29页。

件后，中国农林科学院（今中国农业科学院）开始着手筹建国家种质库的工作。1974年，国家作物种质库（1号库）筹备组成立，成员有江朝余、曾悟先和魏昌龄，由江朝余担任筹备组组长。

由于当时国内没有建设种质库的经验，对种质库建设和品种资源保存的相关技术不了解，种质库的建设非常缓慢，直到1977年，当时的中国农林设计院才将种质库的图纸设计完成[25]。

1978年，时任农林部副部长的何康视察中国农业科学院，王晓、许运天、江朝余和董玉琛汇报，江朝余便主要负责汇报种质库的筹建情况。江朝余回忆："当时我主要是汇报种质库进展当中的困难。我说面临的困难是我们不懂，国内没有这个技术，当时要到零下十几度的温度。我们从美国的资料开始看，种质库保存的第一个关键环节是如何让库体保持零下温度？第二个关键，是如何把种子盒密封。第三，要把种子的水分降下来，平常种子水分是10%—11%，种子入库要降到6%—7%。这个过程非常慢，又不能伤害种子的生命力。后来打听到只有北京三建公司建的首都体育馆下面可以滑冰，滑冰池比较大。那个滑冰池是要零下温度的。农业部科技局非常重视，局长张成耀亲自给我写介绍信，介绍我去北京市规划局三建公司。请他们支持，请他们重视。"①

1978年，作物品种资源研究所成立后，种质库作为研究室设立在作物品种资源研究所，由江朝余担任主任。同年，国家作物种质库1号库开始动工土建。据江朝余回忆，种质库的建设得到了时任作物品种资源研究所副所长的董玉琛的全力支持。江朝余还讲述了董玉琛和作物品种资源研究所员工一起搬软木砖的事迹。"种质库隔热采用一个办法，就是用软木砖。软木砖当时只有西安才有，于是我们去西安订货。西安厂家通过火车发过来，运到广安门，然后我们从火车上把软木砖运到所里。那天，运软木砖的卡车到了中国农业科学院的时候，董所长（董玉琛）正在组织开会。我去跟董所长讲软木砖到了，我说这个是一个很关键的材料啊！董所长马上把会停了，说全所同志，大家都去背软木砖。董所长也亲自动手，带头

---

① 江朝余访谈，2014年2月15日，北京。资料存于采集工程数据库；江朝余访谈，2014年3月19日，北京。资料存于采集工程数据库。

第六章 致力亲为 创建作物种质资源学科及工作体系 *103*

干，动员全所的同志，很快完成这个任务。我觉得老董那个好啊！"①1981年，种质库完成土建和设备安装。1985年2月正式开机运转，经过10次试运行，库房和机器运转正常，随后开始贮存部分长期和临时保存种子1万余份。1985年10月，通过农牧渔业部科技司技术验收。②

在国家作物种质库1号库的建设过程中，国家作物种质库2号库的建设也提上了议程。1980年1月20—23日，美国洛克菲勒基金会农业科学部主任J. A. 皮诺、副主任C. C. 格雷，应邀访问中国农业科学院，双方集中开会讨论开展科研合作的事宜。据江朝余回忆"1983年，洛克菲勒基金会的代表团到中国农业科学院来访问。当时负责接待的是副院长何光文和秘书长任志，我们所里是董所长和我参加，还有计算机中心的人员。当时，洛克菲勒基金会的成员提出'洛克菲勒基金会想帮助你们做个项目，请你们提项目'。我们老董（董玉琛），就讲了对种质库的要求"③。根据后来洛克菲勒基金会考察小组撰写的报告记载"会议参加者同意建立一个全国性的作物品种资源基因库，将是洛氏基金会进行协作的尤为合适的一个领域。……一月会议后，中国农业科学院向洛克菲勒基金会提出一份计划书式的建议，要求在北京援建一个中长期基因库。"④

据江朝余回忆，在争取洛克菲勒基金会援助的过程中，董玉琛还向对方明确提出了非常重要的援建原则，即援建种质库不能带有任何附加条件。"你们帮助我们建种质资源库以后，你们不可以任意来取里面的种子，你们同不同意这个条件。董所长当时就是坚持这个条件。⑤"1980年6月8—28日，洛克菲勒基金会组成了由洛克菲勒基金会农业科学部主任约翰A. 皮诺博士为组长的考察组，对中国作物品种资源的保存和利用情况进行考察。考察组成员包括洛克菲勒基金会科学部副主任C. C.格雷、植

---

① 江朝余访谈，2014年2月15日，北京。资料存于采集工程数据库；江朝余访谈，2014年3月19日，北京。资料存于采集工程数据库。
② 《中国农业科学院作物品种资源研究所所志 1978-1998》，1998年8月，第47页。
③ 江朝余访谈，2014年2月15日，北京。资料存于采集工程数据库。
④ 洛克菲勒基金会农业科学部，洛克菲勒基金会小组报告：以全国种子长期贮存设备为重点的中国作物品种资源的保存和利用（草稿），1980年。
⑤ 江朝余访谈，2014年2月15日，北京。资料存于采集工程数据库。

物科学家 K. O. 拉奇、植物病理学家 N. E. 布劳格、遗传学家兼国际水稻研究所水稻品种资源计划负责人张德慈、澳大利亚联邦科学和工业研究组织高级工程师 B. G. 吉布斯。中国农业科学院秘书长任志、品种资源研究所副所长许运天等人陪同洛克菲勒基金会考察组在北京、四川、湖北、浙江、上海等省（市）参观和讨论了作物品种资源工作。考察组了解到中国正在建设一个全国性的作物种质资源工作体系，认为中国迫切需要建立一个长期的国家种质库来保存作物种质资源。考察组协助中国农业科学院制订了"在中国农业科学院建设种质贮存建筑的初步计划"，考察组成员认为"鉴于中国当前在建筑长期种子贮存设施上取得精确温度和湿度控制方面的技术水平"，中国农业科学院提出的"希望洛氏基金会能够在建筑的设计、建筑材料、机械设备、监督建设方面提供帮助"是合理的。考察结束后，洛克菲勒基金会考察小组同意援助中国农业科学院建设现代化国家种质库的下一步方案。[①]

当时国家对作物种质库的建设非常重视，种质库的建设方案得到原国家科委、计委、财政部和农业部大力支持，并将其列入到"六五"、"七五"国家重点科技攻关项目中。国家作物种质库 2 号库的建设除了洛克菲勒基金会的援建外，还获得了国际植物遗传委员会的部分资助。

1984 年，董玉琛负责主持建设国家种质库 2 号库。国家作物种质库 2 号库的建设，聘请了张德慈博士担任技术顾问，由美籍华人陈璋源及美国 Geldback 公司制冷工程师 Kally 负责设计，北京建筑设计院六室协助绘制施工图，海淀二建公司农业科学院施工队施工。1984 年 8 月 15 日，国家作物种质库 2 号库破土动工，由农牧渔业部（今农业部）部长何康主持奠基典礼。由于得到了美国洛克菲勒基金会的援建，国家作物种质库 2 号库在建设过程中保温材料、种子盒等关键材料和技术都由美国提供，建设进展很快，当年便完成了主体工程，截至"六五"结束，按计划完成变电室工程和冷冻除湿设备的安装。

[①] 洛克菲勒基金会农业科学部，洛克菲勒基金会小组报告：以全国种子长期贮存设备为重点的中国作物品种资源的保存和利用（草稿），1980 年。

图 6-4 董玉琛（右二）参加国家作物种质库奠基典礼（1984 年）

图 6-5 董玉琛（左三）在国家作物种质库施工现场（1985 年）

  1986 年 10 月 15 日，国家作物种质库 2 号库竣工，中国农业科学院举行了国家作物种质库落成典礼。全国人大常委会原副委员长严济慈和美国洛克菲勒基金会主席莱曼共同剪彩。中外来宾 100 多人，参加了落成典礼。时任农牧渔业部部长的何康在典礼上发表讲话，指出"作物品种资源是人类的宝贵财富，是选育优良品种和大幅度提高农业生产的物质基础。我国是世界上作物品种资源最丰富的国家之一，国家作物种质库的落成，不仅为妥善保存这一宝贵资源创造了条件，而且将对今后我国农业科研和农业生产的发展产生重大影响。"[30]

国家作物种质库 2 号库落成后，由中国农业科学院作物品种资源所承担，董玉琛、江朝余等主持的国家"七五"重点科技（攻关）项目的专题"75-01-01 种质资源库配套技术设施"获得国家批准。通过其中的子专题"75-01-01-01 完善国家作物种质资源库"，在库体的密封、制冷机械的改进，密集型种子架的仿制和安装、种子筐和种子盒的选型和制作、种子处理设备的购置、安装和调试上对国家作物种质库 2 号库进一步完善，全面完成了各项计划指标，达到了设计要求。建成的国家作物种质库 2 号库建筑总面积 3200 平方米，成为了当时世界上最大的种质库之一，入库前种子处理设备和库内温度湿度条件都达到了国际先进水平。国家作物种质库 2 号库分为试验区、种子处理区、储藏区。储藏区有长期库 2 间，总面积 300 平方米，常年维持温度 -18℃ ±1℃，相对湿度 50%± 7%，可保存种质资源 40 余万份，种子生活力可维持 50 年或更长。另有可调库 4 间，温度可调节，供试验使用。种子处理区有熏蒸、发芽、干燥、包装等设备，日处理种子能力 200 份。试验区有种子储藏生理、超低温（液态氮）保存、茎尖保存试验室、标本室和计算机室。国家作物种质库 2 号库，是当时世界上先进的现代化作物种质库之一。

为了确保国家作物种质资源的安全，在董玉琛等专家的建议下，"八五"期间，国家又在青海西宁建设成了国家作物种质复份库，总面积 284 平方米，库温 -10℃，容量 40 万份，用来备份保存位于北京的国家种质库内长期保存的全部种质资源。此后，中国农业科学院有关作物专业所，部分省、直辖市、自治区的农业科学院也修建了种质资源保存中期库（一般库温为 0—10℃，容量 1—5 万份），负责中期保存有关作物或本省的作物种质资源，承担向鉴定和利用单位提供种子的任务。在全国各地建

图 6-6　国家作物种质库

图 6-7　国家作物种质库内储存的作物种质资源

立了国家作物种质圃、保存果树、茶、桑等无性繁殖的作物种质资源，还建立了甘薯、马铃薯等的试管苗库。

随着中国农业科学院收集农作物种子种类、数量的增加，以及对贮存技术要求的提高，国家作物种质库 1 号库难以满足需要。1999 年 3 月，农业部批准，在国家作物种质库 1 号库原址上，拆除旧库重新建设"国家农作物种质保存中心"。2002 年，"国家农作物种质保存中心"竣工并投入使用。"国家农作物种质保存中心"总建筑面积 3500 多平方米的由种质保存区，前处理加工区和研究试验区三部分组成。保存区共分成 12 间冷库，其中 5 间长期贮藏冷库，6 间中期贮藏冷库和 1 间临时存放冷库。长期贮藏冷库，贮藏温度常年控制在 $-18℃±2℃$，相对湿度（RH）控制在 50% 以下，主要用于长期保存从全国各地收集来的作物品种资源，包括农家种、野生种和淘汰的育成品种等。中期库贮藏条件是 $-4℃±2℃$，相对湿度 <50%，其种子贮藏寿命在 10 至 20 年左右。保存在中期库的资源可随时提供给科研、教学及育种单位研究利用及其国际交换。临时存放冷库用以临时存放送交来存入中长期贮藏冷库的种子。"国家农作物种质保存中心"保存设施投入使用后，不仅使得国家种质库保存总容量达到近百万份，并基本满足 30 年内我国发展的需要，同时也使得国家种质库种质资源能为我国作物育种和生产发挥更大的作用[①]。至 2002 年底，我国已经建成由"国家农作物种质保存中心"和国家作物种质库、国家作物种质复份库、国家种质圃四大国家级的作物种质资源保存设施以及中国农业科学院各专业所的作物种质中期库和各地农业科学院中期库相结合的全国作物种质资源保存体系，为我国的作物种质资源的安全保存、研究和有效利用提供了保障。

呕心沥血，制定作物种质资源工作体系

现代化的国家作物种质库建成后，董玉琛立即主持申请国家科研项目，由中国农业科学院作物品种资源研究所牵头，协调全国各地农业科学

---

① 中国作物种质资源网，http://www.cgris.net/cgris 国家种质库 .html。

院相关科研人员，组织全国种质资源繁种入库（圃）。这是一项巨大而繁琐的系统工程，为了有效地确定需要长期保存的种质资源，淘汰重复，保证入库（圃）种质的质量，董玉琛提出按作物组成全国协作组，按照作物编制全国作物种质资源目录，按目录入库（圃）的技术路线。这样，既可以剔除重复的种质、又给每份种质资源进行了国家统一编号。然后，各个作物协作组根据目录分工，繁殖种质提交国家种质库（圃）保存。

1984年，董玉琛主持召开了"第二次全国农作物品种资源科研工作会议"。这次会议制定了全国作物品种资源科研工作协调方案，对外交换管理办法，种子入库暂行管理办法，以及"七五"重点研究课题设想。这次会议后，国家将"75-01主要农作物品种资源研究"项目列为"七五"期间国家重点科技攻关项目，由当时的农牧渔业部主持，中国农业科学院等全国农业科研、教学单位共计489个单位参加。"75-01主要农作物品种资源研究"项目由"75-01-01种质资源库配套技术设施"、"75-01-02农作物种质资源特性鉴定及数据库的建立"、"75-01-03重点地区种质资源调查"三个课题19个专题、139个子专题组成。董玉琛、江朝余、苏文宽等负责主持"75-01-01种质资源库配套技术设施"课题，其下专门设立了专题"75-01-01-02 20万份作物种质资源入国家库贮存"。通过课题组成员的共同努力，在"七五"期间，完成了稻、小麦、大麦、粟、高粱、玉米、食用豆、大豆、油菜、花生、芝麻、棉花、蔬菜、黍稷及其他作物，总计15类，160种，204460份作物种子入国家种质库贮存。入库种子质量达到发芽率90%以上，净度在98%以上，种子含水量5%—7%（大豆8%）。同时建立了20万份入库种质资料档案，为种质资源数据库提供了3064755个数据，对部分种子入库数据应用了电子计算机进行辅助管理，在当时达到了种质库管理的国际先进水平。[31]"八五"期间，通过"85-001农作物品种资源研究"的专题"85-001-01作物种质资源保存"，完成31种（类）作物共计109974份种质的繁种更新和入国家库（圃）长期保存（入库101269份，入圃8705份），并实现了30万余份种质的复份入青海国家复份种质库贮存。[32]至2001年，国家作物种质库入库的种质已达到33万份，隶属35科，192属712种，这些种质的80%是从我国收集的，部分属于我国特有，其中国内地方品种资源占 60%，稀有、珍贵和野生近缘植物约占 10%[①]。国家作物种质库长期保存的种质资源数量仅次于美国和俄罗斯，处于世界第三位。国家作物种质库保存的丰富多样的种质资源，为我国作物育种、生物技术研究、农业的长期发展提供了雄厚的物质基础。

在这项事业中，董玉琛倾注了大量心血，贡献了自己的聪明才智。董玉琛深入研究了作物种质资源工作的内容和程序，提出了作物种质资源工作的一套工作体系："通过考察或引种收集到国内外材料后，先进行初步整理，淘汰明显重复材料之后编临时号。对国外材料需进行检疫。然后进行种植观察，记载简要性状，进一步淘汰重复和无长期保存价值的材料。并对每份材料给予永久性编号。然后交工作库（圃）或长期库（圃）保存。结合种植观察繁殖种子，并及时分发给育种工作者利用。同时，可与熟悉各种专业的人员合作，进行特性鉴定、评价和研究。一切收集、整理、初步观察、鉴定、研究和评价所得数据，都应经整理分析后输入电子计算机，以备检索利用，即所谓建立信息库。当长期库的种子发芽率降低，或工作库种子丧失生活力时，从长期库取出部分种子，加以更新繁殖，然后用新种子换掉发芽力降低的旧种子。工作库的种子同样必须定期更新。长期库内的种子状况（如数量、收获年份、发芽率等）也应输入电子计算机，利用电子计算机进行管理"。[33]

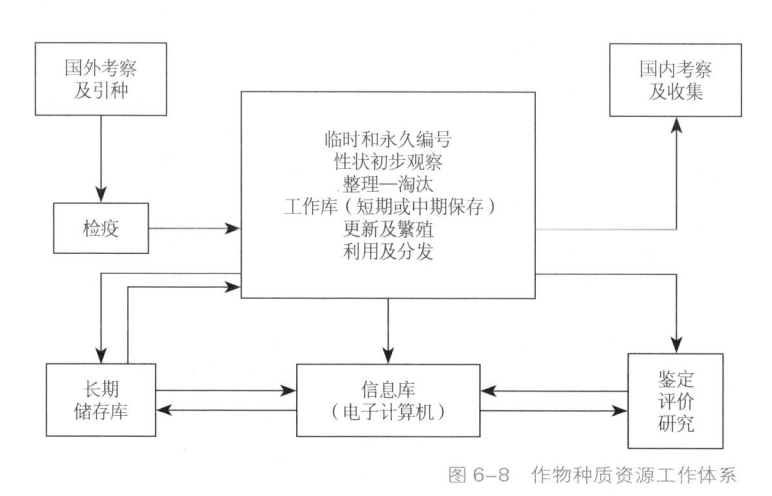

图 6-8 作物种质资源工作体系

---

① 中国作物种质资源网，http://www.cgris.net/cgris 国家种质库.html。

组织编制作物种质资源的技术规程

为了促进作物种质资源数据共享，董玉琛和刘旭组织全国40多个科研单位，500多名科技人员，开展了"中国农作物种质资源本底多样性和技术指标体系及应用"研究项目。该项目在中国农作物种质资源50多年科研工作的基础上，综合运用国内外有关标准（规范）和技术方法，经过5年的研究和反复修改，编写出版了《农作物种质资源技术规范丛书》110册。该丛书确定了粮食作物、经济作物、蔬菜、果树、牧草和绿肥等110种作物种质资源描述规范、数据标准和数据质量控制规范，连同编写的收集、整理、保存3个专项技术规程，形成了国内首次出版的农作物种质资源基础工具书，是农作物种质资源考察收集、整理鉴定、保存利用的技术手册。《农作物种质资源技术规范丛书》统一了10大类全国种质资源度量指标，研制了110种作物的15053个技术指标和336个技术规范，规范了

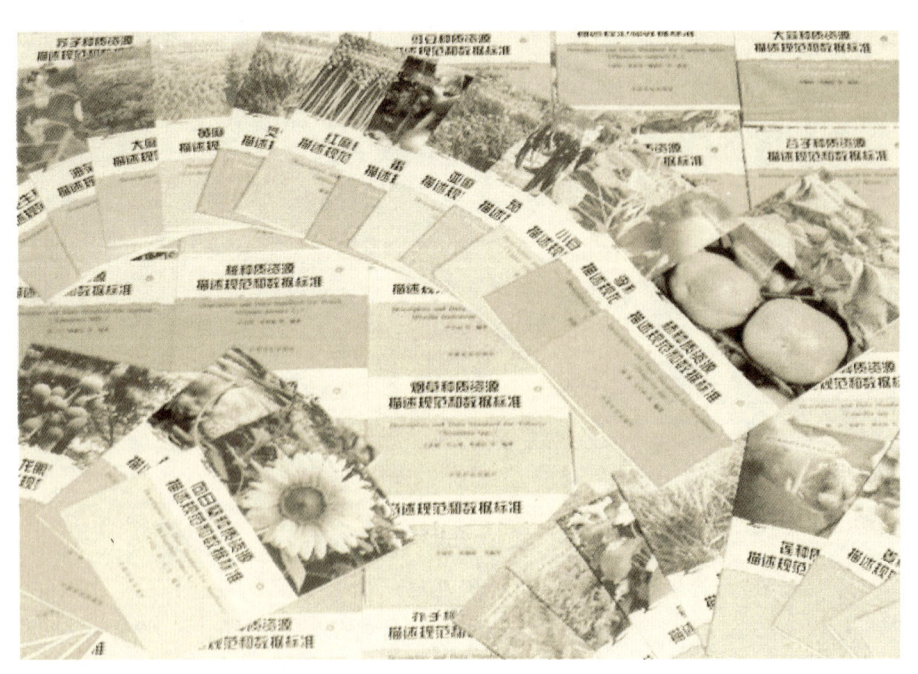

图6-9 《农作物种质资源技术规范丛书》

技术指标9436个，以及数据质量控制规范；创建了农作物种质资源科学分类、统一编目、统一描述的技术规范体系。从而使中国农作物种质资源收集、整理、保存、评价和利用全过程的描述规范化、数据标准化，并实现信息化和现代化管理，提高了农作物种质资源的整合、共享和利用效率。

《农作物种质资源技术规范丛书》是国家自然科技资源共享平台建设的重要组成部分，已经应用在中国作物种质资源的标准化整理和数字表达中。至项目完成时，已经标准化整理和数字化表达了20万份种质。同时，国际生物多样性中心和俄罗斯也采用了该技术规范。可以说，这项成果已经达到了国际领先水平。该项目，于2009年获得了国家科技进步奖二等奖。

图6-10 董玉琛获2009年国家科技进步奖二等奖证书

第六章 致力亲为 创建作物种质资源学科及工作体系

第七章
千辛万苦　带队考察小麦种质资源

收集是作物种质资源科研工作的首要环节，是种质资源工作的基础。中华人民共和国成立后到20世纪80年代中期，我国进行了两次大规模群众性的作物种质资源收集。第一次大规模收集是在20世纪50年代中期开展的地方品种征集的形式开展。据1958年初召开的"全国大田作物品种会议"统计，这次全国共收集到40多种大田作物近20万份材料（包括重复）。另据1963年和1965年两次不完全调查统计，全国共收集到蔬菜品种17000余份（包括重复）。不过在1974年的检测统计后发现，这些种质资源约有1/3左右失去了发芽力。为了进一步加强作物种质资源的收集，保存好我国作物种质资源，1979年6月，国家科委和农业部联合发出"关于开展农作物品种资源补充征集的通知"，要求各地迅速行动，及早部署开展农作物品种资源的征集工作。当年，贵州、湖北、陕西、上海、江西、浙江、四川、黑龙江等十多个省（市）立即部署，收效显著[34]。1980年2月26日至3月6日，中国农业科学院在北京召开了"全国农作物品种资源考察征集工作汇报会"，参加会议的有各省、市、区农业局、农业科学院负责人，交流农作物品种资源考察情况，总结经验，并商讨了下一步工作计划。1980年4月25日国家科委和农业部向全国转发了这次汇报会会议纪要，进一步推动了全国补充征集工作向纵深发展，并作为一项长期工作继续下去，不断丰富我国作物种质资源宝库①。1979—1983 年，各省、区、市开展的作物品种资源补充征集，是我国第二次大规模群众性的作物种质资源收集。据 1984 年"全国作物品种资源科研工作会议"统计，全国共征集到大田作物种质资源材料 10 万份，并重新收集了过去漏征的和丧失发芽力的作物种质资源。这一次作物种质资源的补充征集工作开启了我国国内作物种质资源考察收集的新时期[33]。

  从 1979 年开始，董玉琛便积极参与到作物品种资源的考察收集工作中。1980 年她参加了山西省农业科学院品种资源研究所举行的山西省作物品种资源补充征集工作会议，并做了"农作物品种资源工作国内外情况和当前任务"的讲话。1979 年 5 月和 1980 年 4 月，董玉琛先后两次带队赴云南进行麦类种质资源的考察。1982 年 6 月和 1983 年 6 月，董玉琛两次深入新疆，进行小麦种质资源的考察收集。董玉琛还通过实践总结出一套作物种质资源考察收集的方法，为作物种质资源考察工作者提供参考。1986—1990 年，在国际遗传资源委员会"世界小麦族种质资源收集"项目资助和国家的大力支持下，董玉琛带队跨越 12 个省（市、自治区），历时 5 年，对我国北方的小麦野生近缘植物进行了考察收集。

云南麦类品种资源考察与搜集

  云南是我国小麦种质资源的重要分布区。新中国成立初期，云南省的小麦地方品种类型丰富程度居全国之冠。但是随着良种的推广普及，许多地方品种几近绝迹。在 1979 年前，我国曾对云南农作物种质资源进行过多次考察收集。虽然 1955—1956 年全国第一次大范围的征集农作物地方品种过程中，已对云南省大部分县域的小麦地方品种进行了征集，但是，在道路险峻、交通不便的滇西北横断山脉高山峡谷区却从未进行过种质资源

---

① 《中国农业科学院作物品种资源研究所所志（1978-1998）》，1998 年，第 28 页。

的考察和收集，对滇西北地区的农业情况了解也很少。因此，在1979年云南省农作物种质资源考察中，董玉琛带队选择了滇西北这条最为艰险的考察路线，对滇西北的自然条件、农业生产条件以及小麦种质资源进行考察和收集。1980年，董玉琛又带队对滇西南我国特有的"云南小麦"进行了考察。

  1979年5月5日至6月9日，由董玉琛带队，中国农业科学院作物品种资源研究所的郑殿升、乔丹杨和云南省农业科学院的恩在诚组成的云南麦类品种资源考察组，对云南西北地区的麦类种质资源进行了考察。8月份，考察组又考察了中甸县、德钦县、维西县，顺路还考察了滇西的保山县和腾冲县。这次考察，历时共58天，行程5700公里。5月5日至6月9日的考察以贡山县为主，路途十分艰险。当时公路只通到贡山县的县城，考察组沿着怒江两岸的山间小道分两路徒步开展麦类资源的考察收集。董玉琛、乔丹杨以及当时怒江州农业局高局长为一路，沿着怒江东岸的山道考察；郑殿升、恩在诚以及云南怒江地区农业科学研究所的科技人员则沿着怒江西岸进行考察。怒江两岸的山路很窄，宽的地方才一米。山路一边是山，一边便是万丈深渊般的怒江，令人胆战心惊。董玉琛和考察队员手拿树枝，既当拐杖，又用来驱赶毒蛇。由于沿途鲜有人家，考察队还赶着马，驮着被褥和锅米油盐，在路上自己生火做饭。虽然条件艰苦，年过50岁的董玉琛不畏艰险，和考察队员同吃同住，沿途细致地考察收集麦类资源。

  据郑殿升回忆："我参加了云南麦类品种资源的考察。第一次考察是1979年的6月，到了云南的西北怒江州考察，那次考察主要是贡山县，当时的公路只通到贡山县城，由怒江州府六库到贡山县，由贡山县再到各个公社都是徒步了。到县城后，当地人员建议我们分两路考察，怒江的西岸和东岸各一路，沿着怒江走。没有公路也没有车路，都是山间小路。怒江是很险的，往前走的时候，一边是江，一边是山，这个江就是万丈深渊，悬崖。走的时候，心里比较害怕紧张。如果有点灌木丛长起来，把你眼睛遮挡起来了还好点。向导建议我们拿个小棍，走路的时候可以起到拐杖作用，也起到打草惊蛇的作用。怒江两岸的路是一样的。董先生一个女同志走这种路，比较艰苦，她那个时候年龄是 50 多岁了。那么大年龄的女同志非常不容易，这次考察我觉得是最艰苦的一次。"①

"当时群众生活条件也不好，我们考察行进的路上，吃饭和住都没有地方。我们只能自己带着行李和吃的东西，人背不动啊，怎么办？从县里面找了马帮，我们就出发了。董院士那个时候已经 50 多岁了，跟我们年轻人一样的，沿着这个曲折的，非常险的江边的路走，她有的时候就要骑着马走，有的时候步行。走到半路的时候看到一个房子，这间房有窗户没有窗楞子，有门框没有门扇，这个就是驿站。我们到里面一看就几个空木床，把自己带的行李铺开了睡觉，这就是当时的旅馆。路上没有吃的，我们自己带的米，带的锅，找几块石头支起来锅做灶，然后就焖米饭。柴火好找，干树木、干树枝有的是，找了就可以生火。菜没有，我们就在群众地里付钱挖土豆，自己带了一瓶油，就炒土豆片。生活很艰苦。走路我走得脚起泡了，走了一天休息了一夜，又走了半天，才走到了考察的目的地。董院士也一样。这次路是非常险，生活是非常艰苦。"②

1979 年，乔丹杨刚到中国农业科学院参加工作，便跟随董玉琛去云南考察，董玉琛不顾身体不适，野外环境恶劣，坚持考察，认真开展科研调查的精神给她很大的触动。乔丹杨回忆："董老师当时有高血压、心脏也不好。像我们坐飞机到昆明，没有一个逐渐适应的过程，而她下飞机就吐，吐得天昏地暗。后来我们就坐火车，坐三天四夜到云南，还好一点。在云南考察当中，我们去一些少数民族地区，都是山区，你在山底下可以听见山上说话，但是你往上走，得走 2—3 个小时。因为我那会儿年轻，身体好，我跟着当地人很快就上去了。董老师比我晚到一个小时，而且这一路上董老师吃了 4 片速效救心丸，才上到山顶。在这种情况下，她还是坚持，跟我们一样的考察强度。而且她更操心，比如说到考察目的地，我累了，我就躺倒床上睡了。她（董玉琛）得去考虑下一步的工作怎么安排。董老师在考察当中的精神，还有她的思想，很感染人。还有她和当地农业科学院、农业研究所、农业技术站的科研人员，

---

① 郑殿升访谈，2014 年 5 月 4 日，北京。资料存于采集工程数据库。
② 郑殿升访谈，2014 年 7 月 22 日，北京。存地同上。

以及少数民族村庄里的村长、农民、生产队长交往的时候，董老师永远是谦和、平易、非常亲切、不厌其烦、详详细细地考察"。"我们出去考察，吃喝拉撒整天在一起，一起经历了一些危险的事情。在云南少数民族地区考察的途中，我们住在大山里头少数民族村庄的竹楼里，少数民族那房子底下是竹子，上头是一个小楼，夜里狼就在底下叫。而且还有动物拱我们住的楼，楼就晃啊，吓得我跟董老师（董玉琛）都不敢睡觉。早上起来，我们俩到河边上去洗脸，手往水里一扎，感觉冰凉刺骨，把我手指头冻得好几天都是疼的。董老师也是在这样的环境里，我们考察都是这么一起走过来的，很艰苦。"①

1979年6月，考察组接到中国农业科学院作物品种资源研究所的通知，要求董玉琛回北京，准备去美国进行作物品种资源考察。据郑殿升回忆："所里来电话了，说董玉琛你赶快回来，去美国考察，你是考察队成员。为此便中断了考察，我们一起回了北京。"② 按照董玉琛的工作计划，8月初，郑殿升、乔丹杨和恩在诚，再次奔赴滇西北，继续进行麦类资源的考察。考察了中甸县、德钦县和维西县。

云南是我国小麦变种最为丰富的地区，此前已经发现了普通小麦40个变种、圆锥小麦4个变种、硬粒小麦2个变种和云南小麦亚种6个变种。1979年的考察一共搜集到36个小麦品种，大部分为群体，其中包括之前在云南发现的普通小麦、圆锥小麦、硬粒小麦和密穗小麦。搜集的小麦群体包括37个变种，其中10个变种是首次在云南发现的，8个变种是首次在国内发现的，2个变种在国际上尚未见过报道[35]。

1980年4月3日—6月4日，董玉琛再次带领由中国农业科学院作物品种资源研究所和云南省农业科学院粮食作物研究所联合组成的考察队进入云南西南地区，主要目的是考察收集我国特有的普通小麦亚种"云南小麦"，考察队考察了思茅地区（今普洱市）的思茅县（今思茅区）、普洱县（今宁洱哈尼族彝族自治县）、澜沧县，临沧地区的临沧县、永德县、镇康县、云县、凤庆县、双江县，保山地区的保山县、昌宁县，大理自治州的

---

① 乔丹杨访谈，2014年9月13日，北京。资料存于采集工程数据库。
② 郑殿升访谈，2014年5月4日，北京。存地同上。

漾濞县、巍山县，共计13个县，历时62天。"云南小麦"是我国云南省特有的普通小麦亚种，产于滇西南澜沧江和怒江下游，具有护颖坚硬，极难脱粒，穗轴硬而脆，受压力时易折断等原始性状，对研究小麦的起源演化具有重要价值。1937年，金善宝教授发现了"云南小麦"，1959年将其定为"云南小麦"亚种（*T.aestivum* ssp. *yunnanenes* King），经鉴定为六倍体。当时发现并定名了6个变种。据郑殿升回忆："到了1980年，我们又一次考察，还是在云南。这次主要是考察'云南小麦'，在当地叫做'铁壳麦'，也叫'粉光头'，叫'铁壳麦'是因为它的颖壳特别坚硬，用铁来形容它。这种小麦很难脱粒，有什么好处呢？种在房前屋后，鸟啄不了它，太硬了。有人形容说'鸡不吃，鸟不啄，野猪吃了卡脖子'。它太硬，野猪吃了它就卡脖子了，所以这个小麦是我们国家非常有意义的一种资源。这次考察发现，铁壳麦的主要分布在思茅地区、临沧地区，再有就是保山地区，其中分布最多的是临沧地区，我们在临沧地区考察发现，分布最多的是双江县、云县和临沧县"[①]。

1980年的考察取得了丰硕的成果。首先，考察收集"云南小麦"30余份，基本明确了"云南小麦"的地理分布及其生态特点。考察发现"云南小麦"分布在云南省西南部澜沧江和怒江下游临沧专区、保山专区和思茅专区，其中以临沧专区分布最广，面积最大。具体分布在12个县，即临沧专区的双江县、临沧县、镇康县、永德县、云县、凤庆县、耿马县，思茅专区的澜沧县、镇源县，保山专区的昌宁县、龙陵县、腾冲县。分布地区的纬度约为北纬22°54′—25°03′，南至澜沧县富邦公社，北至腾冲县打苴公社；经度约为东经95°36′—100°85′，西至腾冲县打苴公社，东至镇源县勐大公社。"云南小麦"分布在高山区，海拔1500—2500m之间，而以1900—2300m地带种植较多。"云南小麦"苗期和成熟期都处于雨季（生育期间降雨量为700mm左右），在孕穗至灌浆时期又为旱季。凡是种在箐沟和阴坡或靠大树等阴湿地方的"云南小麦"都生长较好，产量较高。

---

① 郑殿升访谈，2014年7月22日，北京。资料存于采集工程数据库。

表 7-1 "云南小麦"变种检索表 [1]

		主要特征	变种拉丁名
无芒	颖无毛	白壳红粒	var.*ankoncum* King.
		红壳红粒	var.*lanchankiangense* King
		红壳白粒	var.*chenkangense* King
		黑壳白底红粒	var.*melanotum* Zu*
	颖有毛	白壳红粒	var.*fenkwangtoucum* King
		白壳黑斑红粒	var.*nigromaculatum* Zu
		红壳红粒	var.*mieningense* King
长芒	颖无毛	白壳红粒	var.*shuankiangense* King、
		白壳黑边红粒	var.*margopullatum* Zu
		红壳红粒	var.*rubrospicatum* Zu
		黑壳白底红粒	var.*tahueimaicum* Zu
		颖有毛白壳红粒	var.*barbatum* Zu
短芒	颖无毛	白壳红粒	var.*sub-shuankiangense* Zu
		红壳红粒	var.*sub-rubrospicatum* Zu
		黑壳白底红粒	var.*sub-tahueimaicum* Zu
		颖有毛红壳红粒	var.*rariorum* Zu

*Zu= 组，成员为董玉琛、郑殿升、乔丹杨、曾学琦、恩在诚和陈勋儒。

其次，中国农业科学院作物品种资源研究所和云南农业科学院粮食作物研究所将收集的"云南小麦"材料进行种植和观察，进行了遗传学的研究，鉴定出 10 个新的变种，使"云南小麦"的变种增加到 16 个。这些新的变种名都是由董玉琛来定名。郑殿升认为："这次对'云南小麦'

---

[1] 该表来自"云南小麦"（*Triticum aestivum* ssp.*yunnanenes* King）的考察与研究，载于《董玉琛论文选集》，第 79 页。

的考察是空前绝后的。为什么这么说呢？一个是把云南小麦垂直分布海拔于1500—2500m搞清楚了，地域的分布为思茅地区、临沧地区也搞清楚了，过去没有这么详细的报道。再有一个就是，我们这次收集到的样本比较多，原来报道的是6个变种，我们这次考察又新增加了10个变种，这样云南小麦就是16个变种，这过去都没有报道的。同时对云南小麦的特征、特性，从苗期到成熟都做了进一步的描述。这个过去没有的，后来也再也没有。到了20世纪末，21世纪初，这个'云南小麦'在生产上再没有种的了。所以我说，我们这次的考察既是空前的又是绝后的。这个云南小麦的考察对我们国家小麦的起源进化，以及后来的研究都具有一定的意义。这次考察，对'云南小麦'（'铁壳麦'）的考察收获是非常大的，在这个过程当中，主导是董先生。对这些变种的鉴别，变种的名称都是她定的。'云南小麦'到底是一个物种还是一个亚种，也都是她定的。"[①]

1979—1980年，董玉琛带队进行的云南西部地区小麦品种资源的考察，一共收集到了125份小麦样本，查明了滇西小麦的种及变种，新发现了普通小麦变种23个、密穗小麦变种4个，硬粒小麦变种1个、云南小麦变种10个。基本查清了云南小麦的地理分布、生态环境及普通小麦的生态类型，鉴定和筛选出一批珍贵的可供育种使用的品种资源。董玉琛带领课题组成员对收集到的小麦种质资源进行了遗传学分析，发现滇西的六倍体小麦类型十分丰富，包括普通小麦的68个变种，以及大量的密穗小麦和拟密穗至密穗的过渡类型，尤其是这里产生了世界上其他地区没有的"云南小麦"亚种。据此，董玉琛提出，滇西不是小麦的初生起源中心，而是六倍体小麦次生起源中心之一。董玉琛提出并论证了中国是六倍体小麦的次生起源中心之一，对研究小麦的起源进化具有重要的学术意义。正是由于这次考察所取得的重大成果，由董玉琛主持的"云南麦类资源考察与收集"，获得了1982年农牧渔业部科技改进一等奖。

---

① 郑殿升访谈，2014年7月22日，北京。资料存于采集工程数据库。

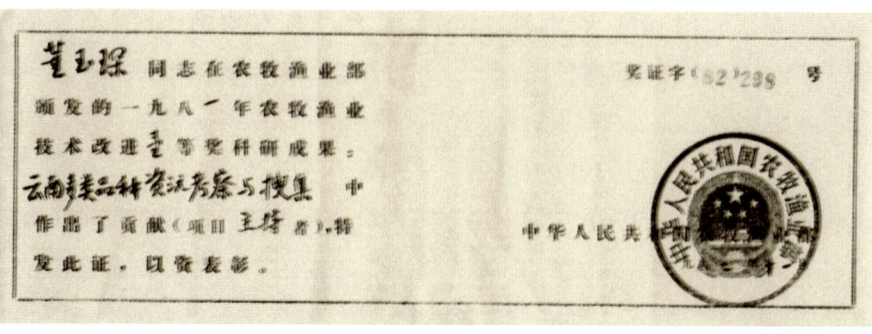

图 7-1　董玉琛获 1982 年农牧渔业部科技改进一等奖证书复印件

新疆小麦种质资源考察收集

　　新疆维吾尔自治区是我国最早种植小麦的地区之一，地理位置邻近小麦的起源中心，是我国通往中东和中亚地区的交通要地，加之生态环境多样，因此小麦种质资源比较丰富。新疆维吾尔自治区非常重视小麦种质资源的收集，1953—1954 年，组织开展了小麦地方品种的收集，共收集到 284 份冬（春）小麦种质资源，保存在新疆维吾尔自治区农业科学院。鉴于以往对哈密、阿勒泰、塔城、伊犁等地（州）的小麦种质资源收集很少，1981 年，新疆维吾尔自治区科委设立"农作物品种的补充征集和野生近缘植物调查"课题，其中野生近缘植物调查部分由新疆八一农学院（今新疆农业大学）承担。1982—1983 年，董玉琛、孙雨珍和仲干远应新疆八一农学院生态学家钟骏平和植物分类学家崔乃然的邀请，参加新疆小麦种质资源考察。此外，1991 年，董玉琛还应新疆维吾尔自治区农业科学院戚家骅研究员的邀请，参加了天山北坡杂草型黑麦的考察。

　　1982—1983 年的新疆小麦种质资源考察由新疆八一农学院（今新疆农业大学）联合中国农业科学院作物品种资源研究所（今中国农业科学院作物科学研究所）、四川农学院（今四川农业大学）等单位共同组成"新疆农作物种质资源调查组"，成员包括中国农业科学院作物品种资源研究所的董玉琛、孙雨珍、仲干远和新疆八一农学院（今新疆农业大学）的钟骏平、崔乃然、林德佩、王磊，新疆维吾尔自治区农业科学院的陈季，四川农学院的颜济（只考察伊犁地区）以及伊犁农林局的林培钧。这次调查分两个阶段进行，先后调查了新疆的北疆和南疆共8个地区36个市（县）的小麦种质资源。1982年6月22日—9月3日，董玉琛随"新疆农作物种质资源调查组"考察了哈密地区（哈密市、伊吾、巴里坤）、吐鲁番地区（吐鲁番、托克逊）、伊犁地区（伊宁、霍城、尼勒克、巩留、新源、察布查尔）、阿勒泰地区（阿勒泰、布尔津、哈巴河、吉木乃、富蕴、青河）和喀什地区（喀什、叶城、乌恰）。1983年6月29日至8月26日，考察了库尔勒地区（库尔勒、和静、焉耆、尉犁、若羌、且末）、和田地区（和田、民丰、于田、皮山、泽普、莎车）和阿克苏地区（阿克苏、温宿、乌什、塔里木）。通过这次调查，了解了当地的自然条件、小麦生产概况、小麦种质资源[①]的种类和分布情况，收集到了一批新疆的小麦种质资源材料。董玉琛和同事们经过分析和研究，明确新疆共有小麦族植物10个属、70个种，其中小麦属有6个种和1个亚种，还收集到10个属37个种的小麦野生近缘植物。小麦属的6个种和1个亚种，包括普通小麦、密穗小麦、硬粒小麦、圆锥小麦、东方小麦、波兰小麦和普通小麦的"新疆小麦"亚种。在普通小麦种内，新发现"阿勒泰野麦子（sub-*turcicum*）"和"布尔津春麦5号变异（sub-*erythrospermum-inflatum*）"2个变种，还有1个变种"布尔津伊犁1号变异（*pseudo-turcicum-compactoides*）"在国外未见报道。密穗小麦种内有2个变种为我国首次发现，即"昌吉木掀棒（*creticum-inflatum*）"和"阿勒泰大头（*pseudo-erinaceous*）"。普通小麦的"新疆小麦"亚种中新发现3个变种，并由董玉琛和孙雨珍定名，它们是 *albidum* DS、*marulutum* DS 和 *pullatum* DS（参见表7-2）。

[①] 小麦野生近缘植物，又名小麦亲缘植物，是小麦族内与小麦有较近亲缘关系各个属植物，具体包括小麦族内除了小麦属以外各个属的植物。参见《中国农业百科全书·农作物卷（下）》。

表 7-2　普通小麦新疆小麦亚种 T.aestivum ssp.petropavlovskyi 的变种[①]

变种的特征				变种名称
长芒	无毛	红壳	白粒	*petroerythroleucum* Dorof.
长芒	无毛	红壳	红粒	*petroferugineum* Dorof.
长芒	有毛	白壳	白粒	*albidum* DS
黑长芒	有毛	白壳褐斑	白粒	*marulutum* DS
黑长芒	有毛	红壳	白粒	*petropavlov* Dorof.
黑长芒	有毛	红壳	红粒	*petropseudobarbarssa* Dorof.
黑长芒	有毛	红壳褐斑	白粒	*pullatum* DS

注：定名人 DS= 董玉琛、孙雨珍。

董玉琛和同事还进一步研究了新疆小麦种的分布和传播特点，发现新疆各地区的小麦种的分布以阿勒泰地区最多，西北的塔城和伊犁种类较为丰富，中部昌吉地区种类较少，东部的哈密和吐鲁番地区种类单一，从而得出："北疆西北部春小麦的种与变种多，东部哈密尤其是吐鲁番地区种和变种少"的总体特点。在小麦种的传播上，他们指出"北疆和东疆的小麦六倍体种、普通小麦的通常类来自东西两面，普通小麦的圆颖多花类和拟密穗类以及密穗小麦来自东面我国甘肃河西走廊或中原，是由东向西传播的；四倍体种硬粒小麦、圆锥小麦、东方小麦和波兰小麦来自西方苏联的中亚或伏尔加河流域草原地区，是由西向东传播的。"[36] 这对于深入研究小麦在我国的传播路线有着非常重要的参考价值。此外，他们还对这次考察收集到的部分小麦近缘植物的特征特性进行鉴定，发掘其潜在的利用价值。其中赖草属、新麦草属、冰草属、旱麦草属等小麦近缘植物材料，在后来董玉琛研究小麦属间杂交的过程中发挥了重要的作用。

在 1982—1983 年的新疆小麦种质资源考察中，董玉琛和考察组的成员还特地对在小麦育种上有重要价值的节节麦（*Ae.tauschii* Cosson）和大赖草（*Leymus racemosus*（Lam.）Tzvelev）进行了考察和研究。节节麦是

---

① 该表来自中国农业科学院作物品种资源研究所：新疆小麦野生近缘植物考察收集总结，载于《董玉琛论文选集》，第 775 页。

六倍体普通小麦的祖先种之一，是小麦D染色体组的提供者，在研究小麦育种和起源上有着重要的利用价值。1981年的7—8月，新疆八一农学院（今新疆农业大学）和四川农学院（今四川农业大学）曾对新疆的节节麦进行了初步考察。为了进一步弄清节节麦的分布与生态环境条件，在1982年7月，中国农业科学院作物品种资源研究所（今中国农业科学院作物科学研究所）、八一农学院（今新疆农业大学）和四川农学院（今四川农业大学）组成的"新疆农作物种质资源调查组"，进行了第二次调查。他们发现了节节麦（*Ae.tauschii* Cosson）世界分布区的新记录——我国伊犁河谷。"在我国新疆伊犁地区，节节麦主要分布于伊犁河谷及其支流尼勒克、喀什河谷、巩乃斯河谷与特克斯河谷，海拔600—1500m的草原带，也延伸于蒿属荒漠与河谷草甸中，在蒿属荒漠中呈短生习性。在农田中未见其分布。从它有稳定的野生群落组成与一定的生态分布地区，可以肯定它是伊犁河谷天然分布的禾草。"[37]新发现的这一分布区是节节麦世界分布区的东端边缘部分，是它自小亚细亚、伊朗、高加索、外高加索、巴基斯坦、阿富汗、土耳其斯坦、克什米尔、哈萨克斯坦连续分布区向东延伸部分。这一新分布区的发现，对研究我国节节麦的传播、我国特有普通小麦类型的起源问题具有重要的参考价值。

大赖草又名巨大滨草、巨野麦 *Leymus racemosus*（Lam.）Tzvelev [*Leymus.giganteus*（Vahl.）Pilg，*Elymus racemosus* Lam.，*Elymus giganteus* Vahl.]，是我国新疆特有的一种小麦近缘植物。具有穗大、多花、秆强的特点和耐盐碱、耐干旱、耐瘠薄特性，在小麦育种和品种改良上有重要的利用价值。为了弄清大赖草的分布地点及生长环境，查明其特征特性，并采集种子提供小麦品种改良研究利用。1982年8月，董玉琛、孙雨珍、仲干远以及新疆八一农学院的崔乃然、钟骏平，对新疆阿勒泰地区的大赖草进行了考察和采集。董玉琛等人先后对阿勒泰地区的阿勒泰、布尔津、哈巴河、富蕴等县进行了考察，在沿着额尔齐斯河的布尔津县和阿勒泰县发现了大赖草，他们考察了大赖草的生长环境并采集大赖草种子。经过在北京的种植观察，证明阿勒泰大赖草"比苏联大赖草的丰产性好，穗大花多，抽穗期早5—6天，叶色较浅，是一种优良的种质资源。"[38]

这次对大赖草的考察、收集和研究，为进一步在小麦育种上利用提供了依据。

中国北方小麦野生近缘植物考察

1985年8月3—10日，董玉琛应邀赴美国华盛顿参加国际遗传资源委员会（IBRGR）召开的小麦族①学术讨论会。这是一次小型的学术性工作会议，仅有14人参加，出席会议的除了国际遗传资源委员会（IBRGR）威廉姆斯（J. T. Williasm）和常住美国代表查普曼（C. G. D. Chapman）以外，邀请了12名世界各国从事小麦族种质资源研究的专家，来自中国的学者还有四川农业大学的颜济教授。专家们在会议上讨论了世界小麦族种质资源的收集和研究情况，会后一致认为"收集、保存和研究小麦族遗传资源仍然应是当前的紧迫任务"，并且根据小麦族植物在全球的分布，确定

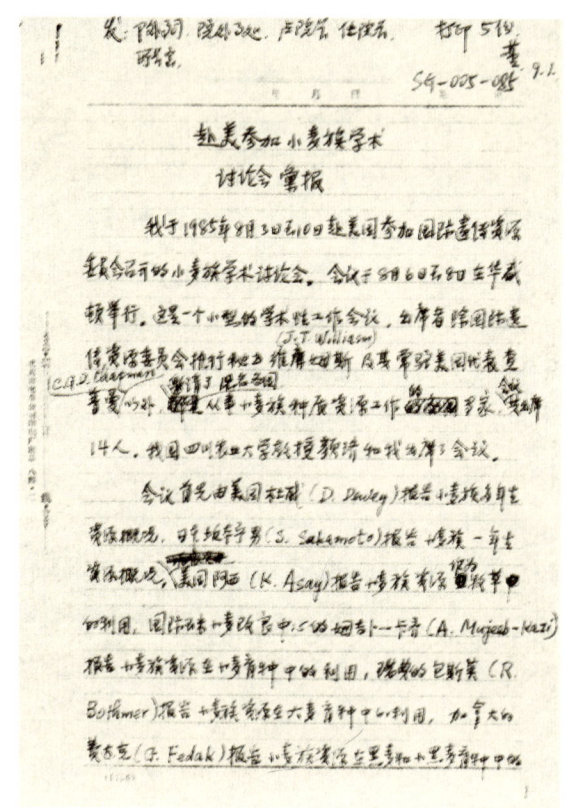

图7-2 董玉琛赴美参加小麦族学术讨论会汇报手稿（1985年）

---

① 小麦族植物包括小麦、大麦、黑麦、小黑麦等重要的粮食作物和许多牧草，族内约共有325个种。小麦族植物中含有抗病虫、抗逆和优质基因，是小麦、大麦、牧草育种的重要种质资源。

北美、南美、中东和中国 4 个优先收集区。其中中国小麦族植物考察的组织和执行由四川农业大学颜济教授（Ⅰ队）和中国农业科学院作物品种资源所（今中国农业科学院作物科学研究所）董玉琛（Ⅱ队）负责[①]。从 1986—1990 年，在我国政府和国际遗传资源委员会（IBPGR）的支持下，董玉琛带领考察队成员历时 5 年，行程 3 万多公里，跨越我国北方 12 个省（市），圆满完成了预期任务。

1986—1990 年，董玉琛带队考察了我国北方 12 个省、市、自治区的 92 个县、市、旗。它们是黑龙江、吉林、河北、山东、山西、陕西、甘肃和青海省，内蒙古、宁夏、新疆维吾尔自治区和北京市，行程 30400km。参加考察的人员有中国农业科学院作物品种资源研究所的董玉琛、周荣华、许树军、陈勤、李立会、张秀玲、张学勇，东北师范大学的孙义凯，中国农业科学院草原所的陈山、包贵平和袁汉民，河北省农业科学院的吕德前、白素娥、郭北海，中国农业科学院高原生物所的陈集贤、李建华，法国农业科学院的 Yvonne Cauderon，美国农业部（USDA）的 Richard R.-C. Wang，澳大利亚科学院（CSIRO）的 Philip Banks。

1986 年，董玉琛已经 61 岁了，并担任当时中国农业科学院作物品种资源研究所所长[②]，但是她依然不辞辛苦，不畏艰险，跋山涉水，和周荣华、许树军等考察队员一起参加了这次野外考察。通过多年的考察，董玉琛逐渐总结了一套科学的作物种质资源考察收集的方法。董玉琛认为"考察收集首先应该有一个正确的计划。根据育种和研究工作的需要确定收集目标。根据掌握的情报和作物收集的重点次序确定考察地区。"[33] 因此，在每次考察之前，董玉琛都会查阅《中国植物志》、《中国植物图谱》等资料，了解小麦近缘植物的性状、分布范围等基本信息，确定考察和收集的目标。到达考察地之后，她会先去当地的畜牧局或农业科研所，找熟悉当地小麦近缘植物分布情况的人员做向导，然后有重点、有次序地进行考察。据周荣华回忆，"从 1986 年到 1990 年，考察小麦近缘

---

① 董玉琛：赴美参加小麦族学术讨论会汇报. 1985, 手稿. SG-005-085, 资料存于采集工程数据库。

② 董玉琛于 1983-1987 年任中国农业科学院作物品种资源研究所第二任所长。

野生植物，董玉琛几乎是每年都要参加。当时她（董玉琛）还是所长，在安排好所里的工作以后，她都参加。当时她年龄比较大，60多岁了。但是她每一趟考察都要亲身经历，像采草籽、压标本，这些都亲自做。并且她特别有计划性，在去以前先把资料查的比较透彻，植物志、植物图谱等各种资料她都查，她都先了解这些植物的分布范围。到了地方上以后，她先去当地的畜牧局或研究所，比方说到内蒙古考察，就先去中国农业科学院草原研究所，到其他地方都先去当地畜牧局，了解要搜集的这些小麦近缘植物的分布范围，然后再计划考察路线，不是盲目的乱跑。"①董玉琛认为在野外考察路线的制定非常重要，由于"种质资源采集者要力图收集类型丰富的群体"，因此，在制定考察路线时，"应争取途经各种不同的生态区，考察路线应尽量包括纬度、海拔、山的坡向、降雨量、气温、积雪（冬作物）、地形、土壤，以及其他自然因素不同，种植方式和管理技术不同的地区。"[33]

  董玉琛还非常注意在野外考察中的记录，她指出："收集材料登记卡片的主要内容一般有编号、品种名称（含当地土名）、采集地点（省、县、村级方位）、海拔、地势、生境、主要形态特征等。栽培种应记载种植面积和群众评价；野生种还应记载生长和分布状况、伴生植物。因时间所限野外不能详细记录时，必须当晚全部补记，以免忘记和错乱。"她不仅自己坚持写考察记录，而且要求参加考察的学生做详细的考察日记。据当时参加考察的研究生许树军回忆："1987年我们在黄土高原的考察期间，董院士（董玉琛）要求我们记录样本采集地的地理位置、生态环境和植被状况。同时董院士在每天考察结束后，都做详细的考察日记。由于野外考察消耗相当的体力，每天坚持做考察日记在我看来是一件相当不易的事。这些日记在随后的考察报告和论文撰写中起到很大作用。"②周荣华也向我们讲述："我们到一个地方考察基本上都要做详细的记录，特别像1987年9月在五台山考察得比较仔细，从山脚下一直考察到山顶，不同的海拔有什么植物都记得非常详细。1988年在东北地区的长白山考察，也是从山脚

---

① 周荣华访谈，2014年11月15日，北京。资料存于采集工程数据库。

② 许树军访谈，2014年9月3日，北京。存地同上。

下走一直走到山顶的天池,对于不同海拔的地形、地貌、植物分布等,都记载得非常详细。"[①] 在野外考察,采集小麦野生近缘植物样本时,董玉琛很注重采集的策略,她认为,"在保证取样点均匀的同时,适当有选择地取样,甚至有一定倾向性地取样,有助于得到更大的遗传多样性。"但是,应注意"不要采集混杂进来的选育品种","不能只收集看上去性状好的材料,而应该收集一切能收集的品种和类型。"[33] 每天将小麦野生近缘植物采集完以后,不论多累,董玉琛都带领考察队人员初步分类,做成标本保存。据周荣华回忆:"从记录采集地的各种自然条件,到做标本,董老师都亲自去做。当天收集起来的,当天就回来做成标本。所以每天都很忙。在地里采,回来在招待所分类,做标本,压标本。"[②]1989年,董玉琛的研究生李立会也参加了考察,他回忆:"我跟董老师一起去野外调查小麦野生近缘植物,小麦野生近缘植物主要分布在西北、华北,一个是沙漠,一个是干旱石头山或者沙地,都是比较恶劣的环境。白天爬一天山很累的,天天连续爬山更累。我们当时年轻,瞌睡多,晚上吃完饭回到屋子就想睡觉。但是董老师认为没有整理好采集的样本不行。她就会敲我们住的房门,让我们把当天考察采集的样本整理好,然后压成标本,再核对种、属,做好记录。当时觉得很累,但是现在翻这些记录觉得非常有用。董老师还要拿着放大镜,一个一个标本看,进行初步分类鉴定,我们回去就想睡觉了,但是她一直把这些事干完才休息。[③]"

在考察过程中生活条件非常艰苦,经常在野外住宿、吃饭,但董玉琛从不抱怨,还非常注意节省开支。据李立会回忆:"1989年,当时我们出去考察的时候,条件很艰苦,经费很少。因为小麦野生近缘植物分布的环境都是比较恶劣的环境,主要分布在西北、华北的沙漠、石头山或者沙地。我们吃饭就是在马路边上吃河北的泡面,尘土飞扬,灰尘很大。当时董老师(董玉琛)她母亲还健在,出差的时候她母亲给她烙的饼,大夏天的,

---

① 周荣华访谈,2014年11月15日,北京。资料存于采集工程数据库。
② 周荣华访谈,2014年2月15日,北京。存地同上。
③ 李立会访谈,2014年8月6日,北京。存地同上。李立会口述访谈,2014年11月6日,北京。资料存于采集工程数据库。

饼很快就发霉了。她舍不得扔,她说'不要浪费',把饼拿出来在那儿吃,真的把那个饼就吃了。考察的时候爬山,很陡峭的石头山,年轻人都很难爬上去,她都一直往上爬。"

周荣华对董玉琛在考察过程中表现出来的不畏艰险的精神也有深刻的印象。据周荣华回忆:"1987年,我和董老师在黄土高原考察,定边、靖边那些地方水都是苦的。但是董老师从来没抱怨过。条件非常艰苦,在吕梁旅馆里头虱子都有,我们从山西回来以后各个都长虱子。当时条件非常艰苦。但是董老师从来没有抱怨,什么时候她都很乐观。不管吃什么东西,住的条件怎么不好,她从来不说。住宿为了节约经费,她都不一个人住一个房间,我们俩住一个房间。"① "董老师比我艰苦多了。她岁数大,本来她是冠心病几十年了,她眼睛瞳孔有问题,两只眼睛看路不一样。有的路不平,对她来说很危险。但是爬山她都参加,在从甘肃到青海考察的途中,她都上到了祁连山的海拔3500米处,她说'脚底下有点踩棉花了'。"②

在考察途中董玉琛从来不利用考察便利,去风景名胜地旅游。周荣华回忆:"在1990年,到青海湖考察,本来她是不太想去的,她认为到青海湖是不是有去旅游的嫌疑。当地的同行一再建议我们到青海湖去考察,但是她认为可能是不是去旅游啊,董老师就不乐意,就不让去。后来当地的同行再三劝,一再坚持,她就去了。到了青海湖门口,看见那路边上全是小麦近缘植物,就跟种的一样,太多了。董老师一下子就高兴了,说'没白来'。就在青海湖边上照了一张相片,然后就一直采集小麦野生近缘植物。她对我们考察中要求特别严,从来没有搞过什么旅游,到青海湖,有鸟岛等景点都没有去。到东北考察,我们离五大连池只有几十里路了,也没有去。这些考察从来没有旅游这一项,都是在做采集小麦野生近缘植物的工作。所以董老师的工作精神确实是让我们佩服。"③

在董玉琛的科学规划、严格要求下,1986—1990年的中国北方小麦

---

① 周荣华访谈,2014年11月15日,北京。资料存于采集工程数据库。
② 周荣华访谈,2014年2月15日,北京。存地同上。
③ 同①。

野生近缘植物考察取得了丰硕的成果。第一，采集到了我国小麦族11个属、161个种（包括变种和变形）野生种中的10个属、48个种（变种和变形），为我国保存了许多珍贵的小麦近缘植物种质资源，也为后续开展小麦近缘植物在小麦育种和品种改良上的研究和利用提供了丰富的材料。第二，探明了我国北方小麦族野生近缘植物的分布情况，发现了9种小麦野生近缘植物未见记载的新分布区。在我国北方鹅观草属（*Roegneria* C. Koch.）的分布最为普遍，其次是披碱草属（*Elymus* L.）和赖草属（*Leymus* Host.）。冰草属（*Agropyron* Gaertn.）主要分布在内蒙古、新疆、青海、吉林、河北等省也有少量分布。新麦草属（*Psathyrostachys* Nevshi，华山新麦草除外）、旱麦草属（*Eremopyrum* Jaub et Spach）、黑麦属（*Secale* L.，麦田杂草）和偃麦草属（*Elytrigia* L.）只分布在新疆。山羊草属的粗山羊草（*Aegilops tauschii* Cosson）在新疆伊犁河谷自然植被中有分布。这次考察还发现了9种小麦野生近缘植物未见记载的新分布区，赖草属的羊草 *L.chinensis*（Trin.）Tzvel.（山东）[①]、赖草 *L.secalinus*（Georgi）Tzvel.（宁夏）、毛穗赖草 *L.paboanus*（Claus.）Pilger（宁夏、山西），鹅观草属的毛叶鹅观草 *R.amurensis*（Drob.）Nevski（山西）、河北鹅观草 *R.hondai* Kitag.（山西、吉林、宁夏）、糙毛鹅观草 *R.hirsuta* Keng（吉林、河北）、杂交鹅观草 *R.hybrida* Keng（河北）、吉林鹅观草 *R.nakaii* Kitag（宁夏、甘肃和山西）、缘毛鹅观草和毛节缘毛草 *R.pendulina* Nevski var.*pendulina* and *R.pendulina* var.*pubinodis* Keng（吉林、宁夏）。第三，实地收集了考察地区的气候、土壤、植被等自然条件资料，为进一步研究小麦野生近缘植物的性状、特征和生活环境奠定了基础。

---

① 括号内为这次考察发现的新分布区，后同。

第八章
情系小麦　普通及稀有种的研究

小麦是世界上最主要的粮食作物之一，已有约八千年的栽培历史。小麦属物种的起源呈现多元分布的特征，包括地中海东岸西亚北部、北岸的欧洲、南岸的非洲各国。我国的滇西地区是六倍体小麦的次生起源中心之一。小麦为禾本科小麦属的植物，小麦属的类型多样，属内的种质资源非常丰富。小麦属内种的分类有两种方法。按植物学形态分类法，共分为27个种，其中新疆小麦、云南小麦和西藏半野生小麦原产我国。按细胞学分类法，根据染色体数和染色体组合的不同分为5个种，一粒小麦（AA）、圆锥小麦（AABB）、提莫菲维小麦（AAGG）、普通小麦（AABBDD）和茹科夫斯基小麦（AAAAGG）[39]。现在种植的主要是普通小麦，它是经过漫长的自然演化和人工选择，由二倍体发展为四倍体，再到六倍体而形成的[28]。习惯上把小麦属内普通小麦以外的所有种、亚种称为小麦稀有种。一般而言，小麦稀有种的产量和直接生产价值不如普通小麦，但是它们拥有一些可用于普通小麦改良的优良性状或基因。

20世纪70年代开始，董玉琛带领科研团队对普通小麦和小麦稀有种进行了系列研究，在小麦种质资源的遗传多样性、小麦核心种质的构建、小麦重要基因的发掘等方面获得了一批重要的成果和突破。

我国普通小麦的遗传多样性分析

1978年开始，董玉琛便带领作物品种资源研究所的科研人员对我国小麦种质资源的遗传多样性进行了研究，取得了一批重要的成果。

1978—1979年，董玉琛带领作物品种资源研究所成员，联合黑龙江省克山农业科学研究所、宁夏回族自治区农业科学院作物所、青海省农业科学院作物研究所、西藏自治区农业科学研究所、河北坝上农业科学研究所共同完成了"春小麦大粒品种资源的生态和遗传试验"。他们从1975—1977年作物品种资源研究所种植观察的700多个春播普通小麦中，选取54个原产于我国6个省市和世界其他25个国家的大粒品种，于1978和1979年分别在北京、河北省张北、宁夏回族自治区银川、黑龙江省克山以及1978年在青海省西宁、1979年在西藏自治区拉萨开展种植和试验。研究了春小麦品种在不同生态条件下的表现和各品种大粒性状的稳定性，实验结果表明"春小麦大粒品种的千粒重与试验点的海拔有关，春小麦大粒性状取决于大粒品种的遗传性，同时也受人类定向选择和生态条件的影响。并且不同的大粒品种，由于其遗传源不同，对生态条件的反应也有差异"。通过进一步的系谱分析，他们了解春小麦大粒性状的遗传来源，发现种间杂交是创造春小麦大粒种质的有效方法。[40]董玉琛等人的这一研究成果理清了春小麦大粒品种的遗传源和生态条件，对我国春小麦大粒品种的育种和创造新品种有很重要的意义。

在不同小麦品种之间，胚乳醇溶蛋白的组成差别很大。因此，只由遗传决定的每个小麦品种的醇溶蛋白电泳图谱就成为各个小麦品种的"指纹"。20世纪90年代初，国外学者已经将醇溶蛋白电泳分析应用到遗传育种和种子生产上。当时国外普遍采用的小麦醇溶蛋白电泳分析方法是以乳酸盐作为缓冲体系的酸性聚丙烯酰胺凝胶电泳（A—PAGE）。但是由于试剂、设备和方法本身的限制，这种方法当时在我国的推广应用有较大困难。国内不少学者也曾对A—PAGE技术进行过改进，但效果都不理想。[41]

1992年，董玉琛带领课题组成员张学勇、杨欣明，利用改进后的酸性聚丙烯酰胺凝胶电泳（A—PAGE）技术对1992年我国评选出的18个优质小麦品种和38份节节麦进行分析。试验结果表明，麦醇溶蛋白酸性聚丙烯酰胺凝胶电泳（A—PAGE）技术，作为资源鉴定的有效手段，可以用于解决收集作物品种资源材料的重复问题，提高小麦种质资源保存和利用的效率，同时可以用这种技术来研究一些物种的起源和演化。[42] 1995年，"醇溶蛋白电泳在小麦种质资源遗传分析中的应用"一文发表在《中国农业科学》上，该文在中国知网被引254次，是迄今在同类文章中被引用次数最多者。

进入21世纪，董玉琛带领研究团队从分子水平上来探究欧洲和东亚小麦品种的遗传关系和多样性差异，发现欧洲和东亚小麦品种在聚类图上明显地划分为两大类群；每个国家或大区聚类结果与其地理分布基本一致，即相邻国家或地区的品种亲缘关系更近一些。近一半基因座的等位变异频率及其分布在欧洲与东亚材料间存在明显差异。他们指出"在中国今后的小麦育种中，需要通过杂交、回交，对欧洲品种的一些重要基因座等位变异（基因）进行置换，方有可能实现'洋为中用'的目的。"[43]

我国普通小麦核心种质的建立与研究

20世纪初，随着农业科学家对种质资源重要性认识的加深，各国开始着手收集和保存种质资源。从1958年美国率先建立第一个机械控温的种质库以来，许多国家和国际性的农业研究机构先后建设了数百个种质库，以保存所收集的种质资源。据不完全统计，至20世纪初，全世界已有植物遗传资源610多万份。[44] 虽然收集、保存了数量众多的作物种质资源，但由于研究和鉴定的滞后，作物种质资源的开发和利用存在很大困难，难以满足作物育种的需要。为了更好的管理、研究和利用已收集保存的作物种质资源，1984年Frankel提出核心种质的概念，即通过一定的科学方法，从一种作物的全部收集的种质资源中选取尽量少的样本，来代表该作物全部种质资源尽可能多的遗传多样性。核心种质概念的提出为研究和利用作物种质资源提供了新的途径。至20世纪末，全世界已经在51个作物上构建了63个核心种质，我国只在小麦特殊遗传资源、一年生野生大豆和芝麻上构建了核心种质。但这些物种大多属于种质资源数量较少的，在水稻、小麦、玉米、大豆等大作物上还缺乏成功构建核心种质的经验。

  1998年，我国在小麦、水稻、大豆三个大作物上正式立项建立核心种质。[44] 我国小麦核心种质的构建，由中国农业科学院作物品种资源所牵头，董玉琛带领课题组成员开展对中国普通小麦（中国小麦地方品种中普通小麦占98.4%）核心种质的构建，在此基础上进一步研究了我国普通小麦的遗传多样性。董玉琛和课题组成员先后发表了"中国普通小麦初选核心种质的产生"、"我国普通小麦核心种质的构建及遗传多样性分析"、"中国小麦品种资源Glu-1位点组成概况及遗传多样性分析"、"我国五十年来育成小麦品种的遗传多样性演变"等文章。据中国知网的统计，这些成果在同类文章中保持着较高的引用率。在李振声院士对董玉琛在科学上所取得的三大成就的总结中，就有"带头开展中国小麦核心种质构建及遗传多样性研究"。据李振声院士讲述："自20世纪80年代初，董玉琛先生主持建立了我国种质资源库，其中收集小麦种质资源23000余份，为了从这样数量巨大的种质资源中挑选出数量最小，而遗传多样性最大，便于小麦育种家有效利用的'小麦核心种质材料'，在20世纪90年代国家科技部设立了'农作物核心种质研究项目'，其中小麦核心种质由中国农业科学院品种资源所牵头。董玉琛先生带领课题组同志完成了中国普通小麦核心种质初选工作，选出了5029份初选核心种质。在课题组同志共同努力下，利用SSR、分子标记对初选核心种质进行扫描分析，计算了材料之间遗传距离。以此为依据，确定了由1160份材料组成的'小麦核心种质'和由263份材料组成的'小麦微核心种质'，前者以5%的材料代表了全部材料遗传多样性的90.1%；后者，以1%的材料代表了全部材料遗传多样性的74.8%。这样小麦育种家就可以利用小麦核心种质或微核心种质作为亲本材料进行杂交育种工作，使小麦种质资源真正有效地为小麦育种服务，为我国粮食安全多做贡献。"①

在庄巧生院士评价董玉琛在与小麦有关的种质资源研究上所取得的三大成就中也包括"带头开展中国小麦核心种质构建及遗传多样性研究"。庄巧生院士指出"为了深入鉴定和利用数量庞大的中国小麦种质资源，董玉琛和课题组成员一起，利用23000余份材料的编目数据、结合品种在生产和育种中的贡献大小，建立了由5029份材料组成的初选核心种质，利用SSR分子标记分析了初选核心种质之间的遗传距离，构建了中国小麦核心种质和微核心种质，前者以5%的材料代表全部材料遗传多样性的90.1%，后者以1%的材料代表全部材料遗传多样性的74.8%。这一结果达到国际标准。由231份材料构成的微核心种质已交小麦遗传育种家鉴定利用。在这项工作中，同时明确了中国小麦遗传多样性中心在河南西部和四川盆地。从我国十大麦区来看，地方品种的遗传丰富度以黄淮冬麦区最高，西南冬麦区次之；育成品种则以黄淮冬麦区为最高，北部冬麦区次之。在小麦3个基因组的遗传多样性上，地方品种与育成品种也不相同，而育成品种与国外品种相同，为B组>A组>D组，地方品种是B组>D组>A组，说明中国小麦中D组的变异丰富，值得注意。"[45]

我国普通小麦重要基因的发掘

小麦条锈病和白粉病是小麦的主要病害之一，对小麦的生产危害十分严重。通过发掘和利用优异的抗病基因，从而筛选和培育抗病品种是防治小麦条锈病和白粉病的有效途径。从20世纪90年代开始，董玉琛带领科研团队利用分子标记技术和微卫星标记技术进行深入研究，发现并定位了小麦抗条锈病和抗白粉病的重要基因。

---

① 李振声访谈，2014年11月10日，北京。资料存于采集工程数据库。

董玉琛带领团队成员先对当时国内外已有的小麦抗条锈病基因染色体定位及抗条锈病基因分子标记的研究进展进行了综合分析，了解了当时国内外学者在小麦条锈病的抗性遗传和基因定位上所做的工作情况。此外，他们还比较了当时主要应用的五种分子标记技术（RFLP、RAPD、SSR、ISSR、AFLP）的特点及在小麦遗传育种中的应用前景。[46]此后，董玉琛等人采用微卫星（SSR）分子标记技术标记定位了一个未知小麦抗条锈病基因[47]、运用分子标记技术检测了小麦抗条锈病基因 $Yr26$[48]，为利用这些抗条锈病基因进行小麦抗条锈病育种奠定了基础。在小麦抗白粉病基因的研究上，董玉琛等人在小麦抗白粉病等位基因的发展[49]，用微卫星标记小麦抗白粉病基因[50]等方面取得了一些重要的成果。

在研究过程中，董玉琛等人注意不断总结和创新，提出了发掘重要基因的新思路——选择牵连效应分析[51]。在以往研究复杂性状基因定位中，采用的基本方法是"通过双亲杂交，建立永久性作图群体，进行高密度分子连锁图谱的绘制，对永久性作图群体进行各种性状的多年、多点鉴定，再用软件进行连锁分析，将控制性状的基因或 QTL 定位在特定的遗传连锁图区段内"，但这一技术体系应用于育种实际效果并不理想。董玉琛等人通过长期的研究和工作实践，提出"应用选择牵连效应分析发掘重要基因"的基本思路和方法。在遗传学上将因对个别基因的选择而导致其侧翼区域遗传多样性降低的现象称为选择牵连效应。董玉琛等人提出选择牵连效应分析的基本思路是"通过大群体多位点的扫描分析，可找到一些发生选择牵连效应的基因组区段，利用标记/性状关联分析就可发现这些区段所控制的重要性状；对这些区段进行精细扫描和分析，即可找到一些决定重要农艺性状的基因，并发现优异等位变异，从而为重要基因的克隆和作物品种的分子设计奠定基础"；其技术路线包括"①对不同环境下所收集的或育成的品种进行全基因组多位点的粗扫分析（draft genotyping），及多样性统计分析，寻找到多样性显著偏低的位点；②通过标记与性状的关联分析，对这些位点附近区段所控制的性状作出判断；③在区段内精细扫描，圈定核心基因或 QTL 所在区域；④在不同品种或生态类型中，对该区域进行测序，研究功能基因的遗传多样性与性状之间的关系。"[51]董玉琛等人根据这一思路用标记/性状关联分析列举实例,成功寻找到最有育种价值的基因和与品种生态适应性密切相关的基因。选择牵连效应分析为寻找一些重要的基因组区段,开辟了新的途径。选择牵连效应分析的结果对理论研究和育种实践都有着重要的指导意义,成为一些重大项目立项的主要思想。

我国小麦稀有种的研究与分析

小麦稀有种是指小麦属内普通小麦以外的各种小麦。世界上的小麦稀有种大多数是20世纪30年代以后才发现和确定的。一般而言,小麦稀有种的产量和生产价值不如普通小麦,但是它们在某些性状上优于普通小麦,因此可以将其优良性状转移到普通小麦上,育成新的小麦品种。1979年,董玉琛便综合考察了国内外对小麦稀有种的研究情况。她指出我国对小麦稀有种的利用虽然取得了一些成果,但选用范围较窄,集中在圆锥小麦、硬粒小麦、东方小麦、波兰小麦等四倍体裸粒种上。而国外对稀有种的利用更为广泛,国外学者通过稀有种的种间杂交育成了许多优异的品种和材料。董玉琛认为我国应该加强对小麦稀有种的研究,尤其是利用稀有种进行种间杂交,来创造和选育新的小麦品种,具有很大的潜力。[28]此后,董玉琛带领研究团队对硬粒小麦、新疆小麦等小麦稀有种进行了研究和利用,取得一些重要的成果。

硬粒小麦是小麦稀有种中一个类型比较丰富的种,有着许多优良的性状,在小麦遗传育种上,具有很高的利用价值。在20世纪70年代,世界硬粒小麦的育种工作取得很大进展,创造许多优良的新种质。我国对硬粒小麦的研究相对滞后。至20世纪70年代,通过董玉琛等人在国内外的考察征集,共收集了来自34个国家或地区的硬粒小麦种质资源293份,为进一步开展相关研究奠定了基础。1978—1979年,董玉琛和孙雨珍将所收集的硬粒小麦材料进行整理、种植观察,选出了53个具有早熟、矮秆、抗锈、大粒等特性的品种。1980—1981年，她们将这53个硬粒小麦在哈尔滨、北京、银川、乌鲁木齐、西宁种植，观察各个品种在不同生态条件下的性状表现。通过试验分析，她们将所种植的硬粒小麦的生态类型划分为普通型、长粒型、密穗型、丰产型，并归纳了各类型代表品种的主要特性，此外，她们还总结了试种硬粒小麦品种的主要经济性状。董玉琛和孙雨珍对硬粒小麦品种生态类型和性状的研究，加深了对硬粒小麦品种的认识，为进一步开发和利用硬粒小麦种质资源奠定了基础。[52]

"新疆小麦"是我国特有的一种小麦，原产于我国新疆。1970年经乌达钦和米古晓娃（Р. А. УДАЧИН 和 Э. Ф. МИГУЩОВА）研究，证明它是六倍体小麦，$2n=42$，定为一个新种（*T.petropavlovskyi* Udacz.et. Migusch.）。1979年，董玉琛把它翻译为"新疆小麦"。1982年和1983年，董玉琛等人参加了新疆维吾尔自治区八一农学院组织的新疆农作物野生近缘植物考察，收集了11份"新疆小麦"种质资源，其中有不少是新发现。董玉琛和孙雨珍将新发现的4个"新疆小麦"变种进行了定名[53]。从1983年开始，姚景侠、陈勤、刘旭等对"新疆小麦"进行了研究，指出其染色体组基本上为AABBDD，但与普通小麦的某些染色体有所不同，并认为它的起源可能与波兰小麦有关[53]。为了进一步探明"新疆小麦"与各个小麦种之间的亲缘关系，1984—1985年，董玉琛带领孙雨珍、陈勤将"新疆小麦"与不同的小麦种进行杂交，观察杂种F1减数分裂期的染色体行为，发现了"新疆小麦"的染色体AABBDD中有1对染色体已与普通小麦不同，在"AA"或"BB"组中有1对染色体与二粒系小麦不同。然后，他们进一步研究了"新疆小麦"与圆锥小麦、硬粒小麦、东方小麦等杂种后代的穗型分离，发现这3个组合中F2各自分离出2.9%、10.8%和40%的波兰小麦类型，同时在前2个小麦组合中也分离出了普通小麦的类型。由此，董玉琛等认为，波兰小麦和普通小麦可能参与了"新疆小麦"的形成。"新疆小麦"很可能是在新疆，由波兰小麦与普通小麦天然杂交，然后又经过普通小麦天然回交形成的。这一研究结论打破了传统认为新疆小麦是由野生种驯化而来的观点，从而推进了对"新疆小麦"形成问题的研究。[54]

染色体自然加倍种质的发现与利用

小麦的属间杂交，是把小麦野生近缘植物中有价值的基因转移到栽培小麦中，从而达到利用小麦野生近缘植物来改良小麦的目的。但是小麦属间杂交的难度大，其中突出的障碍之一就是杂交不结实。一般而言，研究人员要用人工方法创造小麦及其近缘植物的异源双二倍体，然后再利用这些双二倍体，将小麦近缘植物中有价值的基因转移给小麦。常规的创造这种双二倍体的途径是使用秋水仙素等化学药品对小麦远缘杂交种进行处理，从而使染色体加倍。这种方法不仅程序复杂，而且成功率低。1985—1989年，董玉琛带领许树军、周荣华、李秀全、杨欣明等研究人员经过4年的实验研究，发现在合成小麦-山羊草双二倍体的过程中发现了一些小麦稀有种与山羊草组合的杂种F1不经过秋水仙素处理也能够自交结实，而且所结的种子为双二倍体。进一步的研究发现，这种小麦与山羊草属间杂种染色体自然加倍是由四倍体小麦种质波斯小麦PS5和硬粒小麦DR147引起的，而且这种染色体的加倍种质还能引起小麦×黑麦、小麦×簇毛麦等属间杂种F1染色体自然加倍，其自然加倍特征能遗传给由加倍种质与山羊草合成的双二倍体。董玉琛等人又深入研究了这两份稀有种小麦种质×山羊草属间杂种染色体自然加倍的细胞学机理，发现它们是由部分花粉母细胞在减数分裂过程中通过两种途径形成了未减数配子所致。一种是第一次分裂消失，另一种是细胞质提前分裂。后一种途径在小麦中首次观察到。他们的研究证明未减配子形成特性为显性，并可传给由它们与山羊草合成的双二倍体。这些染色体自然加倍的种质与黑麦的杂种也能形成未减数配子。进而，董玉琛等人预测可以用染色体自然加倍的种质合成多种小麦异源双二倍体，为小麦品种改良提供大量种质资源。[55]

由于利用这种方法合成双二倍体更为简单方便，他们在短短几年内利用这些染色体自然加倍的种质合成了22个小麦-山羊草双二倍体。

在世界上首次合成了钩刺山羊草-波斯小麦和普通小麦-东方山羊草两种双二倍体。并且对 11 个双二倍体进行抗病鉴定,其中 4 个抗叶锈病和白粉病,6 个抗白粉病。用小麦优良品种与双二倍体回交,初步育成 5 个抗白粉病品系,可供小麦育种利用。此后,许多研究单位利用他们创造的这些双二倍体,培育出优良品系,如用双二倍体 Am3 与莱州 953 杂交和回交,育成抗白粉病、大穗、大粒的多个导入系,已用于选育新品种。[56]

庄巧生院士对董玉琛在小麦种质资源研究上取得的三大成就的总结中,第一大成就中就有"发现小麦属间杂种染色体自然加倍的小麦种质",庄巧生院士总结道:"董玉琛带领研究生发现 2 个四倍体小麦(一个是波斯小麦,一个是硬粒小麦)能使小麦属间杂种 F1 不经任何处理,其染色体就自然加倍而获得可育的异源双二倍体,并揭示其染色体自然加倍是由花粉母细胞在减数分裂时产生两种异常现象造成的。1986—1989 年,她们利用这 2 个小麦种质与 8 种基因组不同的山羊草杂交,3 年内就合成 22 个小麦-山羊草双二倍体,大多数高抗白粉病,其中 Am3 和 Am6 的抗白粉病基因被分别定位在小麦的 5B、1A 染色体上。一些单位已利用这些双二倍体作亲本育成一批小麦优良品系。该项工作获 1992 年国家科技进步二等奖。"[45]

李振声院士评价董玉琛在科学上的三大贡献中,第一大贡献也是"小麦属间杂种染色体自然加倍种质的发现和研究"。李振声院士指出:"第一,'小麦属间杂种染色体自然加倍种质的发现和研究'。董先生长期从事小麦稀有种和小麦近缘野生植物的研究。她收集并亲自采集了大量小麦野生近缘植物,在此基础上开展了小麦远缘杂交研究。远缘杂交有三大困难,一是不易杂交成功;二是杂种不育;三是杂种疯狂分离。在克服杂种不育方面董先生的重要新贡献是,在 1985 年发现了两个四倍体小麦(一个是波斯小麦,一个是硬粒小麦)能使小麦属间杂种第一代(F1)不经任何处理,其染色体就能自然加倍而获得可育的异源双二倍体。随后,她通过对杂种配子形成过程的细胞学研究,揭示了杂种染色体自然加倍的机理,主要是在花粉母细胞减数分裂时期,没有减数,形成了包含双亲染色体的雌雄配子（即花粉和卵细胞），两者结合后形成了具有双亲两倍染色体的合子，由这样的合子发育成的植株，就是能够自花结实、繁衍后代的异源双二倍体。这种方法，比常规的人工促使远缘杂种染色体加倍的方法（秋水仙碱处理法）简便、省时。"①

---

① 李振声访谈，2014年11月10日，北京。资料存于采集工程数据库。

第九章
敢为人先　小麦野生近缘植物研究与利用

小麦野生近缘植物，隶属于禾本科（Poaceae 或 Gramineae）小麦族（Triticeae），是与小麦有亲缘关系各个属的植物①，包括栽培小麦、栽培大麦和栽培黑麦等重要物种。小麦野生近缘植物的种质资源非常丰富，全球大约有 325 个种（亚种、变种），主要分布在欧亚大陆的温带和温寒带。我国小麦野生近缘植物主要分布在北方的温凉地带，且具有特有种多和遗传多样性广泛两大特征，在小麦遗传改良中具有极为重要的利用价值[57]。董玉琛是我国最早进行小麦野生近缘植物资源收集、评价与利用的学者之一。在她的带领下，课题组在小麦野生近缘植物种质资源研究与利用方面，取得了一系列世界瞩目的研究成果。

小麦野生近缘植物资源收集与评价

随着人口和环境压力的增大，以及生物技术的发展，发掘和利用小麦

---

① 参见《中国农业百科全书·农作物卷（下）》。

野生近缘植物中的优良基因被认为是未来作物育种发展的重要途径。小麦野生近缘植物中蕴含着诸多抗病、抗逆或抗虫的优良基因，是小麦育种和改良的重要种质资源。为此，董玉琛率领研究团队对小麦野生近缘植物进行了全面收集，并对抗病、抗逆等特性进行了鉴定，以便能够有效地应用于小麦遗传改良。

在中国农业科学院作物品种资源研究所成立之初，董玉琛的研究方向便确定为小麦稀有种及其野生近缘植物的研究与利用。1979—1980年的云南麦类种质资源考察中，董玉琛就注意收集滇西北的小麦稀有种及其野生近缘植物。1982—1983年，董玉琛率队对分布于新疆的小麦野生近缘植物进行了考察与收集。1986—1990年，董玉琛又带领考察队对分布于我国黄土高原、东北、内蒙古等北方地区的小麦野生近缘植物资源进行了考察和收集。通过国内考察和国际合作，中国农业科学院收集和保存了大量珍贵的小麦野生近缘植物种质资源。

小麦野生近缘植物中含有多种抗病基因，1986年，陈尚安、董玉琛和周荣华等人，对小麦野生近缘植物山羊草属14个种68份材料和多年生6个属53个种100份材料进行了成株期抗3种锈病和白粉病的鉴定。试验结果表明山羊草中10.8%的材料对条锈、5.9%对叶锈、12.3%对秆锈和75.0%对白粉病免疫；多年生属种中96.0%的材料对条锈、91.9%对叶锈、15.0%对秆锈、80.6%对白粉病免疫。他们还鉴定出一批兼免4种病害的材料。[58]这是首次对山羊草属抗条锈病以及多年生属种成株抗病性的鉴定，发现了山羊草属种具有丰富的抗条锈病和抗白粉病基因，为从小麦野生近缘植物向小麦中转移抗病基因奠定了基础。综合多年的研究，1992年董玉琛发表了"小麦野生近缘植物的研究和利用"一文，在这篇文章中，她总结了当时国内外对具有抗病性、抗逆性、雄性不育细胞等优异特性的小麦野生近缘植物以及相关优良基因的研究和利用情况，为进一步开展小麦野生近缘植物优良基因的研究提供了重要的参考。

在发掘和利用小麦野生近缘植物优良基因上，董玉琛带领研究团队进行了深入而持久的研究，取得了一些重要的研究成果。在完成对山羊草属抗病性鉴定和小麦-山羊草属间杂交的基础上，他们对山羊草属的小麦近缘植物的抗病基因进行了深入的研究。

小麦白粉菌引起的小麦白粉病是小麦生产中重要病害之一。培育小麦抗病品种是防治白粉病最为有效和安全的方法。为了寻找新的小麦抗白粉病的抗源，培育抗病小麦品种，董玉琛带领研究团队对原产于伊朗、阿富汗、土耳其、巴基斯坦、苏联和中国等国的 78 份粗山羊草进行了抗白粉病筛选和抗性鉴定，发现粗山羊草抗病种质的新抗性基因，并进一步对抗病基因进行了遗传学分析。他们的研究结果表明大部分粗山羊草中有对白粉病菌有抗性，蕴含着丰富的抗小麦白粉病基因。他们对粗山羊草抗小麦白粉病基因的遗传多样性的研究为增加普通小麦抗白粉病基因奠定了基础。[59]

首次获得普通小麦与冰草属间杂种及其衍生后代

冰草属（*Agropyron* Gaertn）是指仅含 P 基因组的冠状冰草复合群（crested wheatgrass compiex.）即包括冰草［*A.cristatum*（L.）Grertn.］、沙生冰草［*A.desertorum*（Fisch.）Schult.］、西伯利亚冰草［*A.fragile*（Roth.）Canada.］、根茎冰草（*A.minchnoi* Roshev.）、沙芦草（*A.mongolicum* Keng）等不多于 10 个种的小属。冰草是冰草属的模式种。冰草属是重要的小麦野生近缘属之一。冰草属植物主要分布在欧亚大陆温寒带的高草原及沙地上，以苏联境内分布的种最多，几乎包括了所有种。我国的冰草属植物常见的种有冰草、沙生冰草、沙芦草和根茎冰草，主要集中分布在温凉北方的海拔 1000—1500m 沙质地或沙质草原。内蒙古自治区是我国冰草属植物的集中分布区，河北、山西、新疆、青海、黑龙江等省也有分布。作为优质的牧草，冰草属内的各种具有很高的经济价值，此外，冰草属的植物还具有耐旱、耐寒和抗盐等优良性状，历来受到作物育种学家的重视。董玉琛等人在 1986—1990 年中国北方小麦野生近缘植物考察中收集了冰草属的冰草、沙生冰草、毛稃沙生冰草、根茎冰草、蒙古冰草的种质资源，为进一步开展研究提供了材料。[60]1988年开始，董玉琛带领研究生开展了小麦属与冰草属间的杂交工作。在此之前，在对冰草属的细胞遗传学研究上，国外学者认为冰草属的P基因组在小麦族中与其他属基本没有联系，具有高度的遗传独立性。关于小麦属与冰草属之间的杂交，从20世纪30年代开始，国际上已有很多学者尝试过，但均以失败告终。国际知名学者（DR. Dewey）甚至认为，即使获得小麦与冰草属之间的杂种，要从冰草属向小麦转移基因恐怕不可能[61]。然而，董玉琛带领李立会等研究生通过反复试验和不懈的努力，在世界上首次将冰草属的几个常见种（二倍体和四倍体冰草、沙生冰草、根茎冰草）与普通小麦杂交成功。

1988年，董玉琛带领她的研究生李立会，用普通小麦品种"中国春"作母本，分别以采集自内蒙古的沙生冰草和根茎冰草为父本，首次获得了其间的杂种F1，而且通过对杂种F1进行自交和回交，成功获得了其F2和BC1的种子。对杂种F1细胞学的研究发现，染色体配对频率远高于期望值，并对染色体配对频率高且能自交结实的原因进行了深入探究。他们进一步从细胞学的角度分析了杂种F1的染色体配对情况，这一研究质疑了原来国外学者关于冰草属向小麦转移基因不可能的观点，表明普通小麦与冠状冰草复合群之间基因交流的机会是可能存在的，并对研究冰草属P基因组与普通小麦A、B、D基因组的关系，以及利用P基因组的优异基因改良小麦具有重要意义。[62-64]

在获得普通小麦与沙生冰草、根茎冰草间的杂种及其衍生后代的基础上，董玉琛和李立会等人又以农艺性状更为优良的普通小麦品种Fukuho为母本，以产量性状优异、具有极强的抗逆性、兼抗锈病和白粉病且来源地不同的3份四倍体冰草为父本进行杂交，获得了其间的杂种及其衍生后代。结果分析发现，不同组合的杂种间在遗传基础上有着明显的差异，同一组合不同杂种间亦有差异；编号为Z559的冰草可能不存在抑制小麦Ph基因效应的遗传系统，但与小麦基因组间可能存在部分同源性；生长正常的Fukuho×冰草（Z559）的杂种具有部分自交可育性和明显的异花授粉结实特性，而且这些可育性很可能是由P基因组中控制染色体在减数分裂后期分离的特殊遗传因子所决定的；冰草属的多倍体并非严格的同源多倍体；通过试验还证实了通过幼穗培养产生杂种 F1 的再生植株，可以使属间杂种的育性显著提高；利用冰草属 P 基因组优异基因进行小麦改良是可行的。[65-68]

20 世纪 90 年代，属间杂种在组织培养中体细胞变异，成为向栽培作物转移外源基因的一项重要生物技术。利用远缘种的愈伤组织培养能够增加亲本染色体间的遗传交换。特别是属间杂种再生植株与染色体间部分同源性无关的许多易位的发生，使得利用其他遗传操作难以转移的外源基因变得更为容易。董玉琛、李立会等人在成功开展小麦属间杂交后，便开始利用体细胞组织再生培养产生的变异（体细胞变异 SV）来研究小麦远缘杂交后代 F1 在小麦种质改良上的作用。[69]

1992 年，董玉琛和李立会等人发表了通过愈伤组织培养和植株再生，研究普通小麦中国春 × 沙生冰草属间杂种 F1 的成果。他们在对普通小麦中国春 × 沙生冰草属间杂种 F1 的 0.5—4.0cm 长幼穗培养 4 周后诱导出愈伤组织基础上，获得了 88 株普通小麦中国春 × 沙生冰草杂种 F1 的再生植株。通过实验，他们发现不同长度的幼穗在培养时，其愈伤组织发生的部位及其增殖速度不同。再生植株的产生主要是通过给直接器官发生途径。所有的再生植物染色体数目全部都与杂种 F1 相同（$2n=35$）。与杂种 F1 相比，再生植株的减数分裂行为相当复杂，证明发生了染色体结构变异。再生植株的形态上的变异是由环境效应引起的。尤其重要的是，他们共获得了再生植株的自交种子 484 粒，再生植株的自交结实率高达 5.49%。这对利用 P 基因组中的期望基因有非常重要的意义。与前人类似的试验结果相比，董玉琛和李立会等人对普通小麦 × 沙生冰草的杂种幼穗所进行的离体培养，产生愈伤组织和再生植株更快且容易。他们指出基因型对植株再生能力的影响很重要。因此，在小麦属间杂种中，选择高再生能力的材料作为产生和增加体细胞变异的资源，对于向小麦转移外源期望基因可能有更高价值。[70]

在小麦两种属间杂交并成功培育杂交 F1 再生植株后，董玉琛和李立会又研究了三属间的杂交。他们以普通小麦 × 沙生冰草 F1 再生植株为母本，与两个黑麦品种（武功 774 和 AR132）进行杂交，在杂交结实率、杂种后代的 2n 染色体数目变异范围和越冬性上，这两者的差异显著。他们进一步分析认为产生这种差异的原因主要是由于武功 774 与 AR132 基因型不同，遗传基础存在较大差异，从而导致了不同黑麦品种后继杂种植株在生理上的不同表现。而三属杂种在形态上发生的变异，是由于不同的杂种在染色体数目、来源以及基因间互作引起的。三属杂种用普通小麦做回交，虽然没有获得种子，但是他们发现后期产生的小分蘖穗能够自交结实。[71]他们经过细胞学的研究发现这种三属杂种自交可育性的机理：这种自交可育性是由于在某些细胞中通过两种方式发生了第一次减数分裂的失败，即单价染色体在赤道板发生分裂和单价染色体在一极的聚集，从而导致了有功能的雌雄配子的形成。[72]

首次将普通小麦与新麦草属间杂交成功

新麦草是一种广泛分布于亚欧内陆的多年生异花授粉的优良饲草，具有较强的耐瘠性、广泛的适应性、高度的抗逆性等特性，可用于小麦遗传改良。然而新麦草与小麦是小麦族内亲缘关系较远的两个属，它们的杂交非常困难。1985 年，董玉琛、陈勤、李立会等人进行了小麦与新麦草杂交，共做了 2000 朵花的杂交，但是没有成功。他们并不气馁，1986 年夏，他们增加了杂交的花数，用普通小麦品种中国春与新麦草再次进行属间杂交，在世界上首次成功获得了普通小麦与新麦草之间的杂种和幼苗，并对获得普通小麦中国春与新麦草之间的杂种种子和幼苗的特点、杂种根尖细胞染色体数目进行了分析，同时探讨了小麦与新麦草属间杂种幼胚培养的方法及策略，为在小麦改良中利用新麦草属种质资源提供了依据。普通小麦与新麦草的杂种，为利用新麦草的有益基因改良小麦品种奠定了基础，为进一步研究小麦族的系统发育提供了材料，创造了新的种质资源[73]。

在成功完成普通小麦和新麦草的杂交后，董玉琛带领研究团队开展进一步的研究，培育新的杂种后代，至 1996 年已经培育至 BC3F4。为选育小麦-新麦草异源附加系、易位系和代换系，从而实现将新麦草的优良基因转入到普通小麦种。研究快速、准确鉴定和标记新麦草染色体的方法非常重要，1996年，董玉琛等人利用等电聚焦电泳对新麦草属4个种进行了6个生化位点分析，以研究新麦草属种间的遗传多样性、寻找新麦草属N基因组在小麦背景下的生化标记。此外他们还利用聚丙烯酰胺凝胶电泳对1份新麦草进行了醇溶蛋白分析取得了一些重要的试验结果[74]。

在小麦育种过程中，要将小麦野生近缘植物的优良基因导入小麦，通常需要将小麦与野生近缘植物杂交，然后培育出异附加、代换或易位系。这一过程中，异源染色体的鉴定是非常重要的。在鉴定异源染色体上，通常使用形态标记、细胞学标记和生化标记等方法，而基因组原位杂交的方法更准确、直观。1997年，董玉琛等人将利用改进后的总基因组原位杂交方法检测小麦——新麦草杂交后代。他们首次发现了易位附加系和易位－易位附加系2种新的类型，但未发现有附加系和二体附加系，所鉴定出的新麦草染色体均发生了断裂。经过试验也证明他们改进后的原位杂交技术具有快速、经济的优点。[75]

首次将小麦与旱麦草属间杂交成功

旱麦草属是禾本科小麦族中的一个一年生属，广泛分布于西起摩洛哥东至中国西部的干旱地区。旱麦草属在我国主要分布于新疆和内蒙古。旱麦草属包括光穗旱麦草、毛穗旱麦草、东方旱麦草和旱麦草4个种。东方旱麦草为模式种。旱麦草属植物具有耐盐、早熟、抗小麦白粉病和大麦黄矮病等优良特性，是进行小麦品种改良的潜在种质资源。为了加深对旱麦草属植物的认识，利用其为小麦品种改良服务，董玉琛等人对旱麦草属植物进行了一系列的研究，取得了诸多成果。1993—1996年，张继益、董玉琛、贾继增、蒋观敏，对采自我国新疆的6份旱麦草属材料进行了形态学、细胞学研究和抗病性鉴定，探明了旱麦草属植物的生物学及优异种质特性[76]。1997年，张继益、董玉琛、贾继增又发表了利用随机扩增多态性DNA技术对旱麦草属材料的分类和遗传多样性进行研究的成果"小麦族旱麦草属植物的RAPD研究初报"。1999年，张继益、董玉琛、贾继增、蒋观敏利用随机扩增多态性DNA技术对我国新疆和中东地区的11份旱麦草属种质资源材料及2个普通小麦亲本和1个普通小麦与东方旱麦草的远缘杂种后代进行了分析。他们研究发现，旱麦草属植物在新疆地区具有较丰富的遗传多样性，并将一个根据形态性状定名为"光穗旱麦草"的样品修正为"东方旱麦草"，还揭示了旱麦草属与普通小麦之间有明显的遗传分化，并发现四倍体光穗旱麦草的2个基因组分别来自二倍体光穗旱麦草和毛穗旱麦草。他们在结合前人研究成果后，建议将光穗旱麦草的2种细胞类别分列为2个独立的物种，将3个二倍体物种——光穗旱麦草、毛穗旱麦草和旱麦草的基因组符号分别定位 F、F^d、F^t，并提出了三者的起源演化关系[77]。

为了将旱麦草属的优异基因转入小麦，1992年夏，董玉琛指导研究生刘健文以普通小麦品种Fukuho和"中国春"为母本，东方旱麦草为父本开展杂交，在世界上首次成功获得了小麦属与旱麦草属的属间远缘杂种F1，其平均结实率为0.08%。他们进一步利用植物细胞工程技术，对杂种幼胚愈伤组织的诱导、胚性无性系的建立、植株再生、壮苗培养等，最终获得了生长正常的杂种F_1植株。小麦属与旱麦草属的属间远缘杂种F1植株的获得，为将旱麦草中的优异基因向小麦的转移奠定了基础。[78]

董玉琛等人首次将普通小麦与东方旱麦草杂交成功后，获得的属间杂种含有早熟、高分蘖力、高抗小麦白粉病和黄矮病等优良特性，是进行小麦种质资源创新和遗传研究的珍贵材料。但是，通过研究发现，普通小麦与东方旱麦草的属间杂种F1，自交完全不育，回交的结实率很低，诱变双二倍体没能成功，面临着丢失的风险。为了使普通小麦与东方旱麦草的属间杂种F1的回交利用能持续开展，迫切需要建立一个长期保存的技术体系。从1994年开始，董玉琛指导研究生张继益等人，对普通小麦与东方旱麦草的属间杂种F1的无性系在培养基的组成、外植体大小对诱导率的影响和接种方法等方面进行了系统的研究，最终建立了对普通小麦与东方旱麦草的属间杂种 F1 进行长期保存的技术体系。他们还对普通小麦与东方旱麦草的属间杂种 F1 的无性系后代的遗传变异进行了分析，以评价长期保存愈伤组织的遗传稳定性，探讨稳定保存于利用无性系变异之间矛盾的有效途径。张继益和董玉琛等人所建立的这套长期保存技术体系中，外植体的染色体数目鉴定是关键之一，虽然这项细胞学的工作难度较大，但是，与利用长期继代培养愈伤组织而保存杂种的方法相比，仍然具有技术难度较小和遗传上较为稳定可靠等优点。[79]

成功实现小麦与赖草属间的杂交

赖草属，又被称为滨麦属，是小麦族中一个有大约 30 个种的多年生属。它的分布广泛，从北海的沿海地区越过中亚到东亚，直至阿拉斯加和北美的西部都有分布。赖草属的植物中有抗寒冷、抗干旱、抗盐碱、抗病虫等优良基因，对小麦的品种改良有重要的意义。1985 年以前，董玉琛带领课题组成员通过实验和研究便已经获得小麦与大赖草、多枝赖草和窄颖赖草的杂交后代。[80-81] 1992 年，董玉琛等人，发现普通小麦的 3 个品种（Fukuho、中国春及小偃 759）可以和毛穗赖草杂交成功，获得了属间杂种再生植株，并建立杂种细胞的无性系。这些研究成果为将赖草属植物的优良基因转入小麦，改良小麦品种奠定了基础。[82]

为了在普通小麦背景下有效检测赖草属植物的染色体，董玉琛等人开展有效鉴定赖草属物种染色体遗传标记的研究。他们利用同工酶等电聚焦电泳技，以小麦品种中国春为对照，对赖草属的 5 个物种的 15 份材料进行了生化遗传标记分析，发现赖草属在种间、种内产地间，产地内材料间均存在遗传多样性。通过试验表明，Sod-1、β-Amy-1 和 α-Amy-2 三个生化遗传标记电泳图谱上的差异，可作为 5 个物种间、种内产地间和产地内材料间等各个层次上相互区分，并在中国春背景下识别其相应染色体部分同源群的生化遗化标记。他们使用的生化遗传标记的方法，不受季节影响，比形态和细胞遗传标记速度快、多态性高，与分子遗传标记相比成本也较低，是鉴定小麦外源染色体的有效方法之一。[83] 他们的这一研究成果，为进一步选育小麦－赖草属附加系、代换系或易位系等染色体工程材料，实现将赖草属植物中的优异性状导入小麦提供了新的思路。

普通小麦与偃麦草属杂种后代的研究

我国对偃麦草属与小麦的杂交研究和利用很早便处于世界前列。早在20世纪50年代，我国就成功地进行了小麦与偃麦草属的杂交，并育成一批异源双二倍体和品种。李振声等利用小麦与十倍体长穗偃麦草杂交育成一批八倍体小偃麦，并育出了一批优良品系，含有长穗偃麦草基因的小麦品种已在我国推广，并起到重要的增产作用。至1992年，偃麦草属（包括薄冰草属）中已有7个种与小麦杂交成功。为了进一步研究小麦和偃麦草属杂种的染色体配对，为外源基因的导入提供参考，张学勇和董玉琛等人，通过对小麦和彭梯卡（长穗）偃麦草及其衍生后代[84]、小麦与中间偃麦草杂种及其衍生后代的细胞遗传学进行了分析，发现了小麦和偃麦草基因重组的主要原因，为利用杂种后代中的某些重要基因来向小麦导入偃麦草的优良基因奠定了基础。[85]

董玉琛及其研究团队的成员经过长期的试验和研究，开展了广泛的小麦与小麦野生近缘植物之间的远缘杂交工作，并取得了很多世界级的重大突破。董玉琛在小麦远缘属间杂交领域取得的成就得到了庄巧生院士和李振声院士的肯定。庄巧生院士在总结董玉琛在小麦种质资源研究上取得的成就时指出"她还指导研究生将远缘杂交与组织培养相结合，成功地将小麦与冰草属、新麦草属、旱麦草属、赖草属4个属的6个种杂交，并得到杂种后代，前3个属的杂交成功为世界首创，扩大了小麦与小麦族成员之间实现外源有益基因转移的范围，其中小麦与冰草属间杂种后代已育成高产（大穗、多花）、抗病的优良品种参加陕西省小麦品种区域试验，并开始试种"。[45] 李振声院士在评价董玉琛院士在科学上取得的成就中也说道"同时，她组织课题组同志将远缘杂交与组织培养结合，将小麦与冰草属、新麦草属、旱麦草属、赖草属的6个种杂交成功，获得了后代。前三个属的杂交成功为世界首创。"①

小麦族植物遗传演化研究

随着研究手段的进步，董玉琛等人对小麦远缘植物基因组的研究也更为深入。继形态学、细胞学和DNA重复序列分析方法之后，1990年，建立在PCR（Polymerase Chain Reaction）基础之上的可对整个未知序列的基因组进行多态性分析的分子技术——RAPD技术（随机扩增多态性DNA标记）被发明并开始用于基因组研究。1999年，董玉琛等人利用RAPD技术对山羊草属五个基本基因组（C、D、M、S、U）及普通小麦中国春的DNA进行随机扩增，根据扩增的488条DNA片段绘制出系统发育图。通过研究发现普通小麦ABD基因组与S基因组亲缘关系最近，C与U基因组具有比较近的亲缘关系，D基因组与其他基因组的亲缘关系比较远。[86] 他们进一步筛选基因组特异的RAPD标记，从而为克隆基因组的特异重复序列奠定基础。

20世纪，在异源六倍体小麦的起源进化研究中，小麦中B/G基因组的起源或供体问题一直没有得到解决。2000年，董玉琛、刘旭等人，综合利用现代分子标记、分子克隆技术，研究山羊草属S基因组的遗传多样性，并通过大量筛选山羊草属S基因组和小麦B/G基因组的RAPD标记，对特异DNA片段进行克隆、测序。他们的研究发现山羊草属S基因组是小麦B/G基因组的供体，拟斯卑尔脱山羊草可能是最主要的供体。而山羊草属S基因组是由2个基本不同的类型构成。他们的研究还表明B基因组

---

① 李振声访谈，2014年11月10日，北京。资料存于采集工程数据库。

与S基因组还是有很大区别的,并已找到了B基因组的特异标记。董玉琛、刘旭等人的这一研究成果为研究S基因组和B/G基因组的亲缘关系,探讨B/G基因组起源或供体提供了新的证据[87]。

尾状山羊草是山羊草属一个重要的二倍体种,分布于地中海东岸。它具有丰富的抗病虫和高赖氨酸、高蛋白优良性状,是小麦品种改良的重要种质资源。1995年,董玉琛、孔秀英等人合成了硬粒小麦与尾状山羊草双二倍体,进行了普通小麦与双二倍体的杂交。并以他们克隆的尾状山羊草C基因组特异重复序列pAeca 212为探针,对新合成的硬粒小麦与尾状山羊草双二倍体及普通小麦与双二倍体杂种后代中的C基因染色体进行了检测,证实了新合成的双二倍体中有7对C基因组染色体;在F2中检测到C基因组染色体的自发纯合易位。这一研究成果为将C基因组重要农艺性状基因向小麦转移提供了有效方法。[88]此后,董玉琛和孔秀英等人从尾状山羊草中分离出C基因组新的散布特异重复序列—*pAeca212*。试验结果表明这一新的序列是研究小麦族起源与进化及C染色质检测的一个有效分子标记。他们的这一研究成果为小麦外源染色质的检测及小麦族不同基因组进化关系的研究提供了新的有效分子标记。[89]

第十章
潜心育人　桃李满天下

治学严谨　以身作则树典范

董玉琛在科学研究上严格要求，在指导硕士和博士研究生过程中也以身作则的来影响学生，让学生自发的体会到科学研究的严谨性。董玉琛的学生，现为中国工程院院士的刘旭在回忆董玉琛对他影响最大的就是治学严谨。刘旭院士讲到："我觉得董老师对我影响最大的就是她治学严谨。无论我做硕士论文，还是后来做博士论文。董老师让你大胆地去想象怎么做。但是，最后董老师在这些事上，她都一步步地把关。当时我们做博士论文时候，不论我们田间种植的材料，做杂交和杂交材料，还是实验室关键工作，她都要亲自来看。她不一定亲自给你做，但她亲自要看，就是从实验设计布置的合理不合理，杂交的时机抓的好不好，实验室的工作做的准确不准确，这都是很重要的，在这一点上董老师的治学是很严谨的。"[1]

---

[1] 刘旭访谈，2014 年 8 月 4 日，北京。资料存于采集工程数据库。

董玉琛在指导学生撰写论文过程中，非常仔细认真，从论文的框架格式、字句标点直到论文的主要结论，她都逐一修改，细致严谨的作风给她的学生留下了深刻的印象。董玉琛的学生张学勇回忆董玉琛曾经指出导师应该在研究生论文答辩前，至少把论文修改三遍。"她说任何一个研究生的论文在答辩之前，做导师的至少要看过三遍。第一遍看论文的框架，整个论文写多少，框架是不是合适；第二遍，改思想；第三遍，就是用心的改文字，包括标点符号。她对我们每一个学生基本上都做到了。"[①]而且，董玉琛都会很及时的为学生修改论文，"只要学生的文字东西给她，基本上就3天左右返回到你手里，并且不是简单地给你提一些框架性的意见，而是一字一句地修改，都是这样的。"[②]

刘旭院士也对董玉琛为他修改硕士论文的经过记忆深刻，"我硕士论文最初的写作是利用1983年国庆节3天假期成稿。10月4日开始上班，我把论文交给董老师。时间不长，董老师就让我到她家去，谈一谈我的论文。董老师看完论文，她详细地给我讲解了3个问题，第一个问题就是，论文的格式，我写的还不是太规范，给我讲论文应该怎么写，应该怎么修改，这是第一个问题。第二个问题是，我当时对'新疆小麦'做了好多细胞学的工作，也分析了'新疆小麦'染色体的情况，但是我写材料属于流水账式的，并没有发现一些规律性的东西和'新疆小麦'特质性的东西。董老师当时一针见血地指出根据我的试验结果，新疆小麦在系统发育形成过程中可能有波兰小麦参与的可能。实际上我论文最重要的结论应该是这一点，但这一点我在写论文的时候并没有写出来，是董老师看了我的论文指出了这一点；第三个问题，她希望我就这个有波兰小麦参与的证据再补充一些材料，我原来是没有想到的。董老师给我讲了这3点。我经过两三个月努力修改和补充，完成了毕业论文，并于1984年1月顺利通过了答辩。"[③]

董玉琛的学生孔令让在接受访谈时也指出，董玉琛总是亲力亲为地指导研究生开展科研，逐字逐句的修改论文。"我于1993—1996年师从董先

[①] 张学勇访谈，2014年8月1日，北京。资料存于采集工程数据库。
[②] 张学勇访谈，2014年8月1日。
[③] 刘旭访谈，2014年8月4日，北京。资料存于采集工程数据库。

生攻读博士学位，那时，尽管先生已是 70 岁高龄的老人，但先生每年都去我们研究生的实验地、阳畦和大田查看小麦苗期长相、抗病情况和后期落黄成熟情况，了解课题研究进展，做到对每位研究生的研究进展心中有数，她那种亲力亲为的工作态度给我留下深刻印象。每当试验告一段落，进行总结、撰写论文时，董先生亲自指导，甚至撰写出写作提纲；待论文完成后，董先生逐字逐句的修改，不放过任何一个标点符号，她那严谨的治学态度和勤奋刻苦的工作作风给我留下了深刻印象，使我终生难忘。"[1]

孔秀英的博士论文也是经过董玉琛认真的修改多次后才定稿。"我是觉得董老师做学问是非常严谨的。我博士毕业的时候，董老师年龄比较大了，对我的博士论文比较关心。当时中关村正在修路，她来回不方便，我写完论文到董老师家去，她帮我看，她非常认真仔细地看，每个环节都问的很清楚，然后很认真的改论文。那时候改论文不像现在有计算机，在上面一改就行，特别方便。她在我们写好的文章原稿上面改，反正是觉得她真的是很认真。董老师改了至少有 3 遍。"[2]

学生赵茂林也提出他对董玉琛印象最深刻的就是"要求搞科学研究，一定要脚踏实地、严谨务实，比如在我递交博士论文初稿后，董玉琛院士对我引用的参考文献都一一核对，保证无误。搞科研决不能投机取巧，必须严谨踏实。"[3]

董玉琛的学生仲干远和她一起参加了 1982 年的新疆小麦野生近缘植物考察，据仲干远回忆"那时考察条件不好，很辛苦。但考察队在董老师带领下，圆满完成了预定的任务。董老师工作一丝不苟，敬业精神给我留下了深刻印象。不管多累，董老师每天都要写日记记下当天的事。"后来，董玉琛带领仲干远等人成功开展小麦与小麦野生近缘植物的杂交，"记得我们通过辛苦杂交，获得第一株小麦-大赖草杂交苗。但杂交苗不育，需要想法保存下来。这在当时是个挑战。董老师在百忙中帮找温室，和我们商量和制定用组培方法来挽救该苗，并细致检查后来的每个实验环节。她的

---

[1] 孔令让访谈，2014 年 8 月 7 日，北京。资料存于采集工程数据库。
[2] 孔秀英访谈，2014 年 08 月 9 日，北京。存地同上。
[3] 赵茂林访谈，2014 年 8 月 18 日，北京。存地同上。

认真，一丝不苟的科研作风深深地教育了我们。"①

正是由于董玉琛这种严谨的科研作风，认真负责的态度，勤恳踏实的指导每一位研究生，她的研究生大多都以优异的成绩毕业。董玉琛的学生中有两名博士生的毕业论文被评为全国百篇优秀博士论文，其中李立会是第一届全国百篇优秀博士论文的获得者，李立会认为他能获得全国百篇优秀博士论文，与董玉琛的悉心指导密不可分。李立会所选的课题是做冰草属与普通小麦属间杂交，而当时这在国际学术界已经被认为是不可能成功的。"我当时做这项研究，能够获得第一届全国百篇优秀博士论文，与董老师的指导分不开。第一个，在选题目的时候，董老师是非常宽容的，她支持我来做这个学术界认为不可能成功的课题。第二个董老师在指导上是放手让你去干。我当时年轻，我做杂交行。但是写论文，我开始真是不愿意写论文，我就说等。当时董老师就写那论文的事情，苦口婆心的批了我好几回。我记得第一篇论文是在《中国农业科学》发表的，董老师给改了13遍，她改完还不放心，让我找庄巧生先生帮我改。我们在国际上发表论文，也是得到董老师的帮助。董老师当时是学俄语的，英语不太精通，但是她就请法国的一个科学家，帮我们修改论文。她就是这样让我们去做，而且让我们去总结，在当时，我们这个工作在国际上来说是比较靠前的。我们的试验结果总结出来了，发表了。如果你只做试验，做出来了你不发表，是不会被国内同行和国际同行认可的。只有董老师这样对我们的教导，才是我们最后获得优秀博士生论文的根本。"② 现在董玉琛的学生大部分已经事业有成，成为国内外科研单位的学术骨干。

淡泊名利　关心爱护学生

董玉琛在科研成果和名誉利益面前，总是替他人着想，在论文发表或

---

① 仲干远访谈，2014 年 8 月 19 日，北京。资料存于采集工程数据库。
② 李立会访谈，2014 年 11 月 16 日，北京。存地同上。

是科研成果申报奖励时,董玉琛总是把同事或学生列在前面,学生们都称道"董老师不仅传授我们科学知识,还教育我们如何做人"。仲干远认为"董老师在培养学生上堪称一代楷模。她在学习、工作和生活上总是处处为学生着想,为学生成长倾注了大量心血。"①

1982—1983 年,仲干远跟随董玉琛参加了"新疆小麦野生近缘植物考察"。在考察完成后发表"新疆大赖草的考察与研究"论文时,董玉琛坚持让仲干远作为文章的第一作者。据仲干远回忆"董老师总是把成绩和机会让给学生。记得我们新疆考察后,董老师牵头与合作单位共同在《中国农业科学》上发表了'新疆大赖草的考察与研究'论文。当时,她坚持要把我的名字放在第一作者的位置上。后来还是我在校稿时把董老师的名字放在前面。在 20 世纪 80 年代董老师就能有这样的胸襟,能够把成绩、机会让给学生,力推学生真是非常难得的。"②

1986—1990 年,董玉琛主持"七五"国家重点(细胞工程育种)科技攻关项目 75-01-05-01-20:"小麦-山羊草双二倍体的合成和利用"。这个项目是由董玉琛申请、设计,并指导她的研究生许树军等人来具体完成。在申报国家科技奖的时候,虽然许树军已经出国了,但董玉琛坚持将许树军作为第一完成人,后来该项目先后于 1991 年和 1993 年获得了农业部和国家科技进步二等奖。董玉琛这种淡泊名利的精神感染了身边的同事和学生。一起参与这个项目的周荣华在回忆董玉琛时说道"董老师人品非常好,特别正直,就是对学生,对职工都特别好。在名誉地位上从来不争,获得国家二等奖的课题是董老师申请的,做法都是董老师设计的,董老师指导的,最后报奖也是董老师报的,但是报奖的时候,董老师自己不写第一名。第一名写她的学生许树军,她自己列第二名。"③许树军在回忆这件事情时,依然很是感动。"董院士对培养年轻人尽早成才不仅令人印象深刻,也使当事人倍受感动。董院士在 1986 年到 1990 年主持'七五'国家重点(细胞工程育种)科技攻关项目 75-01-05-01-20:'小麦-山

---

① 仲干远访谈,2014 年 8 月 27 日,北京。资料存于采集工程数据库。
② 同①。
③ 周荣华访谈,2014 年 2 月 15 日,北京。存地同上。

羊草双二倍体的合成和利用。'并安排我具体执行该项目的研究，这项工作分别在 1991 年和 1993 年获得了农业部和国家科委的科技进步二等奖。董院士在写报奖材料时，将我的名字放在第一位，当时我正在国外学习，对报奖的过程一无所知，直到获奖后，才得知董院士仅把自己排在第二位。"[1]

1988 年 9 月，董玉琛的学生李立会在世界上首次成功实现了普通小麦和根茎冰草属间杂交。据李立会回忆，董玉琛在得知成功的消息后，说"我帮你做杂交吧！"后来在将这一研究成果整理成论文时，董玉琛又耐心地替他修改，一共改了 13 次，而且坚持将李立会排为第一作者。李立会回忆"当时写论文用长城计算机打印，董老师给我改了 13 稿。我把她的名字放在前面，我放一次她圈一次，要放到后面。"[2]

无论自己工作有多么繁忙，董玉琛总是非常关心学生科研的进展。据许树军讲述"在培养研究生的过程中，董院士能够及时掌握学生所做工作的进展。我在 1983—1986 年做董院士的硕士研究生期间，董院士担任品种资源所所长，董院士不论多忙，总是抽出时间每周和研究生正式讨论研究的进展。董院士通过讨论激发学生的研究兴趣，始终关心和帮助学生在学术上的提高。"[3]

在培养学生上，董玉琛很注意创造机会，开拓学生的国际视野，增长学生的知识。仲干远回忆"记得 1983 年或 1984 年，在美国犹他州美国农部工作的杜威博士受董老师的邀请来品种资源研究所讲学。董老师争取每一个机会让我们学生与杜威博士交流。虽然我们的英语水平有限，她仍然放手让我们学生翻译杜威博士的教案文稿供培训班使用。董老师鼓励我们多张口与杜威博士交流，并为此组织了几次与杜威博士座谈会。这在当时对我们是很大的鼓舞。"[4] 董玉琛还积极为学生创造机会，鼓励学生出国留学。她的大部分学生，都去美国、法国、澳大利亚、德国等国进行过

---

[1] 许树军访谈，2014 年 9 月 3 日，北京。资料存于采集工程数据库。
[2] 李立会访谈，2014 年 8 月 6 日，北京。存地同上。
[3] 许树军访谈，2014 年 9 月 03 日，北京。存地同上。
[4] 仲干远访谈，2014 年 8 月 27 日，北京。存地同上。

深造。1986 年 8 月，法国农业科学院的 Yvonne Cauderon 来到我国内蒙古锡林郭勒草原参加由董玉琛带队的中国北方小麦野生近缘植物考察。在考察途中，董玉琛便向 Cauderon 推荐学生陈勤赴法国农业科学院开展研究。1986 年 10 月，Cauderon 回到法国后，便为陈勤留学法国的事宜积极联系。从 1986 年 10 月 1 日 Cauderon 写给董玉琛的信件中可以看到，她同意接收陈勤赴法国农业科学院开展研究，并积极为陈勤赴法国攻读学位联系。1986 年 10 月 27 日，董玉琛写了给 Cauderon 的回信，在向她表达谢意的同时，将推荐信和陈勤的履历都寄送过去。从信中可以看到，董玉琛还在为陈勤赴法国留学的事情向中国农业科学院积极申请和沟通。1986 年 12 月 29 日，董玉琛又在写给 Cauderon 的信中询问陈勤留学法国一事的进展情况。在董玉琛的积极联系和推荐下，陈勤顺利进入法国雷恩第一大学攻读博士学位，后在法国农业科学院做博士后研究。

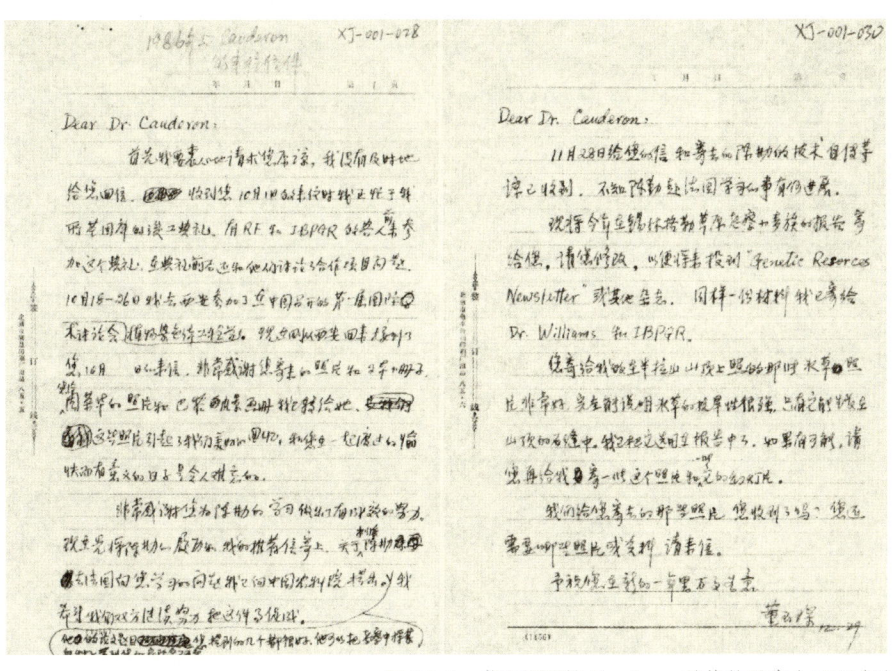

图 10-1　董玉琛写给 Cauderon 的信件手稿（1986 年）

在生活上，董玉琛对学生有着慈母般的关爱。仲干远还记得"有年元旦，董老师邀请刘旭，徐树军，钱勇和我，到她家吃涮羊肉。那时条件远

第十章　潜心育人　桃李满天下

没有现在好。我们学生能放开肚子吃一顿涮羊肉真是难以形容地享受，快乐！董老师没想到这几个年轻人这么能吃，席间还到楼下又买了羊肉。董老师不断地给我们夹肉，那样温馨的家的气氛对我们远离故乡的学子们是多么好的关怀！"①

　　刘旭也感受到董玉琛像个慈母一样关心学生。据刘旭讲述"实事求是说，董老师从年龄上相当于跟我母亲差不多，也凑巧，我母亲是1925年出生的，董老师是1926年出生的，他比我母亲小一岁，但我母亲是2010去世的，董老师是2011年去世的。他比我母亲晚出生一年，晚去世一年。所以她在生活上面，实际上是我另一个母亲，一直在教导我注意生活，关心工作，团结同志，在这方面都很关心我。她和蔼可亲，对人循循诱导，使我们感到一种家的温暖。因为我们从上大学开始离开家，读研究生开始独立的学习和工作，有董老师这样慈祥的母亲般的导师，自己都感到欣慰，在这一点上，可以说在年龄和经历上，董老师类似于我的第二个母亲。"②

　　张学勇在1989年考上董玉琛的研究生，入学体检时查出来转氨酶高，但是表面抗原正常，当时被怀疑是甲肝。董玉琛就非常关心他的身体。"由于当时上海的甲肝流行刚过去，大家都对这个病还是挺害怕。当时董先生就说，'学勇你多注意休息，注意吃点有营养的东西'。她也没有说你不要来办公室的事。但是我比较自觉的就在宿舍里边一个人待了一个月。一个月之后体检就正常了。就是通过这件事，可以看出董先生对学生的关心是体贴入微。她也是非常关心自己的学生，但是从来不会让你有很大的压力。1990年我跟她到青海考察的时候，每天在外边跑很辛苦，西北地区天气比较寒冷，大家都习惯喝酒。晚上一块吃饭的时候，大家最爱的一件事就是喝酒，我当时二十七八岁，就放开喝了。董先生就私下跟我说，'你身体刚好，你注意点，你别这样太放纵自己了'。她对我身体情况记得很清楚，很关心我。"③张学勇认为"从做人上来说，董老师是非常好的楷模，是我们学习的榜样。做老师这一块儿就更不用说了，学生的好多事情她都

---

① 仲干远访谈，2014年8月27日，北京。资料存于采集工程数据库。
② 刘旭访谈，2014年11月9日，北京。存地同上。
③ 张学勇访谈，2014年8月1日，北京。存地同上。

尽力着想，她不会轻易表达出来，但是她的行动就会让你感觉到她平常都是把学生放在心里。就算是有的时候有的学生做事做得非常不合适的时候，她会非常的生气。但是这个事情过后，学生还是学生。她就像看自己犯了错误的孩子一样，还是高高兴兴地向别人介绍：'啊，这是我的学生谁谁谁。'在好多场合都是给自己的学生创造一些机会。她会无时无刻的牵挂着你，但是她不会轻易地表现出来。可是她在一些非常重要的事情上，或者是非常细小的事上，你都会感觉到她对你的帮助或者对你的影响，我觉得这可能就是我对她最大的感受。"①

因材施教　培养学科人才

董玉琛在培养学生中，注重从学生的特点和兴趣出发，因材施教，指导学生选择研究方向和开展科研工作，从而为我国作物种质资源学科培养了一批风格各异的优秀人才。

刘旭是董玉琛学生中兼具科研和行政领导才能者。1984年，刘旭从中国农业科学院硕士研究生毕业后，一开始准备留在中国农业科学院研究生院工作。董玉琛便找到刘旭希望他不要放弃科研，回作物品种资源研究所继续研究工作。董玉琛对刘旭说"你们年轻人应该多做一些业务，研究生院是教学工作，你还是回作物品种资源研究所来继续做你的研究，这样对你的发展是很有前途的。"刘旭听取了董玉琛的意见，1984年4月，"我就从中国农业科学院研究生院把我的工作关系和工资关系都调到了作物品种资源研究所，从此开始了和董老师做小麦及小麦野生近缘植物的研究工作，这是董老师对我影响最大的一点。"② 后来，刘旭在作物品种资源研究所兼做科研和行政管理工作，董玉琛还特别叮嘱刘旭，要以科研工作为本。刘旭回忆起来觉得董玉琛当时的指导非常重要。"可以说，我碰到董

---

① 张学勇访谈，2014年8月1日，北京。资料存于采集工程数据库。
② 刘旭访谈，2014年11月9日，北京。存地同上。

老师真的是我的很大的机遇和荣幸，董老师对我的成长是至关重要的。实际上在20世纪80年代，我毕业后所里、院里希望我做一些管理工作，在这时候董老师特别嘱咐我说'管理工作可以做，但是科研工作才是我们的本底，如果离开了科研工作，你管理工作也做不好，科研工作也不可能做好，就是一定要抓住科研工作。'那么在这件事谈过以后，在我评职称的时候有人说'你既可以评管理的副研也可以评研究的副研。'后来这件事我问董老师怎么办，董老师说：'当然是研究的副研，不可能是管理的副研，你的本底、你的主体是研究。'董老师的这种思想自始至终给了我很大的影响，这是最主要的一点。"①

1989年，刘旭做了作物品种资源研究所的领导。董玉琛敏锐地意识到随着时代的发展，科研人员需要进一步提升研究水平和学历。董玉琛找到刘旭，说"你们硕士研究生在80年代就已经不错了，但是如果有机会，应该再读一读，你领导归领导，还是要抓紧时间做你的业务。"刘旭回忆"为了加强我的业务，我就给董老师提出来，能不能再读她的博士。董老师说，'那好啊，你愿意读，我愿意带你'。"1994年，刘旭又在董玉琛的指导下，一边工作，一边读博士研究生。董玉琛看到刘旭在读博期间，工作很多，为了让他有集中的时间进行科研，便特地为他争取了一个出国留学的机会。"我是1994年开始读董老师的博士，读博士的初衷并没有想得太多，只是用读博士这件事要保证自己多做一些实验，多见一些业务。董老师也支持我的想法，并且给我报了一个中美合作培养研究生的机会，那么我的业务课是在中国农业科学院研究生院读的，我的博士论文是去美国一个合作单位去做的。由此奠定了我在业务上前进了很大的一步，无论从方法上，分子的研究上和理论的提升上，都进了很大的一步。"②

2001年，刘旭在中国农业科学院担任副院长，工作和科研更加繁忙。董玉琛还不忘提醒刘旭要注意加强科研工作。她还向刘旭提出对中国作物及其野生近缘植物进行系统的研究。刘旭回忆"她说：'我已经70多岁了，这件事我已经没有太多精力了，你要承担主要的工作，我助你一臂之力'，

---

① 刘旭访谈，2014年8月4日，北京。资料存于采集工程数据库。
② 刘旭访谈，2014年11月9日，北京。存地同上。

她说，要助我一臂之力，这是我的老师跟我说的，我很感动。由此，我向农业部申请项目开始做这个工作。"在董玉琛的积极推动下，董玉琛和刘旭组织科研人员，对我国作物及其野生近缘植物进行了系统的研究，查清了我国大多数农作物的起源、演化及其在中国形成的独特类型，种质资源的主要形态特征和农艺性状的变化范围，表明我国农作物种质资源的丰富。他们陆续编纂出版了《中国作物及其野生近缘植物》丛书。这是一套作物种质资源学科的基础理论著作，为进一步高效利用我国农作物种质资源、保障粮食安全和农业可持续发展奠定了基础。

2009年，刘旭当选中国工程院院士后，董玉琛还嘱咐刘旭要注重从宏观的角度来思考作物品种资源未来的战略研究方向。[1]"我记得我在评上院士以后董老师还跟我有一次长谈，那就是'你评上院士了，站位应该高一点，除了自己搞科研，要带领大家搞科研，还要注重宏观战略研究，要瞄准品种资源将来战略研究在什么地方，怎么做，给大家指明方向'。专门谈了一席话。董老师希望我评上院士以后更好地把队伍带起来。"刘旭认为董玉琛对他学术成长产生了重要的影响"从董老师给我硕士论文的定位，到我的工作定位，到怎样工作，这连续三件事，董老师给我带来了很深刻的印象，实际上奠定了我一生，乃至于我走到院士的今天，都是这三个基点来支撑着我。"[2]

对于个性鲜明，创造性很强的学生，董玉琛宽容关爱，积极引导，给予他自由，但也严格要求。1986年，李立会被派遣到作物品种资源研究所，加入到董玉琛课题组。据李立会回忆"1986年，把我们分到课题组的时候，董老师从5个人里面挑我到她课题组。当时科研处希望我留在科研处，人事党办希望我留在人事党办处。董老师是所长，就把我要来了。董老师看人很独到，董老师现在出去的学生都不错，这可能是她在这方面非常有魄力。我刚到董老师课题组，董老师是所长，开始我一直不叫她老师，一直叫董所长。因为当时作物所拿到我档案，一直叫我回去。董老师说'人家让你回去你就回去吧！'当时如果回作物所是去做栽培，我不去。开始，

---

[1] 刘旭访谈，2014年11月9日，北京。资料存于采集工程数据库。

[2] 刘旭访谈，2014年8月4日，北京。存地同上。

董老师让我到她课题组,我特别不乐意到她课题组,所以一直不叫她董老师,一直叫所长。后来改过来了,她做的很多事情不得不让人佩服。她给学生充分的自由。她不给学生死题目,给学生方向,自己选择。"分类是研究小麦品种资源的基础,董玉琛便先派李立会去学习分类。"我到了课题组,董老师给我派到内蒙古去向一个非常有名的植物分类学家学习分类。我们几个师兄弟相互之间发展,都有很自由的空间,充分发挥主观能动性。"①

1988 年,李立会向董玉琛提出要去读在职硕士研究生。董玉琛不但不反对,而且还很支持,专门给李立会 3 个月的时间去复习。李立会回忆"我 1988 年做在职硕士的时候,当时老师很少鼓励学生读在职研究生,我说要读,董老师就给我 3 个月的时间专门去补习。我现在所有工作都是那时候打的基础"。1993 年,李立会又跟着董玉琛读博士。在选择研究课题的时候,董玉琛非常注意尊重学生的兴趣和想法。当李立会选择去做在国际上认为不可能成功的普通小麦和冰草的远缘杂交时,董玉琛告诉李立会这个课题的难度,在看到李立会的坚持后,她鼓励他坚持做好。李立会回忆,"董老师在研究课题上她不限定死,让你自己选。但当你选定后,她鼓励你,要求你把这件事情有始有终地做下去,不能半途而废。"最终经过不懈的努力,李立会等人在世界上首次成功实现了普通小麦和冰草的远缘杂交。

董玉琛对学生的宽容和关爱也让李立会感激不已。据李立会讲述:"董老师的宽容体现的是比较多的。因为在董老师所有的弟子里面,我可能是属于比较调皮捣蛋的,给董老师惹过不少的麻烦,她很多事情都能慢慢地原谅你,或者是引导你。举一个最简单的例子,在我博士研究生论文考核的时候,专家组有一个专家提了一个问题,当时我觉得这是个很简单的问题,我就给解释了。当时年轻嘛,在解释的过程中,不是那么谦虚。研究生院的教授也在,就把我批评了一顿。那么多的老先生在,教务处的人也在。当时我年轻,好面子,说了一些不该说的话。后来,董老师就找我

---

① 李立会访谈,2014 年 11 月 16 日,北京。资料存于采集工程数据库。

谈，谈完了之后，董老师又让刘院长（当时是我们的副所长）亲自到我家去做我的思想工作。最后董老师又教育我，给我讲道理，一点一点说，最后也是让我接受了，当然也给人家写了检查。从这个事情来说，在那种环境下说的那种话，现在想起来是非常不应该的。如果没有董老师的这种宽容，我博士学位就没有了，那就不可能有我的今天。因为之后评学科带头人提名人或者学科带头人一级人才，必须要有一个博士学位，如果我没有博士学位，我现在什么都不是。"[1]

对于从研究其他作物转到小麦种质资源的学生，董玉琛会通过让学生了解和熟悉小麦种质资源，来培养研究兴趣，然后再结合学生的兴趣来确定研究方向。孔秀英是董玉琛的博士研究生，她在读硕士期间的研究方向是水稻育种，读博士期间她改做小麦族的研究。董玉琛认为熟悉和了解材料是进一步研究的基础。于是，董玉琛让孔秀英从种植和观察山羊草属的材料开始，逐步找到适合她的研究课题和方向。孔秀英回忆"我刚进行博士生科研工作的时候，董先生就让我种植了山羊草属的几百份材料。因为我原来硕士研究生的时候是做水稻育种研究，到博士期间，又改做小麦族的研究。熟悉材料，认真观察材料，是一个必须的过程。她通过让我对这几百份材料的种植观察，然后提出一个自己的主攻方向。然后再由博士生领导小组的老师们共同座谈，最后确定了我的主攻方向是山羊草属和小麦B基因组重复序列的克隆这方面的研究。因为我对分子方面的技术比较感兴趣。那我就利用现代的分子技术去克隆了小麦这个属基因组的特异的重复序列，并将这些重复序列用于小麦的远缘杂交的检测过程中，也提高了这个检测效率。通过这个科研工作，我将自己的科研兴趣和研究结合起来，顺利完成了自己的博士论文工作。"孔秀英博士毕业后，留到作物品种资源研究所，继续从事小麦种质资源方面的研究工作。她认为正是"通过博士阶段的学习，我的研究重点转到了利用分子技术，从基因层面挖掘小麦基因资源方面的工作。"孔秀英体会到董玉琛在学生培养上有三个重要的特点。"第一，董先生注重培养学生独

---

[1] 李立会访谈，2014年11月16日，北京。资料存于采集工程数据库。

立从事科研工作的能力，第二，注意将科研工作与学生的兴趣结合起来；第三，就是她严谨的工作作风。"①

董玉琛严谨的治学态度，认真勤恳的工作作风，深深的感染了身边的学生和同事。她淡泊名利，因材施教，对学生既严格要求，又关心爱护，从而为作物种质资源学科培养了一批优秀的人才。董玉琛的学生现在大多事业有成，有的被评为院士，有的被选为全国人大代表、有的被授予有突出贡献的中青年科学家称号，有的被批准为跨世纪青年学科带头人，有的被评为"全国五一劳动模范"，有的被任命为国家重大项目的首席科学家。她襟怀坦荡，宽容大度，礼让同事，使得中国农业科学院小麦种质资源的研究团队不断发展壮大。从最初的作物品种资源研究所的小麦野生近缘植物课题组，到中国农业科学院作物科学研究所的作物种质资源保护与研究中心、作物分子生物学系小麦基因资源课题组、农业部作物种质资源与生物技术重点开放实验室等。这些科研团队的许多骨干成员都是董玉琛的学生，他们团结和睦、学风正派、基础扎实、团结奋进，在作物种质资源研究中不断取得优异的成绩，为我国作物种质资源学科的发展做出了新的贡献。

---

① 孔秀英访谈，2014 年 8 月 9 日，北京。资料存于采集工程数据库。

结 语

时代变迁与个人选择

董玉琛是我国近现代农业科学技术发展史上一个重要的历史人物。她出生在国民大革命时期，成长在抗日战争与解放战争的复杂社会形势下，参与了中国共产党领导的革命，是中华人民共和国成立的亲历者和见证者。在风起云涌的革命年代，她坚持学习，追求进步，加入了中国共产党，做出了正确的政治选择。在中华人民共和国的建设中，她从国家需要出发，选择作物种质资源为学术研究方向，从一而终、坚持不懈。她为我国作物种质资源学科的形成和发展做出了重要贡献，成为我国作物种质资源学科的奠基人之一。在近现代社会历史变迁的大时代背景下，个人不懈的努力固然重要，但在关键时刻做出正确的人生选择，对取得更大的人生成就则更为重要。

政治选择：追求进步，参与革命

董玉琛出生的1926年，正处于我国近代历史上的国民大革命时期，北伐战争刚开始，社会风起云涌。革命的新思想已经影响到普通百姓，封建思想对百姓的束缚减弱。董玉琛成长在一个重视教育的开明家庭，虽然身为女子，但她接受到了良好的文化教育。为了便于学习，母亲甚至携她寄居在高阳县城的舅舅家。董玉琛在高阳县小学所取得的优异成绩，为进一步学习奠定了坚实的基础。1937年"七七事变"爆发后，小学即将毕业的董玉琛经历了日军对高阳县的轰炸和扫荡。少年时代经历抗日战争，她在躲避日军的轰炸和杀戮中深刻地体会到国难之惨痛。这种特殊的经历在她幼小的心灵中埋下爱国图强、读书救国的种子。由于父亲长期在北京学习和工作，1938年冬，董玉琛被母亲从高阳接到北京。1939年3月，董玉琛考入当时的北京名校志成中学女部读初中。经历了战火中的辗转逃难，又刚从农村来到城市，董玉琛特别珍惜难得的学习机会，埋头读书，成绩优秀。1941年，考入了"北京师范大学"女附中读高中。虽然当时北京已经沦陷，处于日伪政权的统治下，但依然有大量的中国共产党地下党员在开展革命斗争。"北京师范大学"女附中也有师生秘密加入了中国共产党，学生中有不少的积极分子。她们秘密传阅《大众哲学》等进步书籍，还在学校演出话剧《雷雨》，组织进步社团海燕。董玉琛在这些进步同学的影响下，便开始接触到革命思想，开始了解和关注中国共产党领导的革命。高中时代的董玉琛，思想发生了转变，从初中时期的不问世事，到关心时事，了解革命，追求进步。1944年，董玉琛和同校的何钊等共6人一起考入了"北京大学"。董玉琛与何钊一同被"北京大学"医学院药学系录取。当时已经是中国共产党党员的何钊可以说是董玉琛政治上的启蒙者和引路人。在何钊的影响下，董玉琛积极向党组织靠拢，开始主动参与革命工作。在"北京大学"医学院，她和何钊一起办壁报，宣传进步思想，开展群众工作。在得知"北京大学"农学院中国共产党的力量薄弱时，她结合个人兴趣和革命需要，毅然放弃发展前景相对更好的医学院，于1945年和何钊一起转入到农学院。在"北京大学"农学院农艺系的学习，是董玉琛接触农业科学知识的开始。在不影响学习的同时，董玉琛积极参与到农学院的革命活动中，参加了"反甄审斗争"、组织成立进步团体"耕耘壁社"，出版壁报，团结群众，并介绍同学去解放区。通过参与这些活动，董玉琛更深刻地理解了中国共产党的革命政策和纲领，更迫切地希望加入中国共产党。1945年12月12日，在何钊和李龙的介绍下，董玉琛成为了中国共产党预备党员。1946年3月12日，董玉琛通过了组织的考察，顺利转为正式党员。1946年6月，国共内战全面爆发。在国民党统治区国民党大肆抓捕、屠杀共产党人，北京大学的学生和进步分子遭到国民党特务的严格监视。在形势危急的情况下，董玉琛和何钊等人一起奔赴张家口解放区。董玉琛的学业暂时被迫中断。不过从解放区安全回到北京后，在党组织的安排下，1947年1月，董玉琛顺利考入了河北农业大学的农艺系。在河北农业大学的四年是董玉琛系统地学习农业科学知识的重要阶段，在很大程度上奠定了她开展农业科学研究的理论基础。在获得优秀学习成绩的同时，董玉琛在河北农业大学通过组织音剧社、表演话剧等活动来团结群众。在新中国成立前夕复杂的形势下，坚持开展革命工作。1949年保定解放后，董玉琛担任河北农业大学第一任党支部书记，直至毕业离校。可见，在近现代社会变迁的大背景下，董玉琛的成长与国家命运紧密相连，加入中国共产党，参加革命是董玉琛在个人成长中所做出正确的选择。董玉琛在北大从学医到学农的转变，对她此后的学术研究产生了重要影响。这无疑得益于她在革命中还坚持学习，将个人兴趣与革命工作结合起来。在我国近现代科学技术发展历史上，不乏参加革命的科学家，但如董玉琛一般能兼顾革命与学业者则为数不多。

学术选择：国家需要与个人兴趣的结合

董玉琛大学时期的学习经历了从学医学到学农学的转变，这在她学术成长过程中有重要影响。这既是她个人兴趣的转移，也是当时革命工作的需要。在董玉琛人事档案所收录的《自传》（1950）中，她写道"1943年高中毕业后，考入北京大学医学院药学系，这时我开始看一些理论书籍，如《大众哲学》等，虽然当时的学习情绪很高，但现在回想起来其中有许多是自己读不懂的。一年后因为感到一些课程不合自己的志愿，又恰当北大农学院招考编级生，经我再三考虑后，即转入农学院农艺系二年级，许多课程都使我感到满意，如有机化学、植物生理等都引起了我很大的兴趣"。不过，董玉琛专业的调整，还考虑到当时革命的需要，据董玉琛入党介绍人何钊回忆"当时董玉琛同志受到我的影响，她当时也追求进步，追求革命，她因为听我说农学院反动力量比较强，党的力量比较薄弱，她当时就毅然决然地也转学到农学院了，放弃了她原来的学业，应该说这是她人生的一个转折"。董玉琛在北京大学专业的调整，是她学术成长中重要的节点，从此她迈入了让她一生痴情的农业科学研究领域。在此后，重新考入河北农业大学后，她还是选择了进入农艺系学习农业。在河北农业大学的四年，董玉琛对农业科学知识进行了系统的学习，为她今后从事农业科学研究奠定了基础。通过学习，她树立了学习和研究农业科学的志愿，她在1950年所写《自传》中回忆这一时期的学习经历时写道"我愿把我一生的力量放在农业科学上"。在河北农业大学的专业课程学习上，董玉琛最喜欢作物学，尤其是棉作学和特作学。她写道，"在课程上我很喜欢作物学，尤其是棉作和特作。本班的学习组织，我参加了棉作组，我专题讨论的题目是'棉纤维的发育及环境因子对纤维品质的影响'。我认为中华人民共和国的经济建设中，工艺作物占了很重要的位置，我们应该很好地去研究和改进他，尤其是对于纤维作物的研究，更是我所最爱好的"。她对棉作的兴趣之强，乃至在赴苏联留学前，她还希望去苏联学习棉花的选种技术。在1953年董玉琛填写的"留学预备生审查登记表"中，她写道："我自愿去学习苏联的先进科学技术，为了把我们的祖国建设得更美好，使它更快的走向社会主义及共产主义社会。我愿意学习农作物选种及栽培，其中特别是棉花的选种，是我感到十分重要和有趣。我国目前生产中用的棉花品种多是直接引自外国，因此有不少不适合我国的情况，且每有退化现象发生。学习先进的农业科学理论及工作方法，解决我国生产中的问题，是农业科学工作者的任务。"不过，在得知组织上安排她去学习当时国内更需要的小麦育种时，她也欣然接受。在苏联哈尔科夫农学院（今乌克兰哈尔科夫国立农业大学），董玉琛在育种与良种繁育教研室学习，并跟随苏联著名小麦育种学家、院士尤利耶夫（В. И. Юрьев）开展"冬小麦正反交杂种越冬性的形成"研究。

1959年，在董玉琛完成博士论文答辩前夕，来自国内的一封信，影响了董玉琛此后的研究方向。董玉琛收到中国农业科学院作物育种栽培研究所领导来信。信中提到由于当时国内正研究如何保存和利用收集的大量作物品种，希望董玉琛在毕业后就近学习苏联对作物种质资源管理和利用的经验。于是，董玉琛自费赴列宁格勒（今圣彼得堡）的全苏植物栽培学研究所（今瓦维洛夫全俄植物栽培科学研究所）进修3个月。这3个月的进修，影响了董玉琛一生的学术道路。从此她热爱上了作物种质资源，并为此奉献余生。在当选为中国工程院院士后，董玉琛在《院士自述》中回忆了这段进修经历及对她学术生涯的影响。她写道："在苏联的列宁格勒有全世界最有名的种质资源研究机构——全苏植物栽培学研究所。我完成学位论文答辩后，立即来到这个研究所进修了3个月。访问了该所的每一个系，参观了管理完善的种质库和标本室，了解他们对种质资源收集、保存、整理、分类、评价、利用的观点、方法和成就。我对种质资源学科有了初步了解和喜爱。深感作物种质资源是千百年来自然选择和人工选择的产物，是改良作物品种的基因来源，任何种质一旦从地球上消失，它携带的基因便不能再人工创造出来。为这个学科献身是我的历史责任，也是我最大的快乐。1959年5月，我回国后来到中国农业科学院作物育种栽培所，立即在种质资源事业上投入了工作。从此一干就是40多个年头，尽管机构变动，我的研究专业始终没有变动。"可见，董玉琛在全苏植物栽培学研究所（今瓦维洛夫全俄植物栽培科学研究所）的这段进修经历，让她认识到作物种质资源对国家农业发展的重要性，并决定为发展我国作物种质资源学科做出贡献。这是她学术生涯中的一个重要转折点，从此，她从小麦育种研究转到了作物种质资源的研究，并坚持至终。由此，可以将董玉琛的学术成长的基本脉络总结为从北京大学学医转入学农，开始对农业科学产生兴趣，考入河北农业大学系统学习农业科学知识，由爱好棉花作物，到出国留学后研究小麦育种，经过在全苏植物栽培学研究所的进修，确立了此后献身我国作物种质资源学科的学术志向。在董玉琛学术成长的关键节点上，都有国家需要与个人兴趣的权衡与选择，无论是在北京大学转专业，还是在出国留学后转换研究方向，董玉琛都很好地将国家需要与个人兴趣结合起来，这很可能是她在科研上取得成功的原因之一。

学科发展与个人贡献

董玉琛从苏联留学回国后，便投入到推动我国作物种质资源发展的科研事业中。她的学术生涯也开始与我国作物种质资源学科的形成和发展休戚相关。结合我国作物种质资源研究发展的不同阶段，来系统梳理董玉琛的学术生涯，有助于更清晰地认识董玉琛在我国作物种质资源学科形成和发展中所发挥的作用和做出的贡献。

1949—1977年，是我国作物种质资源学科的创建阶段。1959年5月，董玉琛从苏联留学回国后，担任中国农业科学院作物育种栽培研究所的原始材料室副主任，积极投入到建设我国作物种质资源学科的工作中。当时我国的作物种质资源还被称为"原始材料"，作物种质资源的研究还只处在为作物育种服务的阶段。董玉琛认为"原始材料"难以全面概况作物种质资源的内涵，于1959年率先提出将"原始材料"改为"品种资源"。她的这一提议为农业科技界所认可和接受。当时我国作物种质资源的专门研究机构尚未完全建立，在董玉琛的建议和推动下，1959年7月，中国农业科学院作物育种栽培研究所将原始材料室改建为品种资源研究室，将有关科技人员集中在该研究室，分为小麦组、水稻组、玉米组、高粱组、谷子组和国外引种组。该研究室除了从事研究工作外，还负责全国作物种质资源科研业务的组织协调工作。由此，形成了我国作物种质资源的学科雏形。1959年冬，董玉琛在第一次全国育种工作大会上提出了我国作物种质资源的工作任务和细则，为全面开展我国作物种质资源工作明确了方向。从1960年开始，董玉琛带领品种资源研究室的科研人员，通过"全国冬小麦生态型鉴定联合试验"、"国外小麦品种系统观察（1960—1961）"、"国外小麦优良品种观察研究（1961—1962）"、"国外小麦品种系统整理研究（1962—1963）"等课题对小麦品种资源进行了鉴定、编目和更新，为进一步研究利用奠定了基础。1965年，董玉琛带队赴甘肃张掖万家墩大队（今万家墩村）蹲点，任中国农业科学院西北综合基点点长，负责建设西北工作站。他们首先在西北春麦区北部进行了麦类品种资源的调查，然后建设办公用房和宿舍、修整试验田地，开展品种试验，推广农业生产技术。正当董玉琛准备为当地引入优良小麦品种，推动当地农业生产水平提高的时候，"文化大革命"开始了，董玉琛收到中国农业科学院要求回去的通知。董玉琛只能放下西北工作站的工作，回到北京。

从1959—1966年"文化大革命"开始之前，在董玉琛的积极努力下，我国作物种质资源的研究由"原始材料"转为"品种资源",表述更准确,内涵更丰富;在研究机构上,从"原始材料组"到"品种资源研究室",形成了专门的研究团队;在研究方向上,提出了我国作物种质资源的工作任务和细则。董玉琛还带领品种资源研究室的工作人员开展了系列小麦种质资源鉴定的课题实验和研究,为进一步研究和利用优质种质资源奠定了基础。

在"文化大革命"期间,虽然中国农业科学院品种资源研究机构被取消,董玉琛被下放到北京农业科学研究所,但是她依然坚持开展小麦种质资源的科研工作。董玉琛带领原品种资源研究室的成员,将存放在中国农业科学院内麦类资源库中的小麦品种资源进行繁种、更新、保存和编目,有效地保持了小麦品种资源的活力,为以后我国作物种质资源的研究和利用保存了珍贵的材料。麦类资源库的种子也成为中国农业科学院历经"文化大革命"唯一保存下来的作物种子。在"文化大革命"后期,董玉琛还组织研究人员编写和翻译了一系列的著作,其中《全国小麦品种资源目录》获得1982年农牧渔业部技术改进一等奖。这些著作在特殊时期为我国作物种质资源学科的延续发挥了重要作用。

1978—1986年,是我国作物种质资源研究的恢复、形成和发展阶段。在这一时期,董玉琛为我国作物种质资源研究机构的恢复重建、全国作物种质资源工作体系的创建、国家作物种质库的建立、作物种质资源保存技术的制定等做出了重要贡献。"文化大革命"中,董玉琛随研究机构下放到北京市农林科学院,1977年回到中国农业科学院作物栽培育种研究所后,便积极参与推动作物品种资源研究所的建设。1978年,董玉琛抓住向时任农林部副部长何康汇报的机会,力陈建立作物品种资源研究所的重要性,为争取农林部的支持发挥了关键作用。在筹建作物品种资源研究所获得批准后,董玉琛参与了制定作物品种资源研究所建所方案、确定作物品种资源研究所研究方向和任务等工作,为作物品种资源研究所的成立付出大量心血。1978年底,作物品种资源研究所的筹建基本完成。中国农业科学院作物品种资源研究所作为全国作物品种资源研究的中心,率先建立起来。此后,各地方作物种质资源研究机构逐步建立起来,这为全国作物种质资源研究工作体系的恢复和建设奠定了基础。

1979年2月16—25日，"全国农作物品种资源科研工作会议"的召开是我国作物种质资源工作发展过程中的一件大事。董玉琛负责会议文件组工作，并担任大会的副秘书长，做了题为"小麦稀有种及其在育种中的利用"的学术报告。这次会议拟定了全国农作物品种资源工作的规定和办法，明确了我国作物种质资源研究的方针及各级科研的责任，为全国科研协作网的形成提供了条件。由此，我国作物种质资源学科已形成并开始发展。

董玉琛在瓦维洛夫全俄植物栽培科学研究所进修期间，便梦想为祖国建设一个现代化的种质库。1978年，作物品种资源研究所成立后，国家作物种质库1号库也开始建设。当时董玉琛担任作物品种资源研究所副所长，她全力支持国家作物种质库的建设。国家作物种质库1号库是我国第一次自主建设的种质库，在建设过程遇到很多技术难题，在江朝余、董玉琛等人的不懈努力下，终于在1985年建成投入使用。为了建设技术更为先进的现代化国家作物种质库，董玉琛积极争取到洛克菲勒基金会和国际植物遗传委员会的援助。1984—1986年，在董玉琛的主持下，建成了当时设备和技术均达到国际先进水平的国家作物种质库2号库。在建成的国家作物种质库基础上，董玉琛倾注了大量的心血来构建我国的作物种质资源保存体系。在她的倡议和推动下，我国逐步建成由四大国家级的作物种质资源保存设施（国家农作物种质保存中心、国家作物种质库、国家作物种质复份库、国家种质圃）、中国农业科学院各专业所的作物种质中期库和各地农业科学院中期库构成的全国作物种质资源保存体系，为我国的作物种质资源的安全保存和有效利用提供了保障。

1986年以后，是我国作物种质资源研究的大发展阶段，也是董玉琛学术生涯的巅峰时期。在作物种质资源学科发展上，她主持制定了全国作物种质资源繁种入库的技术路线，完成了30余万份作物种质资源的编目、繁种和入库，为作物种质资源学科的持续发展提供了保障；她首次系统阐明了作物种质资源的含义、工作内容和程序等，并构建了作物种质资源的工作体系，为作物种质资源学科的进一步发展奠定了理论基础。在作物种质资源研究上，她带队开展了对我国小麦和小麦野生近缘植物种质资源的考察收集；发现了小麦属间杂种染色体自然加倍的种质；开展了广泛的小麦远缘杂交，成功实现了小麦属间杂交；带领团队制定了我国农作物种质资源技术规范，构建了我国小麦核心种质，并对我国小麦遗传多样性开展了深入研究。这一时期，董玉琛所开展的研究取得了世界性的重大突破，有力地推动了我国作物种质资源研究的发展。她带领研究生利用发现的能使小麦属间杂种染色体自然加倍的种质，在世界上首次合成了钩刺山羊草－波斯小麦和普通小麦－东方山羊草两种双二倍体；在世界上首次成功实现了小麦与冰草属、新麦草属和旱麦草属的杂交，并形成了一套远缘杂交的技术路线。这为利用小麦野生近缘植物种质资源来改良小麦、选育小麦新品种提供了条件。在董玉琛主持（或参与）的研究项目中，共获得近10个国家、省部级的科技进步奖励，其中有1项获国家科技进步一等奖（集体），2项获得国家科技进步二等奖。

通过系统的梳理董玉琛在我国作物种质资源不同发展阶段所做出的贡献和取得的学术成就，可以清晰地看出，董玉琛个人的学术生涯伴随着我国现代作物种质资源学科的创建、挫折、恢复重建和大发展的历史进程。董玉琛在我国作物种质资源学科的形成和发展中发挥了重要作用，是我国作物种质资源学科的奠基人之一。当然，董玉琛个人的学术成长离不开我国作物种质资源学科的整体发展，而学科的发展又需要如董玉琛这般杰出的科学家长期不懈的努力和推动。在学科的发展受到挫折时，需要有远见的科学家默默的坚守；在学科发展迎来机遇时，需要杰出的科学家来把握和推进。可以说，一个学科的大发展，是建立在杰出科学家卓越学术成果和重大学术贡献的基础之上。

学 术 特 点

不同的科学家，学术成长经历不同，形成各具特色的学术风格。通过梳理董玉琛的学术成长历程，从学术研究的不同侧面来发掘其学术特点：从学术研究的持续性和创新性上而言，董玉琛的研究体现出"循序渐进、勇于创新"的特点；从学术研究的战略性和协作性上来看，"胸怀大局、协作共赢"是另一重要特点；从学术研究的预见性上来看，董玉琛具有敏锐的学术洞察力和前瞻性。

循序渐进　勇于创新

在 2004 年出版的《中国院士治学格言手迹》中，收录了董玉琛手书的治学格言"循序渐进、勇于创新"。从学术研究的持续性和创新性上来看，"循序渐进、勇于创新"正是董玉琛在作物种质资源科研工作上最为突出的特点之一。无论是在工作还是研究中，董玉琛都是由浅入深、由表及里地逐步推进。在推动作物种质资源学科建设上，董玉琛从明确学科内涵、研究任务等最基础工作开始，逐步建立起专业的研究机构、形成全国性的学科工作体系。在作物种质资源的研究过程中，董玉琛先从考察、收集、整理、保存作物种质资源开始，建立国家作物种质库，保存大量珍贵的作物种质资源。在此基础上，由浅入深地开展对作物种质资源的研究，即从作物种质资源特征特性的鉴定到优良基因的发掘与利用。

在循序渐进的推动作物种质资源研究的发展过程中，董玉琛不拘泥于前人经验，勇于创新。在国家作物种质库的种质入库技术路线的制定上，她吸取美、苏等国种质库追求种质入库数量而忽略种质质量的经验教训，创新性地提出了先按照作物组成全国协作组，并按作物编制全国种质资源目录，将各作物品种统一编号。然后，各个作物协作组根据目录分工，繁殖种质提交国家种质库（圃）保存。入库之前，要求测定种质的发芽率，以确保种质的活力。这样既可以剔除重复的种质，又可以保证入库种质的质量，为有效地完成全国大量作物种质资源的入库提供了技术保障。在作物种质资源具体项目研究中，董玉琛勇于创新的学术特点更为明显。如从发现可以使小麦属间杂种染色体自然加倍的小麦种质开始，她带领研究生挑战当时国际上已被认为不可能实现的小麦属间杂交，先后成功实现了 4 个属的 6 个种的杂交，使我国在这一研究领域达到世界领先水平。她在我国率先利用 SSR 分子标记分析国家作物种质库保存的普通小麦种质资源，根据材料之间的遗传距离构建了中国小麦核心种质和微核心种质，达到国际先进水平。

胸怀大局　协作共赢

从学术研究的战略性和协作性上来看，董玉琛在学术研究和工作中具有很强的大局观和协作意识，并且能将这两者有机的结合起来。我国幅员辽阔，气候类型多样，作物种质资源非常丰富，全面地开展作物种质资源的研究，需要组织全国各地的科研机构和人员进行协作研究。董玉琛深刻地认识到我国作物种质资源研究的这一特点，在工作和研究中胸怀大局，注重协作。董玉琛留学回国后，主持开展的第一个大型课题是"全国冬小麦生态型鉴定联合试验"。该课题于1960—1961年间开展，由董玉琛组织协调地方农业研究所在乌鲁木齐、武威、石家庄、武功、太原等15个试验点，对我国300多个主要冬小麦品种在不同地区的生长情况进行研究。1978年，在作物品种资源研究所建立后，董玉琛积极参与到构建全国作物种质资源工作体系中。在1979年"全国农作物品种资源科研工作会议"中负责文件组的工作，参与拟定有关全国农作物品种资源工作的规定、协作研究计划等文件。1984年，董玉琛主持召开了"第二次全国农作物品种资源科研工作会议"，制定了全国作物品种资源科研工作协调方案、对外交换管理办法、种子入库暂行管理办法等文件，逐步建立起全国协作开展作物种质资源研究的工作体系。正是在全国协作开展研究工作体系下，我国作物种质资源的研究取得了诸多成就。在董玉琛等人的组织协调下，各地科研机构和专家协作完成的"中国农作物种质资源收集、保存、评价与利用"、"中国农作物种质资源本底多样性和技术指标体系及应用"获得了国家科技进步奖。

在中国农业科学院，董玉琛非常注意发挥科研团队的力量，集体协作开展研究。董玉琛在课题研究中，淡泊名利、宽容大度、团结同事，在科研成果出版或申报奖项时总是将同事和学生列在前面。董玉琛宽广的胸怀和独特的人格魅力，团结了一批优秀人才协作开展研究。从中国农业科学院小麦原始材料组到品种资源研究室，从作物品种资源研究所到作物科学研究所，在董玉琛的精心培育和协调下，中国农业科学院的作物种质资源研究团队不断壮大，为我国作物种质资源研究做出非常重要的贡献。

敏锐的学术洞察力和前瞻性

从学术研究的预见性来看，董玉琛具有敏锐的学术洞察力和前瞻性。

在学术方向的确立上，便体现出青年时期的董玉琛对我国作物种质资源学科重要性和研究前景的正确判断。在留学苏联时期，董玉琛攻读副博士学位的研究方向是小麦育种，而在完成答辩后，董玉琛自费赴全苏植物栽培学研究所进修了3个月。通过在瓦维洛夫全苏植物栽培科学研究所的全面考察和学习，董玉琛敏锐地意识到我国作物种质资源工作的重要性和广阔的研究前景。她曾回忆在瓦维洛夫全苏植物栽培科学研究所进修后，"我对种质资源学科有了初步了解和喜爱。深感作物种质资源是千百年来自然选择和人工选择的产物，是改良作物品种的基因来源，任何种质一旦从地球上消失，它携带的基因便不能再人工创造出来。为这个学科献身是我的历史责任，也是我最大的快乐"。在当时国内刚刚开始收集作物种质资源，尚未建立作物种质资源学科的情况下，董玉琛的这一选择充分体现了她的学术前瞻性。回国后，董玉琛便将自己的学术方向确立在作物种质资源，即使经历挫折也未曾改变，将一生的精力都贡献给我国作物种质资源事业。

学术研究的选题也能体现出学者的学术前瞻性和对学科发展方向的把握能力。董玉琛所选择的研究主题，基本可以归纳为作物种质资源概论、小麦种质资源考察、普通小麦及小麦稀有种研究以及小麦野生近缘植物遗传与利用。其中，在小麦稀有种及野生近缘植物的遗传与利用上，董玉琛所取得学术成就最大，研究达到了世界领先水平。董玉琛在1979年"全国农作物品种资源科研工作会议"便做了"小麦稀有种及其在育种中的利用"的报告，指出未来生产对小麦品种的要求将不断提高，而育种材料又将趋于贫乏，传统研究中不受重视的小麦稀有种在小麦育种中具有很高的利用潜力和价值。而这时，我国作物种质资源研究刚从"文化大革命"的挫折中开始恢复，很多学者还在因循以往的研究思路，利用普通小麦优良品种来选育新的品种。董玉琛是为我国最早开展小麦稀有种及野生近缘种研究的学者之一。此后，董玉琛便带领研究团队对我国小麦稀有种及野生近缘植物进行了持续而深入的研究，并取得国际领先的学术成果。

董玉琛的学生在回忆自己研究方向选择时，对董玉琛敏锐的学术洞察力和前瞻性印象深刻。现为美国农业部遗传学专家的许树军教授便深有感触，

"董院士在科学研究上有很强的前瞻性，能及时捕捉到学科的前沿和热点，并能迅速立项使研究工作在国内外始终处于领先水平。例如，我的硕士论文在 1984 年选题时，确定为节节麦的研究与利用。董院士当时提出，利用合成小麦的创制来利用节节麦，这项工作比国际小麦玉米改良中心的同类项目提早了 5 年。我硕士论文研究中所合成的几份合成小麦，后来成为小麦遗传研究和种质创新的重要基础材料。"许树军教授参与的这一研究项目先后获得了 1991 年和 1993 年农业部和国家科技进步二等奖。据首届全国百篇优秀博士论文的获得者，中国农业科学院作物科学研究所的李立会研究员讲述，在改革开放初期，国外关于小麦染色体组的研究已取得很多成果，而我国小麦遗传育种相对落后。1985 年，董玉琛便将美国农业部的专家史蒂夫请到中国农业科学院做小麦染色体组研究进展的报告，李立会正是通过这次报告发现了自己的博士论文研究选题。李立会认为董玉琛具有"敏锐的观察力，很强的把握前沿能力，尤其是把握学科的前沿和符合国家重大需求的前沿。这是一般科学家和我们这些学生很难和她比拟的。"

科学精神与人格魅力

科学精神是科学的灵魂，内化于科学家，通过一代一代科学家的科学实践而不断传承和发扬。从老一辈科学家的学术成长历程中发掘科学精神，有助于弘扬科学精神，鼓舞青年科学家的成长，推动科学技术的进步。对董玉琛的学术成长史的研究，可以发现董玉琛在长期的科学实践中形成了不畏艰险、持之以恒、严谨求真、淡泊名利的科学精神。

不畏艰险　持之以恒

青年时代的董玉琛便参与革命，在国民党统治区开展地下工作、冒着生命危险突破封锁线奔赴解放区。这些革命经历，对她以后不畏艰险、持之以恒的从事作物种质资源的研究和工作，无疑起了积极的作用。1955 年冬，董玉琛在苏联留学开展小麦越冬试验，不幸遇到自然灾害，所有试验麦苗都被冻死，甚至第二年在附近做杂交的小麦也没有。虽然她也有所气馁，但她并没有放弃。1956 年春，她到奥德萨全苏育种遗传研究所，在那里找到了可以用作杂交的小麦。在回国开展一段时间的小麦种质资源研究后，正当董玉琛准备在作物种质资源研究上大显身手时，"文化大革命"开始了。中国农业科学院的作物种质资源研究机构被解散，科研人员被下放，研究遇到了前所未有的挫折。董玉琛并没有放弃，她依然坚持学习，在这时期写下了大量的读书笔记。她还带领原品种资源研究的同事，坚持将存在小麦种质资源库中的小麦资源进行繁种、更新和保存，保证了小麦种质资源没有丢失。在我国作物种质资源工作恢复后，董玉琛积极倡导并带队到云南、新疆的边远山区考察收集小麦和小麦野生近缘植物，1986—1990 年，年近 60 岁的她还带队走遍了我国北方 12 个省（自治区、市）的山区和草原考察收集小麦野生近缘植物。在考察中，她与同事同吃同住，从不特殊，不惧艰辛地过险流、登高山，让同行的年轻人都敬佩不已。正是这种不畏艰险的精神，支撑她在作物种质资源的研究道路上不懈前进，不论遇到何种挫折，她都从未换过研究方向，持之以恒地坚守在我国作物种质资源事业上。

严谨求真　淡泊名利

　　董玉琛在科学研究过程中的严谨求真和淡泊名利的精神，一直为同事和学生所乐道。在野外考察中，她坚持每天记录考察情况，并仔细整理采集到的标本。在大田实验中，她总会亲自到试验田中观察记录试验材料。无论是她的报告还是学生的论文，她一定会逐字逐句的推敲，反复修改。甚至有的论文，在她多次修改后，还请其他专家进行修改。在研究成果和荣誉面前，董玉琛从不居功，总是谦让。据钱曼懋回忆，"1981 年，我们编写的《全国小麦资源目录》被评为农业部科技进步奖一等奖，报奖填写主要完成人时，我建议按照董玉琛、卜慕华、钱曼懋的顺序排。但是在品种资源所里讨论时，董先生就提出'不要写我的名字，就写卜慕华、钱曼懋'。最后，董先生仅列为第三名。像这种精神，实在是很可贵。"在与学生一起完成的论文中，董玉琛也总是将学生的名字放在前面，将自己放在后面或是不署名。她这种淡泊名利的作风，让同事和学生由衷的敬佩。

　　董玉琛还曾长期担任作物品种资源研究所的副所长和所长。一般作为科研机构的行政负责人，有的科学家往往在学术和政治上纠缠不清，最终也是毁誉参半。然而，在我们的采集过程中，无论在学术研究还是行政事务上，所有的受访者都是给予董玉琛正面的评价。有人夸她"党性强、业务精、人品高"，有人回忆她"平易近人，胸怀坦荡，淡泊名利"。这一点极为难能可贵。作为一个身兼行政职务的科学家，董玉琛很好地把握了学术和政治的平衡。科学精神和人文素养在她身上实现了有机的统一。这或许正是董玉琛不仅可以取得世人瞩目的学术成就，还能以独特的人格魅力影响他人的一个重要因素。

附录一　董玉琛年表

1926 年
6月11日（农历五月初二），出生于河北省保定市高阳县邢家南镇季朗村。

1932 年
3月，进入高阳县立完全小学上学。

1937 年
9月，随母亲到北京照顾生病父亲，转入北京鲍家街文星小学上学。

1938 年
9月，转回高阳县立完全小学上学。

1939 年
3月，入北京志成女子中学上学。

1941 年
6 月，初中毕业于北京志成女子中学。
9 月，入"北京师范大学"附属女子中学。

1944 年
6 月，高中毕业于"北京师范大学"附属女子中学。
9 月，入"北京大学"医学院药学系。

1945 年
9 月，转入"北京大学"农学院农艺系。
12 月 12 日，经何钊、李龙介绍加入中国共产党，成为预备党员。

1946 年
3 月 12 日，转正为中国共产党党员。
6 月—9 月，赴晋察冀边区（张家口）城工部学习。
9 月，从解放区（张家口）回到北京家中（缸瓦市十号）。
11 月，考入河北省立农学院农艺系。

1947 年
3 月 4 日，入河北省立农学院学习。

1949 年
3 月，任河北省立农学院内中国共产党第一个党支部的支部书记。

1950 年
6 月 30 日，从河北省立农学院大学毕业。
8 月 1 日，进入华北农业科学研究所任技术员。
12 月，参加华北农业科学研究所组织的土改工作队，赴山东历城县参加土地改革，任土改工作队队长。

1951 年

2 月，完成山东历城县土改工作，回到华北农业科学研究所。

3 月，参加中国教育工作者工会华北农业科学研究所分会。

1952 年

4 月 22 日至 8 月上旬，参加以苏联全苏植物栽培学研究所禾谷类作物系主任 А. П. 伊万诺夫为顾问，中国科学院、华北农业科学研究所、北京农业大学等单位组成的"中央农业部农业技术考察团"，先后到河南、湖北、广东、江西、浙江、上海、江苏、山东、山西、河北、辽宁、吉林、黑龙江等地，对农业科学技术工作情况进行初步考察。

8 月，任华北农业科学研究所作物系系秘书。

8 月上旬到 10 月初，参加"米丘林农业植物选种及良种繁育讲习班"的助教班。

10 月 21 日，"米丘林农业植物选种及良种繁育讲习班"正式开班，担任助教、党支部书记。

1953 年

2 月 20 日，"米丘林农业植物选种及良种繁育讲习班"结束。

9 月，进入北京俄文专修学校学习俄语。

1954 年

7 月，完成在北京俄文专修学校的俄语学习。

8 月，赴苏联哈尔科夫农学院（今乌克兰哈尔科夫国立农业大学）留学，师从 В. И. 尤利耶夫（Юрьев）。

1957 年

10 月，赴苏联莫斯科的季米里亚捷夫农学院，在列宁图书馆查阅撰写毕业论文所需文献资料，并写出毕业论文初稿。

11 月 17 日，在苏联莫斯科大学大礼堂参加毛泽东接见留学生大会。

1959 年

1 月，从苏联哈尔科夫农学院毕业，获得副博士学位，毕业论文题目为《正反交条件下冬小麦越冬性的形成》。

2 月，得知国内正需要开展作物品种资源研究，受工作单位委派，赴全苏植物栽培学研究所自费进修。

4 月，完成在全苏植物栽培学研究所的进修学习。

5 月，回到中国农业科学院作物育种栽培研究所。

7 月，中国农业科学院作物育种栽培研究所将原始材料研究室改建为品种资源研究室。

冬，在中国农业科学院作物育种栽培研究所品种资源研究室任 7 级助理研究员。

1960 年

1 月 13 日，被任命为中国农业科学院作物育种栽培研究所品种资源研究室副主任。

9 月，主持课题"全国冬小麦品种生态型鉴定联合试验（1960—1961）"。

1961 年

2 月 10 日，主持课题"国外小麦品种系统观察（1960—1961）"。

3 月，参加《中国小麦栽培学》第四章"中国小麦品种资源"编写。

1962 年

2 月，主持课题"国外小麦优良品种观察研究（1961—1962）"。

1963 年

2 月 15 日，主持课题"国外小麦品种系统整理研究（1962—1963）"。

10 月，晋升为中国农业科学院作物育种栽培研究所副研究员。

12 月，被评为中国农业科学院先进工作者。

1965 年

1月7日—1月29日，在西北春麦区北部（河北坝上、内蒙古西部、山西雁北）进行麦类品种资源调查。

夏，赴甘肃张掖万家墩大队蹲点，任中国农业科学院西北综合基点点长，负责筹建西北工作站。

1966 年

1月7日，参加春小麦会议。

夏，接到中国农业科学院通知，从甘肃张掖回中国农业科学院参加"文化大革命"。

1970 年

12月10日，参加北京市革委会农业组会议，李秀菊讲话。

12月14日，参加北京市农业科学研究所座谈。

12月15日，参加北京市农业服务站座谈。

12月17日，参加密云县河南寨大队宗成哲、密云县农业局蔡瑞祥、前栗园大队王登进汇报粮食生产情况会议。

12月21日，参加程美仁介绍繁殖锈病菌种技术会议。

1971 年

4月28日，参加密云县李义才给第二批下点人员介绍情况会议。

4月29日，参加密云县河南寨大队介绍农业生产情况会议。

6月，随中国农业科学院作物育种栽培所下放到北京市农业科学院。

1972 年

1月5日，参加小麦组介绍北京农业生产情况会议。

1975 年

夏，与孙雨珍等人，一起到北京市延庆县蹲点。

1976 年

4 月，参加中国农林科学院召开的商讨编制小麦品种资源目录事宜的座谈会。

1977 年

3 月，与胡道芬合译的《小麦的现代品种及其系谱》正式出版。

5 月—6 月，参加《全国小麦品种资源目录》(上、下册)的汇编。

1978 年

1 月 3 日，在河北廊坊参加中国农林科学院主持的全国农作物品种资源工作会议。

4 月 18 日，农业部批准中国农业科学院成立作物品种资源研究所。

4 月 19 日，出席中国农业科学院召开的"品种资源和作物育种学术讨论会"，并在会上发言。

6 月 23 日，中国农业科学院党组批准董玉琛、王世杰任中国农业科学院作物品种资源研究所副所长。

8 月 7 日，中国农业科学院正式宣布成立作物品种资源研究所。

11 月 21 日，农林部政治部批准王晓任作物品种资源研究所所长，许运天、董玉琛、王世杰任副所长。

1979 年

2 月，被评为中国农业科学院"三八"红旗手。

2 月 16 日，在安徽合肥参加中国农业科学院主持召开的"全国农作物品种资源科研工作会议"，任大会副秘书长并作大会学术报告，报告题目是"小麦稀有种及其在育种中的利用"。会议拟定了《全国农作物品种资源工作暂行规定》等 4 个文件草案。

5 月 5 日—6 月 9 日，带队在云南省的贡山县等县进行麦类种质资源的考察收集。

5 月 16 日，经中国农业科学院党组批准成为中共中国农业科学院作物品种资源研究所第一届党委会委员。

7月3日，任中国农业科学院作物品种资源研究所第一届学术委员会副主任。

7月9日，随中国作物品种资源考察组赴美考察访问，任考察组副组长。

1980 年

4月3日—6月4日，带队在云南思茅地区、临沧地区、保山地区及大理自治州进行麦类种质资源考察。

5月，参加编写的《全国小麦品种资源目录（上、下册）》正式出版。

1981 年

9月15日，赴法国考察品种资源，任考察组组长。

10月27日，中国农业科学院作物品种资源研究所创办《作物品种资源》学术刊物，任编委会副主编。

11月，《全国小麦品种资源目录（上、下册）》获农牧渔业部农业技术改进一等奖（第三完成人）。

1982 年

3月，被评为中国农业科学院三八红旗手。

5月，董玉琛译，许运天校的苏联 Н.И. 瓦维洛夫著作《主要栽培植物的世界起源中心》出版。

6月22日—9月3日，带队在新疆维吾尔自治区哈密、吐鲁番、伊犁和喀什地区进行小麦及野生近缘植物考察收集。

11月，在江苏太仓参加《中国小麦品种志（1962—1982）》定稿会议。

11月，主持的课题"云南麦类品种资源考察与搜集"，获1982年农牧渔业部技术改进一等奖。

12月，与郑兴华、刘大钧、王克海合译的《世界小麦》出版。

1983 年

3月16日，被任命为中国农业科学院作物品种资源研究所所长。

4月，赴菲律宾国际水稻所参加国际种质资源工作会议。

6月29日—8月26日，带队在新疆维吾尔自治区库尔勒、和田和阿克苏地区开展小麦及野生近缘植物考察收集工作。

1984 年

8月，审阅并批复"关于建立作物品种资源科技情报网的意见"。

8月，审阅并批复"农作物品种资源对外交流管理办法"。

8月6日，由中国农业科学院主持，在北京组织召开了全国作物品种资源工作会议。在会上作"全国作物品种资源补充征集和重点考察工作总结"报告。

8月15日，筹备组织了国家作物种质库奠基典礼。

9月14日，为全国品种资源培训班的学员讲课。

12月17日，被中国农业科学院聘请为中国农业科学院第二届学术委员会委员。

1985 年

1月25日，被河北省农林科学院聘请为该院粮油作物研究所兼职研究员，所学术委员会委员。

6月10日，被聘为中国农业科学院第二届学位评定委员会委员。

8月3日，赴美国华盛顿参加国际遗传资源委员会召开的小麦族学术讨论会。

10月12日，参加中国农业科学院作物品种资源研究所召开的小麦种质资源繁种编目入库研讨会。

1986 年

1月31日，任中国农业科学院作物品种资源研究所第一届专业技术评分委员会组长。

2月，任副主编的《中国小麦品种志》出版。

3月11日，组织并主持"七五"国家重点科技攻关项目"主要农作物品种资源研究"论证会。

8月，协助主持农业部科技司委托中国农业科学院作物品种资源研究所组织在北京召开的主要农作物品种资源研究攻关合同草签会。参加会议162人。农业部科技司朱鑫泉主持。

8月5日，出席中国小麦遗传资源繁种编目会议。

8月14日，与陈勤、周荣华接待了来参加内蒙古小麦族考察工作的法国农业科学院凡尔赛遗传育种站Cauderon博士。

8月16日—9月9日，带队在内蒙古自治区锡林郭勒草原开展小麦族考察工作，收集小麦野生近缘植物。

9月15日，中国作物学会遗传资源委员会成立，任常务副主任。

10月，在西安参加由中科院及陕西省共同召开的第一届国际植物染色体工程会议。所做学术报告题目为"普通小麦与多枝赖草和大赖草杂交的研究"（英文）。

10月15日，筹备组织了现代化的国家作物种质库落成典礼。

1987年

3月17日，对IBPGR希望在中国设立7种作物的贮藏中心做出具体答复意见。

4月14日，赴成都出席中国农业科学院作物品种资源研究所召开的小麦遗传资源编目定稿会。

7月30日—9月16日，带队历经甘肃、宁夏、陕西、山西等省（区）考察收集黄土高原小麦野生近缘植物。

9月9日，出席中国农业科学院庆祝建院30周年在北京召开的农业科学发展战略学术讨论会。

冬，参与编写的《中国小麦品种志》，获中国农业科学院科技改进一等奖（第三完成人）。

10月，与许树军出席中国科学院遗传所在北京召开的小麦核质杂种和细胞质工程学术讨论会。

11月8日，赴日本筑波参加东亚地区作物种质资源工作会议，并作学术报告，题目为："中国作物遗传资源研究工作的近期进展"。

11月25日，主持农作物抗逆性鉴定学术研讨会，并作报告。

1988年

4月24日，与章一华参加"生物多样性，种质资源贮存——全世界的紧急任务"国际学术会议，并作"中华人民共和国作物品种资源研究进展"的学术报告。

6月，任主编的《中国小麦遗传资源目录（1976—1986）》出版。

7月，与周荣华、许树军接待来参加东北小麦族考察的法国农业科学院凡尔赛遗传育种站的Cauderon博士。

7月，与周荣华、许树军接待来参加东北小麦族考察的美国农业部犹他牧草与草场研究室细胞遗传博士汪瑞琪。

7月，与周荣华、许树军接待来参加东北小麦族考察的澳大利亚CSIRO的P. Banrs博士。

7月24日—8月24日，带队在吉林、黑龙江部分地区开展东北小麦族考察，收集小麦野生近缘植物。

8月，与江朝余、陈叔平接待美国西部植物引种站笛兹（Ditz）站长，参观国家作物种质库及座谈品种资源工作。

8月，与周荣华接待来参加河北、宁夏小麦族考察德法国农业科学院凡尔赛遗传育种站Cauderon博士。

9月5日，在北京出席并主持中国农业科学院作物品种资源研究所与中国农学会遗传资源分会共同主办的"作物品种资源发展战略研讨会"。

1989年

6月17日—6月29日，带队在河北省石家庄、行唐、正定、南宫、黄骅中捷农场、保定、白洋淀、赞皇县障石岩、平山县天桂山考察收集小麦野生近缘植物。

8月7日—8月8日，带队在北京潭柘寺附近、怀柔县慕田峪考察收集小麦野生近缘植物。

8月10日—8月20日，带队在河北围场县御道口牧场、承德考察收集小麦野生近缘植物。

8月22日—9月3日，带队在宁夏银川、永宁县、中卫、中宁，内蒙古自治区阿拉善左旗，以及贺兰山考察收集小麦野生近缘植物。

1990年

3月，与贾继增、谭富娟等参加中国遗传学会在南京召开的全国植物遗传理论与应用研讨会。

3月，参加中国农业科学院作物育种栽培研究所"矮败小麦的选育"鉴定会议。

4月，被评为"中国农业科学院作物品种资源研究所优秀党员"。

4月，与方嘉禾合写的"作物品种资源"一文载入农业出版社出版的《中国农业科学技术四十年》一书。

4月，参加中国农业科学院作物所的小麦育种攻关子专题鉴定验收会及小麦育种攻关专题鉴定验收会。

4月9日，接待了美国农业部犹他牧草与草场研究室汪瑞琪博士来访，商谈并签合作项目。

4月13日，在中国农业科学院作物品种资源研究所举办的品种资源培训班上，主讲"野生种质资源的研究和利用"，听讲人数约40人。

5月16日，被东北师范大学学位评定委员会聘请为生物系植物专业1990年博士生学位论文答辩委员会委员。

6月15日，参加东北师范大学生物系植物专业1990年博士生学位论文答辩会。

6月25日，带队从北京赴新疆维吾尔自治区乌鲁木齐、昌吉、安奇渠等地考察小麦野生近缘植物。

8月10日，接待IBPGR的Hodgkin检查中国北方小麦族植物考察项目执行情况。

8月14日—9月4日，带队先后考察了青海西宁、平安、化隆、循化，甘肃临夏、夏河、民乐、张掖、酒泉、嘉峪关、玉门、安西、敦煌等地的小麦野生近缘植物。

9月6日，接待美国农业部犹他牧草与草地研究室的细胞遗传学博士汪瑞琪，商谈并签合作项目。

10月，应中国农业科学院作物品种资源研究所邀请，参加作物种质资源保存方法专题验收。

10月，应河北农业大学邀请参加"小麦种质资源的研究与利用"的鉴定。

11月，董玉琛评为"中国农业科学院三八红旗手"。

11月，应新疆维吾尔自治区农业科学院邀请，参加"新疆麦类作物野生近缘种考察、收集、建圃与利用研究"鉴定。

11月29日，接待FAO IBPGR外评估小组5人听取中国北方小麦族植物考察项目汇报。

12月，应中国农业科学院作物品种资源研究所邀请参加作物种质资源20万份种子入库专题鉴定。

12月，应中国农业科学院蔬菜研究所邀请，参加"蔬菜种质资源繁种和特性鉴定"子专题验收。

12月，应中国农业科学院作物品种资源研究所邀请参加"油料作物繁种和特性"鉴定。

12月，应中国农业科学院棉花研究所邀请参加"棉麻品种资源遗传研究"。

12月，应中国农业科学院作物品种资源研究所邀请，参加作物种质资源20万份种子入库验收。

1991年

1月，被选举为中国农学会遗传资源分会第二届委员会主任委员。

1月8日，指导学生李立会撰写的"普通小麦与沙生冰草、根茎冰草间杂种的产生及其细胞遗传学基础"一文获中国农业科学院第二次青年优秀科技论文一等奖。

1月8日，出席中国农业科学院作物品种资源研究所与中国农学会遗传资源分会共同主持的"作物优异种质资源开拓利用学术讨论会"。学术报告题目是"小麦野生近缘植物的研究与利用"。

2月6日，被评为"中国农业科学院三八"红旗手。

6月，赴瑞典参加国际遗传资源会议并宣读论文，随后在当地IBPGR召集中国小麦族植物考察收集工作会议。

8月，应新疆维吾尔自治区农业科学院戚家骅研究员邀请，参加天山北坡杂草型黑麦考察。

9月13日，主持中国农业科学院与美国农业部农业研究局合作的"中美小麦族种质资源的交流和评价利用"项目。

10月1日，国务院颁发证书，为了表彰董玉琛同志为发展我国科学研究事业做出的突出贡献，特决定从一九九一年七月起发给政府特殊津贴。

1992年

1月，因承担中美合作项目"小麦族资源研究（1990—1994）"，并承担国家"八五"攻关中"小麦族资源研究入库"的任务和部分"863"项目，所带博士生有一人须1994年毕业，延长退休3年。

11月，主持的"小麦属间杂种染色体自然加倍种质的发现和利用"获国家科学技术进步奖二等奖。

冬，参与的"新疆杂草黑麦种质资源收集与研究"获新疆维吾尔自治区政府科技进步三等奖（第二完成人）。

1993年

9月，主持的"我国北方小麦野生近缘植物遗传资源的考察收集和研究"项目获1993年农业部科学技术进步奖二等奖。

1994年

3月，被评为中央国家机关巾帼建功标兵。

4月，当选为中国作物学会第五届常务理事。

1995 年

4 月 25 日，任中国农业科学院作物品种资源研究所第二届学术委员会委员。

12 月，任中国农学会遗传资源分会第三届委员会名誉理事长。

1996 年

6 月，离休。

6 月 11 日，主持中国农业科学院作物品种资源研究所与美国农业部合作项目"谷类作物种质资源的交换和研究"，执行时间为 1996—1998 年。

12 月 1 日，参与的科研项目"小麦近缘杂交中外源染色体的分子标记鉴定"获农业部科学技术进步奖二等奖（排第六名）。

1997 年

5 月，任副主编的《中国小麦品种志（1983—1993）》出版。

6 月，"我国北方小麦野生近缘植物遗传资源的考察收集和研究"，作为第一完成人获得中华人民共和国国家科学技术委员会颁发的国家科技成果完成者证书。

1998 年

7 月 25 日，与周荣华、许树军接待了澳大利亚 CSIRO P. Bank 博士，参加东北小麦族考察。

10 月 21 日，出席中国农学会遗传资源分会与中国农业科学院作物品种资源研究所共同主办的作物种质创新学术研讨会。

冬，参与的"小麦与多枝赖草属间杂交创造优异种质的途径及技术体系"，获河北省科学技术进步一等奖（第四完成人）。

1999 年

4 月 17 日，出席国家重大研究规划项目"作物核心种质研究"课题启动会议。

10月，被中国农学会遗传资源分会聘为第四届（1999—2003年）理事会名誉理事长。

10月25日，出席由中国农业科学院作物品种资源研究所、中国农学会遗传资源分会和国际植物遗传资源研究所联合在北京召开的中国植物遗传资源保存与利用战略研讨会。宣读论文"中国农业植物多样性与农业可持续发展"。

11月，当选为中国工程院院士。

2000年

1月22日，在北京出席小麦分子和细胞遗传学大会。

5月10日，被山东省农业科学院聘为山东省农业科学院高级顾问。

6月，与郑殿升共同主编的《中国小麦遗传资源》一书由中国农业出版社出版。

2001年

1月，论文"作物种质资源学科的发展和展望"发表在《中国工程科学》2001年第1期。

5月，在郑州出席由中国农学会、国家"863"计划生物领域专家委员会等7单位联合主办召开的"小麦遗传育种国际学术讨论会"，担任会议副主席，宣读论文"小麦远缘杂交育种"，载于会议论文集《21世纪小麦遗传育种展望—小麦遗传育种国际学术讨论会文集》。

5月10日，被河南金象麦业集团聘请为科技顾问。

6月，董玉琛、郑殿升、丁寿康、钱曼懋、张贤珍、贾继增、曹永生等同志编著的《中国小麦遗传资源》一书获得中华人民共和国新闻出版总署颁发的第十届全国优秀科技图书奖一等奖。该著作于11月，又获得第五届国家图书奖提名奖。

2002年

1月7日—1月8日，出席在北京召开的全国作物种质资源繁种入库学术讨论会。

1月25日，被河北科技大学聘请为特聘教授。

4月，被中国作物学会聘为中国作物学会第七届理事会理事长。

6月，被上海市农业生物基因中心聘请为该中心专家委员会委员。

7月23日，参加中国工程院院士赴内蒙古考察团考察内蒙古大学等。

2003年

4月21日，与张继益、贾继增、蒋观敏合作发表的文章"旱麦草属种质资源的随机扩增多态性DNA（RAPD）分析"被评为《遗传学报》优秀论文。

8月，受聘担任2003年度新世纪百千万人才工程国家级人选评审委员会委员。

11月20日，被云南省农业科学院聘请为该院承担的《云南作物种质资源》专著编研委员会顾问，聘期两年。

12月10日，为科学时报社编世界知识出版社的《中国院士治学格言手迹》一书书写"循序渐进，勇于创新"。

2004年

1月，"中国农作物种质资源收集、保存、评价与利用"，获2003年度国家科学技术进步奖一等奖（集体奖、汇报人）。

2月20日，作为2003年度国家科学技术进步奖一等奖"中国农作物种质资源收集、保存、评价与利用"项目的获奖代表出席全国科技大会。

5月12日，出席在郑州举行的河南省小麦优质高产生产与技术研讨会。

2005年

1月15日，受聘西北农林科技大学《麦类作物学报》第二届编辑委员会顾问。

3月15日，受聘农业部作物基因组学与遗传改良重点开放实验室与北京市作物遗传改良重点实验室第三届（2003—2006）学术委员会委员。

4月，受聘中国农业科学院农作物基因资源与基因改良国家重大科学工程学术委员会委员。

4月1日，与郑殿升共同主编的《国家重点保护农业野生植物要略》一书由气象出版社出版。

5月10日，出席在济南召开的全国小麦育种学术研讨会。

9月29日，受聘中国热带作物学会为中国热带作物学会第七届理事会顾问。

10月9日，董玉琛出席在福州召开的航天育种高层论坛及中高会现代农业与航天育种工作委员会理事会第一次会议。

2006年

3月30日，被中国热带农业科学院，华南热带农业大学聘请为顾问委员会顾问。

7月，董玉琛，刘旭总主编的《中国作物及其野生近缘植物》粮食作物卷和《中国作物及其野生近缘植物》果树卷，由中国农业出版社出版。

9月13日，参加中国工程院农学部香港考察研讨会，并在香港中文大学学术会议上作报告。

10月，被中国作物学会第八届理事会聘为《作物学报》编辑委员会顾问。

10月10日，被中国农业科学院麻类研究所聘为《中国麻业科学》编委会顾问，聘期2年。

11月16日，因在作物种质资源事业中做出了突出贡献，与许运天、孙大容等人一起荣获中国农学会遗传资源分会颁发的作物种质资源突出贡献奖。

11月16日，被中国农学会遗传资源分会聘请为第五届理事会名誉理事长。

11月16日，被《植物遗传资源学报》编辑部聘请为第二届编委会顾问。

12月，被中国种业杂志社聘请为第三届编委会顾问。

12月18日，被中华人民共和国科学技术部、中华人民共和国财政部聘请为国家科技基础条件平台建设专家顾问组专家。

2007 年

3月，董玉琛，刘旭总主编的《中国作物及其野生近缘植物》经济作物卷，由中国农业出版社出版。

4月5日—4月7日，出席在南宁召开的全国农作物种质资源保护专项研究进展暨学术研讨会。

9月28日，被济宁市人民政府聘请为济宁市人民政府科技顾问。

11月10日，出席中国农业科学院建院50周年庆祝会，并发言。

11月19日，出席在北京召开的"973"项目"主要农作物骨干亲本遗传构成和利用效应的基础研究"年度暨中期总结工作会议。

11月，董玉琛，刘旭总主编的《中国作物及其野生近缘植物》饲用及绿肥作物卷，由中国农业出版社出版。

2008 年

1月1日，《中国科技资源导刊》杂志社聘请为该刊顾问委员会顾问。

2月29日，在人民大会堂参加"三八"国际劳动妇女节表彰大会。

4月1日，中国作物学会第七届理事会聘请为《作物学报》编辑委员会顾问。

5月14日，在洛阳出席全国小麦核心种质有效利用研讨会。

5月，董玉琛，刘旭总主编的《中国作物及其野生近缘植物》花卉卷，由中国农业出版社出版。

7月1日，西北农林科技大学聘请为《麦类作物学报》第三届编辑委员会顾问。

7月1日，中国农业科学院作物科学研究所农业部作物种质资源利用重点开放实验室聘为"农业部作物种质资源利用重点开放实验室"学术委员会名誉主任，任期5年。

7月，董玉琛，刘旭总主编的《中国作物及其野生近缘植物》蔬菜作物卷，由中国农业出版社出版。

9月16日，在郑州出席我国首届女科学家高层论坛，并作题为"农业科技战线是妇女的广阔天地"的报告。

11月15日，在北京出席"首届中国博士后农业论坛"，并作"浅谈中国粮食作物"的报告。

12月20日，中国科学院生物多样性委员会和中国植物学会聘请担任《生物多样性》期刊第四届编委会顾问，任期5年。

12月24日，中国热带农业科学院聘请为该院热带农业科技创新与发展高级专家组专家，聘期3年。

2009年

5月11—13日，在焦作参加国家"973"项目"主要农作物核心种质重要功能基因多样性及其应用价值研究"专题研讨会和现场观摩会，并出席焦作市农林科学研究院揭牌仪式。

8月22—23日，在赤峰出席首届全国谷子产业大会，并在会议上讲话。

9月16日，农业部授予中华人民共和国成立60周年"三农"模范人物荣誉称号。

9月20日，中国热带作物学会聘请为第八届理事会顾问，聘期4年。

11月18日，获《植物遗传资源学报》优秀编辑奖。

11月24日，"中国农作物及其野生近缘植物多样性研究"项目获农业部和中国农学会颁发的中华农业科技奖一等奖。

12月24日，中国科学院遗传与发育生物研究所聘为该所第三届学术委员会委员。

12月23日，"中国农作物种质资源本底多样性和技术指标体系的应用"项目获国家科技进步奖二等奖。

9月1日，获科技部颁发的表彰在野外科技工作中做出突出成绩奖。

2010年

3月1日，中国农业科学院作物科学研究所聘请为国家重点基础研究发展计划（"973"计划）"主要农作物核心种质重要农艺性状单元型区段及互作研究"项目专家组成员。

3月18—19日，出席在北京召开的由中国农业科学院作物科学研究所承担国家"973"计划"主要农作物核心种质重要农艺性状单元型区段及互作研究"项目启动会。

8月26日，在河北赤城县参加河北省杂交谷子现场观摩会。

10月11日，出席第4届亚洲动植物染色体会议。

2011年

6月，出席"恭贺董玉琛院士85华诞暨《董玉琛论文选集》出版纪念"活动，并在会上讲话。

9月26日7点50分，因病在北京逝世，享年86岁。

附录二 董玉琛主要论著目录

论文

[1] 董玉琛. 留苏归来 [J]. 农业科学通讯, 1959 (19): 673-674.

[2] 孔秀英, 周荣华, 董玉琛, 贾继增. 尾状山羊草与硬粒小麦、普通小麦的杂交及外源染色质检测 [J]. 云南大学学报（自然科学版）, 1999, 21 (s3): 164-165.

[3] 张学勇, 董玉琛. 偃麦草基因组组成及新物种形成规律的研究 [J]. 云南大学学报（自然科学版）, 1999, 21 (s3): 66-67.

[4] 董玉琛. 错误思想和社会实践有什么关系 [J]. 江淮评论, 1965 (3): 43-45.

[5] 董玉琛. 小麦的稀有种及其在育种中的利用 [J]. 中国农业科学, 1979 (3): 1-7.

[6] 董玉琛, 郑殿升, 乔丹杨, 曾学琦, 恩在诚, 陈勋儒. "云南小麦"（*Triticum aestivum* ssp.*yunnanense* King）的考察与研究 [J]. 作物学报, 1981, 7 (3): 145-152.

[7] 董玉琛, 丁寿康, 郑殿升, 孙雨珍, 李月华, 姚玉环. 春小麦大粒品种资源的生态和遗传试验 [J]. 中国农业科学, 1981 (4): 22-27.

［8］董玉琛. 小麦的近缘植物［J］. 作物品种资源, 1982（1）：18-26.

［9］董玉琛, 孙雨珍. 硬粒小麦品种资源的生态类型［J］. 中国农业科学, 1983（3）：44-49.

［10］董玉琛, 赵乃文, 邱时桃. 法国的作物品种资源工作［J］. 世界农业, 1983（4）：27-29.

［11］陈勤, 孙雨珍, 董玉琛. "新疆小麦"种间杂种的细胞遗传学研究［J］. 作物学报, 1985（1）：23-28.

［12］董玉琛, 孙雨珍, 仲干远, 崔乃然, 钟骏平. 新疆阿勒泰地区大赖草的考察和初步研究［J］. 中国农业科学, 1985（2）：54-56.

［13］董玉琛. 小麦族种质资源国际学术讨论会简介［J］. 作物品种资源, 1986（1）：35-37.

［14］乔丹阳, 孙雨珍, 董玉琛, 陈勤. 人工合成 AAGGDD 染色体组的小麦新种［J］. 作物品种资源, 1986（2）：46-48.

［15］董玉琛. 我国作物品种资源研究的现状与展望［J］. 中国农学通报, 1986（3）：1-2.

［16］郑殿升, 董玉琛, 乔丹扬, 恩在诚. 滇西的小麦品种资源［J］. 作物品种资源, 1987（3）：1-4.

［17］董玉琛, 方嘉禾. 我国作物品种资源研究工作的战略设想［J］. 作物品种资源, 1988（2）：1-4.

［18］许树军, 董玉琛. 波斯小麦与山羊草杂种 F1 自然形成双二倍体的细胞遗传学研究（摘要）［J］. 作物杂志, 1989（1）：17.

［19］许树军, 董玉琛. 波斯小麦 × 节节麦杂种 F1 直接形成双二倍体的细胞遗传学研究［J］. 作物学报, 1989（3）：251-260.

［20］周荣华, 许树军, 董玉琛, 孙义凯. 黄土高原小麦族遗传资源考察［J］. 作物品种资源, 1989（4）：1-4.

［21］陈尚安, 董玉琛, 周荣华, 王剑雄. 小麦野生近缘植物抗病性鉴定［J］. 中国农业科学, 1990（1）：54-59.

［22］许树军, 董玉琛, 陈尚安, 周荣华, 李秀全, 李立会. 小麦与山羊草双二倍体抗病性的研究与利用［J］. 作物学报, 1990（2）：106-111.

[23] 胡英考,许树军,董玉琛. 小麦-山羊草双二倍体的结实率和细胞遗传学研究 [J]. 莱阳农学院学报, 1990 (4): 260-265.

[24] 陈尚安,董玉琛,许树军,周荣华,李秀全,王剑雄. 波斯小麦_粗山羊草双二倍体 Am3 抗白粉病特性的基因定位 [J]. 中国农业科学, 1990 (4): 17-21.

[25] 章一华,董玉琛. 美国植物种质资源体系和贮存状况 [J]. 作物品种资源, 1990 (4): 38-40.

[26] 李立会,董玉琛. 普通小麦与沙生冰草属间杂种的产生及细胞遗传学研究 [J]. 中国科学, 1990 (5): 492-497.

[27] 李立会,董玉琛. PRODUCTION AND CYTOGENETIC STUDY OF INTERGENERIC HYBRIDS BETWEEN *Triticum aestivum* AND *Agropyron desertorum* [J]. Science in China, Ser. B 中国科学 B 辑 (英文版), 1991 (4): 421-428.

[28] 李立会,董玉琛,周荣华,李秀全,杨欣明,徐世雨. 小麦×冰草属间杂种 F1 的植株再生及其变异 [J]. 遗传学报, 1992 (3): 250-258.

[29] 张学勇,董玉琛,杨欣明,李翠钗. 普通小麦 (*Triticum aestivum*) 和毛穗赖草 (*Leymus paboanus*) 的杂交,杂种细胞无性系的建立及植株再生 [J]. 作物学报, 1992 (4): 258-265.

[30] 董玉琛. 中国作物遗传资源及其保护 [J]. 生物多样性, 1993 (3): 1-4.

[31] 李立会,董玉琛. 冰草属研究进展 [J]. 遗传, 1993 (1): 45-48.

[32] 周荣华,董玉琛,李立会,杨欣明,李秀全,盛宝钦,钱幼亭. 中国多年生小麦野生近缘植物的抗病性鉴定 [J]. 作物品种资源, 1993 (3): 1-4.

[33] 董玉琛,章一华,娄希祉. 生物多样性和我国作物遗传资源多样性 [J]. 中国农业科学, 1993 (4): 1-7.

[34] 张学勇,董玉琛,栗站稳. 小麦和彭梯卡偃麦草杂种及其衍生后代的细胞遗传学研究 I. 彭梯卡偃麦草及其与普通小麦和硬粒小麦杂种

F1 的染色体配对［J］. 遗传学报，1993（5）：439-447.

［35］董玉琛. 我国作物资源知多少［J］. 生态农业研究，1994（1）：76.

［36］董玉琛. 1993 年"世界粮食日"纪念活动在北京举行［J］. 生物多样性，1994（1）：48.

［37］庄巧生，董玉琛，郑殿升. 国外小麦品种在中国的利用［J］. 中国农学通报，1994（1）：36-40.

［38］杨欣明，董玉琛，周荣华，戚家华，陆峻，杨松杰. 新疆杂草黑麦抗病性鉴定和细胞学研究［J］. 新疆农学通报，1994（3）：117-119.

［39］张学勇，董玉琛. 小麦与彭梯卡偃麦草杂种及其衍生后代的细胞遗传学研究 II. 来自小麦和彭梯卡（长穗）偃麦草及中间偃麦草杂种后代 11 个八倍体小偃麦的比较研究［J］. 遗传学报，1994（4）：287-296.

［40］董玉琛，杨欣明，周荣华，李立会，戚家华，陆峻，杨松杰. 黑麦的种类及遗传研究进展［J］. 新疆农业科学，1994（5）：205-208.

［41］杨欣明，董玉琛，李立会，周荣华，戚家华，陆峻，杨松杰. 新疆杂草黑麦 B 染色体遗传行为研究［J］. 新疆农业科学，1994（6）：247-251.

［42］杨欣明，董玉琛，周荣华，戚家华，陆峻，杨松杰. 新疆杂草黑麦同工酶酶谱分析［J］. 新疆农业科学，1994（6）：252-254.

［43］李立会，董玉琛，付晓，刘小强.（普通小麦 × 沙生冰草）× 黑麦三属间的杂种［J］. 作物学报，1994（6）：751-754.

［44］翁跃进，董玉琛. 普通小麦 - 顶芒山羊草异源附加系的创建和鉴定 I. 小麦花药培养对创建普通小麦 - 顶芒山羊草异源附加系的作用［J］. 作物学报，1995（1）：39-44.

［45］刘建，董玉琛. 普通小麦 × 东方旱麦草属间杂种的产生及无性系的建立［J］. 遗传学报，1995（2）：116-121.

［46］李立会，董玉琛，周荣华，李秀全，李培. 普通小麦与冰草间杂种的细胞遗传学及其自交可育性［J］. 遗传学报，1995（2）：109-

114.

[47] 董玉琛. 生物多样性及作物遗传多样性检测[J]. 作物品种资源, 1995（3）：1-4.

[48] 张学勇, 董玉琛, 杨欣明. 小麦与长穗偃麦草、中间偃麦草杂种及其衍生后代的细胞遗传学研究 III. 小麦和偃麦草基因重组的遗传基础浅析[J]. 遗传学报, 1995（3）：217-222.

[49] 李立会, 董玉琛. 普通小麦×根茎冰草×黑麦三属杂种自交可育性的细胞学机理[J]. 遗传学报, 1995（4）：280-285.

[50] 张学勇, 杨欣明, 董玉琛. 醇溶蛋白电泳在小麦种质资源遗传分析中的应用[J]. 中国农业科学, 1995（4）：26-32.

[51] 李立会, 董玉琛. 在组织培养中属间杂种的体细胞变异研究[J]. 中国农业科学, 1995（6）：9-19.

[52] 董玉琛, 刘旭. 中国作物野生近缘植物及其保护[J]. 生物多样性与人类未来—第二届全国生物多样性保护与持续利用研讨会论文集. 1996（11）：24-30.

[53] 张继益, 董玉琛. 小麦的野生近缘植物——旱麦草属[J]. 生物多样性, 1997（1）：26-30.

[54] 孔令让, 董玉琛, 贾继增. 普通小麦与粗山羊草属间杂种的染色体构型及其后代的育性特征[J]. 实验生物学报, 1997（1）：35-48.

[55] 孔令让, 董玉琛. 粗山羊草抗小麦白粉病基因遗传多样性的研究[J]. 作物学报, 1997（2）：176-180.

[56] 翁跃进, 贾继增, 董玉琛. 利用RFLP分子标记鉴定小麦-顶芒山羊草异代换系[J]. 遗传学报, 1997（3）：248-254.

[57] 赵茂林, 贾继增, 董玉琛. 赖草属物种生化遗传标记的初步研究[J]. 作物品种资源, 1997（3）：1-3.

[58] 张继益, 董玉琛, 贾继增. 小麦族旱麦草属植物的RAPD研究初报[J]. 河北农业大学学报, 1997（3）：27-32.

[59] 翁跃进, 贾继增, 董玉琛. 小麦M染色体组的RFLP标记[J]. 农业生物技术学报, 1997（3）：211-215.

［60］孔令让，董玉琛. 普通小麦与四倍体小麦－粗山羊草双二倍体杂种后代的细胞遗传学研究［J］. 作物学报，1997（4）：505-508.

［61］周荣华，贾继增，董玉琛. Characterization of progenies of *Triticum aestivum-Psathyrostachys juncea* derivaties by using genomic *insitu* hybridization［J］. 中国科学英文版，1997（6）：657-664.

［62］周荣华，贾继增，董玉琛，T. Schwarzacher，T. E. Miller，S. Reader，Sh. B. Wu M. D. Gale. 用基因组原位杂交技术检测小麦－新麦草杂交后代［J］. 中国科学，1997（6）：543-549.

［63］孔令让，董玉琛. 普通小麦与祖山羊草杂种后代的细胞遗传学初步研究［J］. 实验生物学报，1998（2）：209-213.

［64］张学勇，董玉琛，李培. E 和 St 基因组特异 RAPD 片段在部分小麦族植物中的分布［J］. 遗传学报，1998（2）：131-141.

［65］张继益，董玉琛，贾继增，蒋观敏. 旱麦草属种质资源的鉴定评价与特性研究［J］. 中国农业科学，1998（2）：63-69.

［66］孔令让，董玉琛，贾继增. 粗山羊草随机扩增多态性 DNA 研究［J］. 植物学报，1998（3）：223-227

［67］孔令让，董玉琛. 粗山羊草（*Aegilops tauschii*）有效利用的研究进展［J］. 山东农业大学学报，1998（4）：543-548.

［68］刘旭，董玉琛. 世纪之交中国作物种质资源保护与持续利用的回顾和展望［J］. 面向 21 世纪的中国生物多样性保护—第三届全国生物多样性保护与持续利用研讨会论文集，1998（12）：128-136.

［69］刘旭，董玉琛. 中国农用植物多样性与农业可持续发展［J］. 面向 21 世纪的中国生物多样性保护——第三届全国生物多样性保护与持续利用研讨会论文集，1998（12）：121-127.

［70］马渐新，周荣华，董玉琛，贾继增. 来自长穗偃麦草的抗小麦条锈病基因的定位［J］. 科学通报，1999（1）：65-69.

［71］马渐新，周荣华，董玉琛，贾继增. 小麦抗条锈病基因定位及分子标记研究进展［J］. 生物技术通报，1999（1）：1-6.

［72］张继益，董玉琛，贾继增，蒋观敏. 旱麦草属种质资源的随机扩增多

态性DNA（RAPDs）分析［J］．遗传学报，1999，26（1）：54-60．

[73] 孔令让，董玉琛．四倍体小麦-粗山羊草双二倍体抗病新种质的创制［J］．西北植物学报，1999，19（2）：196-199．

[74] 孔令让，董玉琛，贾继增．小麦-粗山羊草双二倍体抗白粉病基因定位及其遗传转移［J］．植物保护学报，1999，26（2）：116-120．

[75] 董玉琛．我国作物种质资源研究的现状与展望［J］．中国科技导报，1999（2）：36-39．

[76] 孔令让，董玉琛．粗山羊草（*Aegilops tauschii*）遗传多样性的研究进展［J］．山东农业大学学报，1999，30（4）：464-469．

[77] 孔秀英，周荣华，董玉琛，贾继增．尾状山羊草C基因组特异重复序列的克隆［J］．科学通报，1999，44（8）：828-832．

[78] 孔秀英，周荣华，董玉琛，贾继增．尾状山羊草与硬粒小麦、普通小麦的杂交及外源染色质检测［J］．植物学报，1999，41（11）：1164-1168．

[79] 马渐新，周荣华，董玉琛，王晓鸣，贾继增．用微卫星标记定位一个未知的小麦抗条锈病基因［J］．科学通报，1999，44（14）：1513-1517．

[80] 张继益，董玉琛，蒋观敏．普通小麦×东方旱麦草属间杂种长期保存技术及稳定性研究［J］．作物学报，2000，26（1）：14-19．

[81] 董玉琛．小麦的基因源［J］．麦类资源学报，2000，20（3）：78-81．

[82] 孔令让，董玉琛，张红军，马琛成，王洪刚．普通小麦与粗山羊草正、反交的育性研究［J］．西北植物学报，2000，20（4）：519-523．

[83] 董玉琛．中国作物野生近缘种植物的保护［J］．生物多样性国际会议，2000（5）：11．

[84] 孔秀英，董玉琛，周荣华，贾继增．普通小麦与钩刺山羊草杂交F1的农艺性状及细胞遗传学的观察［J］．植物学报，2000，42（8）：845-848

［85］张学勇，董玉琛. 过去 50 年中中国小麦品种在 Glu-A1，Glu-B1 和 Glu-D1 位点上等位基因的变化（摘要）［J］. 遗传，2001（1）：53.

［86］董玉琛. 作物种质资源学科的发展和展望［J］. 中国工程科学，2001，3（1）：1-5.

［87］张学勇，董玉琛，游光侠，王兰芬，李培，贾继增. 中国小麦大面积推广品种及骨干亲本的高分子量谷蛋白亚基组成分析［J］. 中国农业科学，2001，34（4）：355-362.

［88］董玉琛. 小麦远缘杂交育种［J］. 小麦遗传育种国际会议，2001（5）：12-16.

［89］董玉琛，曹永生. 粮食作物种质资源的品质特性及其利用［J］. 中国农业科学，2003，36（1）：111-114.

［90］朱振东，周荣华，董玉琛，贾继增. 几个四倍体小麦山羊草双二倍体及其部分亲本的抗小麦白粉病基因分析［J］. 植物遗传资源学报，2003，4（2）：137-143.

［91］郝晨阳，王兰芬，董玉琛，尚勋武，张学勇. 我国西北春麦区小麦育成品种遗传多样性的 AFLP 分析［J］. 植物遗传资源学报，2003，4（4）：285-291.

［92］毛新国，董玉琛. 非编码 RNA 和 RNA 沉默［J］. 生物技术通报，2004（1）：6-12.

［93］杨德光，翁跃进，董玉琛，魏湜，胡正. 部分耐盐小麦品种（系）SSR 位点遗传多样性研究［J］. 植物遗传资源学报，2005，6（1）：9-14.

［94］李振声，董玉琛，辛志勇，贾继增，何中虎. 庄巧生院士在中国小麦育种史上的四大贡献－祝贺庄巧生院士 90 华诞［J］. 作物杂志. 2005（4）：1-2.

［95］董玉琛，郝晨阳，王兰芬，张学勇，高海涛，张灿军. 358 个欧洲小麦品种的农艺性状鉴定与评价［J］. 植物遗传资源学报，2006，7（2）：129-135.

［96］周荣华，董玉琛，朱振东，贾继增. 利用人工合成小麦培育的大穗

抗白粉小麦基因资源 GB4 [J]. 植物遗传资源学报, 2007（3）.

［97］刘旭, 郑殿升, 董玉琛, 朱德蔚, 方嘉禾, 费砚良, 贾敬贤, 蒋尤泉, 杨庆文, 王述民, 黎裕, 曹永生. 中国农作物及其野生近缘植物多样性研究进展 [J]. 植物遗传资源学报, 2008, 9（4）：411-416.

［98］郝晨阳, 董玉琛, 王兰芬, 游光霞, 张洪娜, 盖红梅, 贾继增, 张学勇. 我国普通小麦核心种质的构建及遗传多样性分析 [J]. 科学通报, 2008, 53（8）：908-915.

著作

［1］董玉琛, 胡道芬译. 小麦的现代品种及其系谱 [M]. 科学出版社, 1977.

［2］董玉琛主编. 全国小麦品种资源目录（上、下）[M]. 农业出版社, 1980.

［3］许运天, 董玉琛著. 作物品种资源 [M]. 农业出版社, 1981.

［4］董玉琛, 郑兴华, 刘大钧, 王克海译. 世界小麦 [M]. 农业出版社, 1982.

［5］董玉琛译. 主要栽培植物的世界起源中心 [M]. 农业出版社, 1982.

［6］董玉琛, 郑殿升主编. 中国小麦遗传资源 [M]. 中国农业出版社, 2000.

［7］董玉琛, 郑殿升主编. 国家重点保护农业野生植物要略 [M]. 气象出版社, 2005.

［8］董玉琛, 刘旭总主编. 中国作物及其野生近缘植物（共11卷）[M]. 中国农业出版社.

（1）董玉琛, 郑殿升主编. 粮食作物卷, 中国农业出版社, 2006.

（2）贾敬贤, 贾定贤, 任庆棉主编. 果树卷, 中国农业出版社, 2006.

（3）方嘉禾, 常汝镇主编. 经济作物卷. 中国农业出版社, 2007.

（4）蒋尤泉主编, 饲用作物和绿肥卷, 中国农业出版社, 2007.

（5）朱德蔚，王德槟，李锡香主编. 蔬菜作物卷，中国农业出版社，2008.

（6）费砚良，刘青林，葛红主编. 花卉卷，中国农业出版社，2008.

（7）刘旭，杨庆文主编. 名录卷，中国农业出版社，2013.

（8）李先恩主编. 药用植物卷. 中国农业出版社，2015.

（9）刘旭，董玉琛，郑殿升主编. 总论卷，待出版.

（10）郑勇奇，李斌主编. 林木植物卷，待出版.

（11）李玉，李长田主编. 食用菌卷，待出版.

参考文献

[1] 高阳县志编撰委员会. 高阳县志[M]. 北京：方志出版社，1999：789-799.

[2] 北京师范大学附属实验中学校史编辑委员会. 90年辉煌——北京师范大学附属实验中学校史（1917—2007）[M]. 武汉：长江文艺出版社，2007：67.

[3] 武光. 冬夜战歌[M]. 北京：北京航空航天大学出版社，2009.

[4] 余涤清、杨伯箴：第二条战线上的先锋——回忆北平地下党学委领导的学生运动，载中国人民政治协商会议北京市委员会文史资料委员会编《文史资料选编》第5辑，北京：北京出版社，1988：19.

[5] 蔡光明. 抗战胜利后的教育甄审与反甄审[J]. 安庆师范学院学报（社会科学版），2003，22（4）：58-61.

[6] 刘向上. "张莘夫事件"与1946年初的反苏大游行[J]. 文史博览，2009（5）：17-18.

[7] 饶品良. 战后东北问题交涉与国统区的民众反苏运动[J]. 俄罗斯研究，2006（1）：65-69.

[8] 江沛. 1946年春反苏运动述评[J]. 江西师范大学学报（哲学社会科学版），2003（1）：65-72.

[9] 缪应庭、蒋佩蓉. 回忆孙醒东教授[J]. 草业科学，1990，7（6）：40-43.

[10] 桂熙娟. 土肥大师彭克明——毛达如教授回忆恩师[J]. 中国农资，2006（7）：68-69.

［11］孙佐培. 纪念保定解放60周年——再忆烽烟滚滚［N］. 保定日报，2008-03-22.

［12］刘大群，等. 河北农业大学校志1902—2002［M］. 北京：中国文史出版社，2002：15，663，678.

［13］石元春.《20世纪中国知名科学家学术成就概览（农学卷第三分册）》［M］. 北京：科学出版社，2013.

［14］中央农业部农业技术考察团考察报告［C］// 农业科学专题报告及参考资料集. 北京：中国科学院出版，1953：268.

［15］对华东农业科学研究所工作提出的意见［C］// 农业科学专题报告及参考资料集. 北京：中国科学院出版，1953：237-238.

［16］对于中南区农业技术工作的一般印象和意见［C］// 农业科学专题报告及参考资料集》，北京：中国科学院出版，1953：246.

［17］参观东北农业科学研究所后的感谢与意见［C］// 农业科学专题报告及参考资料集，北京：中国科学院出版，1953：262.

［18］中央农业部米丘林农业植物选种及良种繁育讲习班总结报告［C］// 农业科学专题报告及参考资料集，北京：中国科学院出版，1953：291.

［19］董玉琛. 留学归来［J］. 农业科学通讯，1959：673-674.

［20］江泰然. 论朱德的外交思想与外交实践［J］. 南昌大学学报（人文社会科学版），2010，41（4）：7-12.

［21］朱德. 在莫斯科电视播送台的讲话［N］. 人民日报. 1956-2-14.

［22］中国农学会遗传资源学会编. 中国作物遗传资源［M］. 北京：中国农业出版社，1994：40.

［23］中国农业科学院编. 华美人生——董玉琛［M］. 北京：中国农业出版社，2012：3.

［24］中国农业科学院编. 中国农业科学院院志（1957—1997）［M］. 北京：中国农业科学技术出版社，2001：19.

［25］江朝余. 往事［M］. 北京：时代作家出版社，2012：124.

［26］《所志》编纂委员会编. 中国农业科学院作物育种栽培研究所所志（1957—2002）［M］. 北京：中国农业科学技术出版社，2007：3.

［27］董玉琛. 作物种质资源.［C］// 中国农业科学技术50年. 北京：中国农业出版社. 1999.

[28] 董玉琛. 小麦的稀有种及其在育种中的利用 [J]. 中国农业科学, 1979 (3)：1-7.

[29] 董玉琛. 小麦的近缘植物 [J]. 作物品种资源, 1982 (1)：18-26.

[30] 本刊通讯员. 中国农业科学院国家作物种质库落成 [J]. 作物品种资源, 1987 (1)：17.

[31] 方嘉禾主编. 作物品种资源研究进展（1985—1990）[M]. 北京：中国农业科技出版社, 1992：17-19.

[32] 方嘉禾主编. "八五"作物品种资源研究进展 [M]. 北京：中国农业科技出版社, 1998：1-3.

[33] 董玉琛. 农作物的种质资源 [C] // 蔡旭主编. 植物遗传育种学. 北京：科学出版社, 1988：301-324.

[34] 田稼. 全国作物品种资源补充征集和重点考察工作概况 [J]. 作物品种资源, 1985 (1)：7-15.

[35] 中国农业科学院作物品种资源研究所. 云南麦类种质资源考察收集总结（1979—1980）[C] // 董玉琛论文选集. 北京：中国农业出版社, 2010：755-770.

[36] 中国农业科学院作物品种资源研究所. 新疆小麦野生近缘植物考察收集总结（1982—1983, 1991）[C] // 董玉琛论文选集. 北京：中国农业出版社, 2010：771-785.

[37] 颜济, 杨俊良, 崔乃然, 钟骏平, 董玉琛, 孙雨珍, 仲干远. 新疆伊犁地区节节麦的考察与研究 [J]. 作物学报, 1984, 10 (1)：83-89.

[38] 董玉琛, 孙雨珍, 仲干远, 崔乃然, 钟骏平. 新疆阿勒泰地区大赖草的考察和初步研究 [J]. 中国农业科学, 1985 (2)：90-93.

[39] 郑殿升, 孙雨珍. 小麦属各个种简介（一）[J]. 作物品种资源, 1986 (3)：46.

[40] 董玉琛, 丁寿康, 郑殿升, 孙雨珍, 李月华, 姚玉环. 春小麦大粒品种资源的生态和遗传试验 [J]. 中国农业科学, 1981 (4)：22-27.

[41] 傅宾孝, 于光华, 王乐凯, 兰静. 小麦醇溶蛋白电泳分析的新方法 [J]. 作物学报, 1993 (2)：185-187.

[42] 张学勇, 杨欣明, 董玉琛. 醇溶蛋白电泳在小麦种质资源遗传分析中的应用 [J]. 中国农业科学, 1995, 28 (4)：25-32.

[43] 王兰芬，BAKFOURIER F，郝晨阳，EXBRAY-VINSON F，董玉琛，盖红梅，张学勇. 欧洲与东亚小麦品种遗传多样性的比较分析［J］. 中国农业科学，2007，40（12）：2667-2678.

[44] 邱丽娟，常汝镇，吕文河. 植物核心种质研究进展［J］. 植物遗传资源学报，2003，4（3）：279-284.

[45] 庄巧生. 序一［C］//董玉琛论文选集编委会编. 董玉琛论文选集，北京：中国农业出版社，2010：1-4.

[46] 马渐新，周荣华，董玉琛，贾继增. 小麦抗条锈病基因定位及分子标记研究进展［J］. 生物技术通报. 1999（1）：1-6.

[47] 马渐新，周荣华，董玉琛，王晓鸣，贾继增. 用微卫星标记定位一个未知小麦抗条锈病基因［J］. 科学通报. 1999，44（14）：1513-1517.

[48] Ma Jianxin, Zhou Ronghua, Dong Yuchen, Wang Lanfen, Wang Xiaoming, Jia Jizeng. Molecular mapping and detection of the yellow rust resistance gene *Yr26* in wheat transferred from *Triticum turgidum* L.using microsatillite markers. Euphytica.2001，120：219-226.

[49] Zhou Ronghua, Zhu Zhendong, Kong Xiuying, Huo Naxin, Tian Qingzhen, Li Pei, Jin Cuiyun, Dong Yuchen, Jia Jizeng. Development of wheat near-isogenic lines for powdery mildew resistance. Theor. Appl Genet.，2005，110(4)：640-648.

[50] Zhu Zhendong, Zhou Ronghua, Kong Xiuying, Dong Yuchen, Jia Jizeng. Microsatellite markers linked to 2 powdery mildew resistance genes introgressed from *Triticum carthlicum* acc. PS5.into common wheat. Genome.2005（48）：585-590.

[51] 张学勇，董玉琛，李振声，等. 选择牵连效应分析：发掘重要基因的新思路［J］. 中国农业科学. 2006，39（8）：1526-1535.

[52] 董玉琛，孙雨珍. 硬粒小麦品种资源的生态类型［J］. 中国农业科学. 1983（3）：44-50.

[53] 董玉琛，孙雨珍，仲干远. 新疆小麦的稀有种和近缘植物［C］//庄巧生、王恒立主编. 小麦育种理论与实践的进展，北京：科普出版社，1987：497-512.

[54] 陈勤，孙雨珍，董玉琛. 新疆小麦种间杂种的细胞遗传学研究［J］. 作物学报，1985，11（1）：23-29.

[55] 董玉琛，等. 小麦属间杂种染色体自然加倍种质的发现和研究 [C] // 胡含、王恒立主编. 植物细胞工程与育种. 北京：北京工业大学出版社，1990.

[56] 孔令让，董玉琛. 四倍体小麦－粗山羊草双二倍体抗病新种质的创制 [J]. 西北植物学报. 1999，19（2）：196-199.

[57] 李立会，杨欣明，李秀全，董玉琛. 中国小麦野生近缘植物的研究与利用 [J]. 中国农业科技导报，2000，2（6）：73-76.

[58] 陈尚安，董玉琛，周荣华，王剑雄. 小麦野生近缘植物抗病性鉴定 [J]. 中国农业科学，1990，23（1）：54-59.

[59] 孔令让，董玉琛. 四倍体小麦－粗山羊草双二倍体抗病新种质的创制 [J]. 西北植物学报. 1999，19（2）：196-199.

[60] 郑殿升. 董玉琛传略 [C] // 董玉琛论文选集编委会编. 董玉琛论文选集，北京：中国农业出版社，2010：1-6.

[61] 李立会，董玉琛. 冰草属的研究进展 [J]. 遗传，1993（15）：45-48.

[62] 李立会，董玉琛. 普通小麦与沙生冰草属间杂种的产生及其研究 [J]. 中国科学 B 辑. 1990（5）：492-496.

[63] Li L H（李立会），Dong Y S（董玉琛）. Hybridization between *Triticum aestivum* L.and *Agropyron michnoi* Roshev [J]. Theor. Appl. Genet.1991.81：312-316.

[64] 李立会，董玉琛. 普通小麦与根茎冰草属间杂种的产生及其遗传学研究 [C] // 胡含，王恒立主编. 植物细胞工程与育种. 北京：北京工业大学出版社，1990.

[65] 李立会，董玉琛，等. 普通小麦与冰草属间杂种的细胞遗传学及其自交可育性 [J]. 遗传学报. 1995，22（2）：109-114.

[66] 李立会，李秀全，李培，董玉琛. 小麦－冰草属异源附加系的创建 I. F3、F2BC1、BC4 和 BC3F1 世代的细胞学 [J]. 遗传学报. 1997，24（2）：154-159.

[67] 李立会，杨欣明，周荣华，李秀全，董玉琛. 小麦－冰草属异源附加系的创建 II. 异源染色质的检测与培育途径分析 [J]. 遗传学报，1998，25（6）：538-544.

[68] 李立会，杨欣明，李秀全，董玉琛，陈学明. 通过属间杂交向小麦转移冰草优异基因的研究 [J]. 中国农业科学，1998，31（6）：1-5.

[69] 李立会, 董玉琛. 在组织培养中属间杂种的体细胞变异研究 [J]. 中国农业科学. 1995, 28（6）: 9-19.

[70] 李立会, 董玉琛, 等. 小麦 × 冰草属间杂种 F1 的植株再生及其变异 [J]. 遗传学报. 1992, 19（3）: 250-258.

[71] 李立会, 董玉琛. （普通小麦 × 沙生冰草）× 黑麦三属间的杂种 [J]. 作物学报. 1994, 20（6）: 751-755.

[72] 李立会, 董玉琛. 普通小麦 × 根茎冰草 × 黑麦三属杂种自交可育性的细胞学机理 [J]. 遗传学报, 1995, 22（4）: 280-285.

[73] 陈勤, 周荣华, 李立会, 李秀全, 杨欣明, 董玉琛. 第一个小麦与新麦草属间杂种 [J]. 科学通报. 1988（1）: 64-67.

[74] 周荣华, 贾继增, 李立会, 杨欣明, 董玉琛。新麦草属 4 个种的生化标记分析 [J]. 作物品种资源. 1996（2）: 1-5.

[75] 周荣华, 贾继增, 董玉琛. 用基因组原位杂交技术检测小麦 - 新麦草杂交后代 [J]. 中国科学 C 辑. 1997, 12（6）: 543-549.

[76] 张继益, 董玉琛, 贾继增, 蒋观敏. 旱麦草属种质资源的鉴定评价与特性鉴定 [J]. 中国农业科学. 1998, 31（2）: 63-69.

[77] 张继益, 董玉琛, 贾继增, 蒋观敏. 旱麦草属种质资源的随机扩增多态性 DNA（RAPD）分析 [J]. 遗传学报. 1999, 26（1）: 54-60.

[78] 刘建文, 董玉琛. 普通小麦 × 东方旱麦草属间杂种的产生及无性系的建立 [J]. 遗传学报. 1995, 22（3）: 116-121.

[79] 张继益, 董玉琛, 等. 普通小麦 × 东方旱麦草属间杂种长期保存技术及稳定性研究 [J]. 作物学报. 2000, 26（1）: 14-19.

[80] 董玉琛. 小麦野生近缘植物的研究和利用 [C] // 中国农学会、中国农业科学院作物品质资源研究所. 植物优异种质资源及其开拓利用, 北京: 中国农业科技出版社, 1992.

[81] Studies on hybridization of *Triticum aestivu*m with *Leymus multicauli*s and *L.racemosus* In Li Zhensheng, MS Swaminsthan eds: Proc.of 1st Intern. Symp.of Chromosome Engineering in Plants. Xian China, 1986: 15-19.

[82] 张学勇, 董玉琛, 杨欣明, 李翠钰. 普通小麦（*Triticum aestivum*）和毛穗赖草（*Leymus paboanus*）的杂交、杂种细胞无性系的建立及植株再生 [J]. 作物学报. 1992（18）: 258-265.

［83］赵茂林，贾继增，董玉琛. 赖草属物种生化遗传标记的初步研究［J］. 作物遗传资源. 1997（2）：1-3.

［84］张学勇，董玉琛，栗站稳. 小麦和彭梯卡（长穗）偃麦草及其衍生后代的细胞遗传学研究 I. 彭梯卡偃麦草及其与普通小麦和硬粒小麦杂种 F1 的染色体配对［J］. 遗传学报（中文版），1993，20（5）：439-447.

［85］张学勇，董玉琛，杨欣明. 小麦与长穗偃麦草、中间偃麦草杂种及其衍生后代的细胞遗传学研究 III. 小麦和偃麦草基因重组的遗传基础浅析［J］. 遗传学报. 1995（22）：217-222.

［86］孔秀英，葛春民，贾继增，董玉琛. 山羊草属五个基本基因组系统发育的 RAPD 分析［J］. 植物学报. 1999，41（4）：393-397.

［87］刘旭，汪瑞琪，贾继增，董玉琛. 山羊草属 S 基因组与小麦属 B/G 基因组 RAPD 标记和特异 DNA 片段克隆及研究［J］. 植物遗传资源科学. 2000，1（1）：15-24.

［88］孔秀英，周荣华，董玉琛，贾继增. 尾状山羊草与硬粒小麦、普通小麦的杂交及外源染色质检测［J］. 植物学报. 1999，41（11）：1164-1168.

［89］孔秀英，周荣华，董玉琛，贾继增. 尾状山羊草 C 基因组特异重复序列的克隆［J］. 科学通报. 1999，44（8）：828-832.

后 记

2013年7月,我博士毕业刚参加工作,还在为将来的学术研究方向迷茫和彷徨,在机缘巧合之下,有幸参与了由中国农业科学院作物科学研究所承接的中国科协"老科学家学术成长资料采集工程——董玉琛院士学术成长资料采集"项目。刚接到项目时,我有所畏缩,并非为"存史"之繁重,而为"立传"之不易。一则,董玉琛院士已仙逝,我作为一名刚毕业新入职的后辈,未曾与董院士谋面;二则,我本人对种质资源学科也知之甚少。当课题组初定由我主笔时,我惶恐不已。幸好课题组成员中除我以外,均为董院士的同事或学生,对董院士生前从事的作物种质资源工作非常熟悉,且与董院士交往密切,感情深厚。在课题组诸位老师的信任、鼓励和支持下,我接下了任务。随后,采集小组成员多方收集史料,梳理董院士学术成长的历程,起草提纲,反复修改研究报告,历时两年半,最终完成了本传记。

学术传记,不同于一般的人物传记,要以学术成长经历为主要内容,依据所采集的史料,"准确、清晰、完整地描述传主家庭背景、求学历程、师承关系,以及对其后学术风格、科学成就产生深刻影响的工作环境、学术交往中关键人物、重大事件和重要节点,勾勒其学术思想、观点和理念产生、形成、发展的过程,并提炼总结其学术成长的特点及重要影响因素"。采集史料是撰写学术传记的前提和基础，只有拥有了传主学术成长的丰富史料，才能准确真实地论述传主的学术成长经历，才能做到论从史出，评价公允，总结到位。因此，课题组成员花费了大量的时间和精力多方采集董玉琛院士的学术成长史料，在董玉琛院士曾经学习和工作过的单位的档案馆、图书馆等地留下了我们忙碌的身影。通过不断的寻访和搜集，我们采集了档案、照片、论文、著作、传记、证书、音频、视频、图纸、信件、手稿等十多类的史料，为撰写学术传记奠定了坚实的史料基础。

为了传记的写作，我们首先按照年代顺序撰写了董玉琛院士学术成长的资料长编和大事年表。面对如此多的史料，如何有效对其进行组织，并将董玉琛院士学术生涯与作物种质资源学科的发展结合起来，展现出董玉琛院士在作物种质资源学科发展中所做出的贡献，这是我们开始撰写传记提纲时，所遇到的第一大问题。课题组成员多次开会讨论，几易其稿，最终确定在作物种质资源学科发展的大背景下，以董玉琛院士学术成长的时间为纵轴，以董玉琛院士在作物种质资源领域所做出的重要学术贡献为横轴的方式谋篇布局。传记的纵向论述重在梳理出董玉琛院士学术成长的关键节点和重要事件，横向则以突显董玉琛院士的学术成就以及为作物种质资源学科发展所作贡献为重点。可以说，董玉琛院士的学术生涯伴随着我国现代作物种质资源学科的创建、挫折、恢复重建和大发展的历史进程。董玉琛院士在我国作物种质资源学科的创建和发展中发挥了非常重要的作用，是我国作物种质资源学科的奠基人之一。为了传记行文风格和逻辑的统一，由我作为传记的主笔。而为了保证传记中对董玉琛院士学术研究和学科贡献论述的科学性和准确性，我们根据课题组成员所擅长的研究领域，分配了各人所负责审阅和修改的章节。然而，在传记初稿完成后，我们依然觉得传记难以表现出董玉琛院士的丰富性和饱满性，更奢谈"传神"。因此，我们又向董玉琛院士的家属及学生发出倡议，让他们每人撰写一篇怀念董玉琛院士的文章，附在传记之后，以从不同视角来呈现董玉琛院士的多个侧面，弥补传记正文的不足。

寒来暑往，时光飞逝。在课题组成员的集体努力下，传记终于完成。于我而言，在采集工作中所收获的感动和所受到的精神洗礼，已成为我再次启程的巨大财富。这本传记是集体智慧的结晶，凝聚了课题组所有成员的心血和精力。课题由董玉琛院士的学生、中国工程院刘旭院士牵头总体设计、协调课题主要活动、并对采集材料和传记进行审阅；中国农业科学院作物科学研究所万建民所长和张保明书记担任课题副组长，为采集工作在作物科学研究所的开展进行协调；作物科学研究所人事处的杨建仓处长组织采集小组开展具体工作、负责人事档案资料收集和日常联络，并承担了传记第十章的审阅和修改工作；贾继增研究员负责年表和资料长编的审阅；景蕊莲研究员负责联系董院士的学生并审阅修改了传记的第一至第七章；郑殿升研究员负责传记全文的审阅和修改，李立会研究员审阅和修改了传记的第九章；杨克理研究员参与口述访谈、音视频的采集；张学勇研究员审阅和修改了传记的第八章；孔秀英研究员参与了学术资料的收集与整理；李秀全高级实验师参与了口述访谈、音视频资料的采集等工作；李平负责档案资料的收集、并负责采集资料的编目、归档和整理，并参与了多次口述访谈；董珊珊将采集到的所有照片进行扫描、整理和编目，付出了辛勤的劳动；王雯玥负责口述访谈资料、音视频资料、电子资料的采集与整理工作；沈光华和田贵义负责访谈摄制录像；李胜琳和李舒凡两位老师完成了部分资料长编的起草。特别感谢董玉琛院士的丈夫胡含研究员以及女儿胡源女士，在资料采集过程和传记撰写中的理解和帮助。

感谢在采集过程中提供过帮助和支持的所有单位和个人。感谢中国农业科学院、河北农业大学、中国农业大学、北京市第三十五中学、北京师范大学附属实验中学、北京教育研修院附属中学、北京市农林科学院等单位，为我们开展资料采集工作提供了便利条件。感谢庄巧生院士、李振声院士、何钊、钱曼懋、林野、刘炳林、卢少源、毕桓武、牛若峰、黄佩民、江朝余、李振肃、周荣华、娄希祉、张树榛、吴景锋、刘俊秀等董玉琛院士生前同事、亲属、好友和学生接受访谈，并提供了诸多重要资料。感谢中国科学技术协会和北京市科学技术协会的专家和工作人员在资料采集和传记撰写过程中提出的宝贵意见。当然由于主笔者学识浅陋，传记中难免有纰漏之处，还请方家指正。是以为记。

老科学家学术成长资料采集工程丛书
已出版（76种）

《卷舒开合任天真：何泽慧传》　　　《此生情怀寄树草：张宏达传》
《从红壤到黄土：朱显谟传》　　　　《梦里麦田是金黄：庄巧生传》
《山水人生：陈梦熊传》　　　　　　《大音希声：应崇福传》
《做一辈子研究生：林为干传》　　　《寻找地层深处的光：田在艺传》
《剑指苍穹：陈士橹传》　　　　　　《举重若重：徐光宪传》

《情系山河：张光斗传》　　　　　　《魂牵心系原子梦：钱三强传》
《金霉素·牛棚·生物固氮：沈善炯传》《往事皆烟：朱尊权传》
《胸怀大气：陶诗言传》　　　　　　《智者乐水：林秉南传》
《本然化成：谢毓元传》　　　　　　《远望情怀：许学彦传》
《一个共产党员的数学人生：谷超豪传》《没有盲区的天空：王越传》

《含章可贞：秦含章传》　　　　　　《行有则　知无涯：罗沛霖传》
《精业济群：彭司勋传》　　　　　　《为了孩子的明天：张金哲传》
《肝胆相照：吴孟超传》　　　　　　《梦想成真：张树政传》
《新青胜蓝惟所盼：陆婉珍传》　　　《情系梁菽：卢良恕传》
《核动力道路上的垦荒牛：彭士禄传》《笺草释木六十年：王文采传》

《探赜索隐　止于至善：蔡启瑞传》　《妙手生花：张涤生传》
《碧空丹心：李敏华传》　　　　　　《硅芯筑梦：王守武传》
《仁术宏愿：盛志勇传》　　　　　　《云卷云舒：黄士松传》
《踏遍青山矿业新：裴荣富传》　　　《让核技术接地气：陈子元传》
《求索军事医学之路：程天民传》　　《论文写在大地上：徐锦堂传》

《一心向学：陈清如传》　　　　　　《钤记：张兴钤传》
《许身为国最难忘：陈能宽》　　　　《寻找沃土：赵其国传》
《钢锁苍龙　霸贯九州：方秦汉传》　《虚怀若谷：黄维垣传》
《一丝一世界：郁铭芳传》　　　　　《乐在图书山水间：常印佛传》
《宏才大略：严东生传》　　　　　　《碧水丹心：刘建康传》

《我的气象生涯：陈学溶百岁自述》
《赤子丹心 中华之光：王大珩传》
《根深方叶茂：唐有祺传》
《大爱化作田间行：余松烈传》
《格致桃李半公卿：沈克琦传》
《躬行出真知：王守觉传》
《草原之子：李博传》

《我的教育人生：申泮文百岁自述》
《阡陌舞者：曾德超传》
《妙手握奇珠：张丽珠传》
《追求卓越：郭慕孙传》
《走向奥维耶多：谢学锦传》
《绚丽多彩的光谱人生：黄本立传》

《宏才大略 科学人生：严东生传》
《航空报国 杏坛追梦：范绪箕传》
《聚变情怀终不改：李正武传》
《真善合美：蒋锡夔传》
《治水殆与禹同功：文伏波传》
《用生命谱写蓝色梦想：张炳炎传》
《远古生命的守望者：李星学传》

《探究河口 巡研海岸：陈吉余传》
《胰岛素探秘者：张友尚传》
《一个人与一个系科：于同隐传》
《究脑穷源探细胞：陈宜张传》
《星剑光芒射斗牛：赵伊君传》
《蓝天事业的垦荒人：屠基达传》